¡Captado!

Segunda edición

**John Connor
Roselyne Bernabeu**

This book is the property of Aquinas College

JOHN MURRAY

Acknowledgements

Thanks to Kit for lending John to John Murray, to Alex and Vicky for the faces, and to Isabel Melero Orta and María Isabel Gerpe Piosa for their help with authentic material. Roselyne Bernabeu would like to thank Elise and Geoff for their support.

Photographs are reproduced by courtesy of:

Cover: Larrión & Pimoulier Fotógrafos; **p.4** Isabel Melero Orta; **p.6** *l & r* David Simson; **p.8** Isabel Melero Orta; **p.10** *tl* David Simson, *tr* John Townson/Creation; **p.12** John Connor; **p.13** *t, ct & cb* Isabel Melero Orta, *b* Roselyne Bernabeu; **p.14** John Connor; **p.15** David Simson; **p.18** *tl* Isabel Melero Orta, *tr* Stockmarket, *bl & br* David Simson; **p.19** *all photos* David Simson; **p.22** Caroline Bishop; **p.23** *t* Isabel Melero Orta, *b* David Simson; **p.25** Spanish Tourist Office; **p.29** *tl & tr* David Simson, *cr* Stockmarket, *br* © Zefa/Stockmarket; **p.31** *t & b* David Simson; **p.36** David Simson; **p.39** *t, cb & b* David Simson, *ct* Isabel Melero Orta; **p.42** *tl* The Stock Market, *tr, bl & br* David Simson; **p.44** *from top* David Simson, John Connor, *l & r* David Simson, Isabel Melero Orta, David Simson, Stockmarket & Isabel Melero Orta; **p.45** *from top* Isabel Melero Orta, David Simson, David Simson, Isabel Melero Orta, David Simson, David Simson & Isabel Melero Orta; **p.55** *t* Isabel Melero Orta, *b* © Tony Stone Worldwide/Dave Cannon; **p.59** *l* Christies, London/Bridgeman Art Library, London © DACS 1998, *c* Louvre, Paris/Bridgeman Art Library, London, *r* David Simson; **p.64** Gonzalo Martínez Azumendi; **p.67** Rex Features/Charles Ommanney; **p.69** David Simson; **p.70** David Simson; **p.75** David Simson; **p.77** David Simson; **p.80** *l & r* David Simson; **p. 92** *tl, tr, cr, bl & br* David Simson, *cl* The Stock Market; **p.100** Isabel Melero Orta; **p.102** David Simson; **p.104** Isabel Melero Orta; **p.105** *tl, tr* David Simson; **p.105** *all photos* David Simson; **p.106** *a, d & e* Spanish Tourist Office, *b, c & f*: David Simson; **p.108** Isabel Melero Orta; **p.111** *t* Isabel Melero Orta, *b* © Tony Stone Worldwide/Dave Cannon; **p.112** *tl & tr* David Simson, *bl & br* Stockmarket, *cr* Carolyn Burch; **p.113** John Connor; **p.117** *t & b* David Simson; **p.119** Spanish Tourist Office; **p.120** *t, cb, bl & br* Spanish Tourist Office, *ct* David Simson; **p.121** *tl* Isabel Melero Orta, *bl & r* David Simson; **p.125** *all photos* David Simson; **p.126** *a* Archivo Fotografico del Servicio de Turismo del Gobierno de Navarra, *b & f* David Simson, *c* Isabel Melero Orta, *d & e* Spanish Tourist Office; **p.127** *l & r* David Simson, *c* Archivo Fotografico del Servicio de Turismo del Gobierno de Navarra; **p.130** *1 & 5* Isabel Melero Orta, *2, 3 & 4* David Simson; **p.137** David Simson; **p.139** The Stock Market; **p.141** Isabel Melero Orta; **p.143** David Simson; **p.145** David Simson; **p.146** *tl, tr, bl & bc* John Townson/Creation, *br* The Stock Market; **p.160** John Connor; **p.168** David Simson; **p.172** David Simson; **p.179** The Stock Market; **p.180** *a, b, c, d & e* David Simson, *f* Spanish Tourist Office; **p.185** John Townson/Creation.

b = bottom, *c* =centre, *l* =left, *r* =right, *t* =top.

© John Connor and Roselyne Bernabeu 1998, 2003

First published in 1998
by John Murray (Publishers) Ltd, a division of Hodder Headline Ltd
338 Euston Road
London NW1 3BH

Reprinted 2001

Second edition 2003

All rights reserved. No part of this publication may be reproduced in any material form (including photocopying or storing in any medium by electronic means and whether or not transiently or incidentally to some other use of this publication) without the written permission of the publisher, except in accordance with the provisions of the Copyright, Designs and Patents Act 1988 or under the terms of a licence issued by the Copyright Licensing Agency.

Layouts by Amanda Hawkes.
Artwork by Art Construction, Tom Cross and Mary Hall/Linden Artists.
Cartoons by Andy Robb/Linden Artists.
Cover design by John Townson/Creation.
Language Adviser: Xosé Luis de Toro.
Audio material recorded and produced by Pete O'Connor at Gun Turret Studios, Bromsgrove and Motivation Sound Studios, London.

Colour separations by Colourscript, Mildenhall.
Typeset in 12/14pt Goudy by Wearset, Boldon, Tyne and Wear.
Printed and bound in Spain by Bookprint, S.L., Barcelona.

A catalogue entry for this title is available from the British Library.

ISBN 0 7195 8109 5
Teacher's Resource Book ISBN 0 7195 8110 9
Audio on cassette ISBN 0 7195 8111 7
Audio on CD ISBN 0 7195 8112 5

Contents

Introduction	iv
List of Spanish instructions	vi
Los números	2
UNIDAD 1 Primeros contactos	4
UNIDAD 2 Marisol: La vida de una estudiante	18
UNIDAD 3 Ana, ¿qué quieres hacer?	34
UNIDAD 4 Miguel: Trabajo y aventura	52
UNIDAD 5 Felipe: Hombre de negocios – y padre	66
UNIDAD 6 Esteban: ¡Tengo mucho tiempo libre!	82
UNIDAD 7 Marisol vuelve a Pamplona	98
UNIDAD 8 Un día de alegría termina mal	112
UNIDAD 9 El cumpleaños de Miguel	128
UNIDAD 10 La vida de Esteban se mejora	142
UNIDAD 11 Viejo amigo, y ¿nueva amiga?	160
UNIDAD 12 La historia continúa …	174
Grammar index	192
Using your Spanish dictionary	196
Vocabulario	198

Introduction

¡Captado! Segunda edición is a two-stage course for GCSE Spanish. This book, *¡Captado! 1*, is the first stage: it covers all the main Spanish language structures you will need in the examination, and it covers the vocabulary you need for the following topics:

- home
- family
- friends
- free-time activities
- food
- health and fitness
- holidays and special occasions
- school
- moving on to further education
- life at work
- communications at work
- careers and employment

The topics and the characters

These topics are presented in a series of twelve units, based on the lives and relationships of a group of Spanish-speaking people. The five main characters are:

Marisol, 18, who has just left her home in Pamplona to start a university course in Salamanca where she makes new friends including Susana, a Colombian girl.

Miguel, 17, who lives in Pamplona and has a weekend job at a stationery store.

Ana, 16, at school in Pamplona and living with her single-parent father, Felipe.

Felipe, Ana's father, who is busy setting up his own business from home in Pamplona.

Esteban, 21, who lives in Pamplona and is looking for work.

Unit 1 introduces you to these five characters, and each of the following units focuses mainly on one of them, so as you learn more Spanish you will find out more about each individual, their life in Spain and their relationships.

The language structures and the activities

Just as important as the topics and the characters are the **language structures** or **grammar points** you will learn as you work through *¡Captado! 1*. Each double-page 'spread' concentrates on one particular language structure and explains it – in English – in a blue **Gramática** box. The activities on the two pages practise the structure, as well as the vocabulary you need. The instructions for the tasks are in Spanish; when you need to check the meaning of the instructions you can look them up in the list on pages vi–vii.

When you want to look up or revise a particular language structure, use the index at the back of the book (pages 192–195) to help you find the right Gramática box.

Vocabulary help and study skills

The blue **Para ayudarte** columns on the right of the spread give vocabulary help; they often also include tips (in English) to develop your study skills, such as effective ways to learn vocabulary, and using a dictionary. There is also a section on **Using your Spanish dictionary** (pages 196–197) and a vocabulary list – **Vocabulario** – (English to Spanish as well as Spanish to English) at the back of the book.

Coursework

- Throughout the book you will find speaking tasks called **Mi casete personal**. These are tasks which you should record onto your own 'personal' tape, and if you are doing **speaking coursework** you will be producing a ready-made collection of suitable spoken work by doing these tasks.
- Each unit ends with a section entitled **Ya lo sé**, which sets longer tasks for project work or revision. If you are doing **written coursework**, these pages provide some suitable tasks and ideas.

The following symbols are used in the book:

listening   speaking   reading   writing

Mi casete personal   song   groupwork

List of Spanish instructions

Adivina (quién es). *Guess (who it is).*
Añade en tu casete . . . *Add to your cassette . . .*
Apunta el número de la ilustración adecuada. *Note down the number of the relevant picture.*
Apunta los/las x en el orden de la grabación. *Note down the x in the order they are mentioned on the recording.*
¡Atención! No necesitarás todas las palabras. *Watch out! You won't need all the words.*
¡Atención! No vas a utilizar todos los/las x. *Watch out! You aren't going to use all the x.*
Busca . . . en tu diccionario. *Look up . . . in your dictionary.*
Cinco jóvenes hablan de . . . *Five young people are talking about . . .*
Clasifica las opiniones. *Sort their opinions.*
Comienza (con) . . . *Start with . . .*
Completa las casillas. *Fill in the boxes.*
Contesta con 'sí' o 'no'. *Answer with 'yes' or 'no'.*
Contesta en español. *Answer in Spanish.*
Contesta las preguntas (sobre el texto de arriba). *Answer the questions (on the text above).*
Copia el texto y rellena las casillas. *Copy the text and fill in the boxes.*
Copia y completa el diálogo de abajo con (las formas adecuadas de) . . . *Copy and complete the dialogue below with (the appropriate parts of) . . .*
Copia y completa el x/la tabla. *Copy and complete the x/the table.*
Copia y completa x con las palabras de la casilla. *Copy and complete x with the words from the box.*
Corrige las frases que siguen. *Correct the following phrases.*
¿Cuál es la respuesta correcta? *Which is the correct answer?*
¿Cuántas frases en un minuto? *How many sentences in a minute?*
Da tu opinión. *Give your opinion.*
Decide si las frases de abajo son verdaderas o falsas. Escribe 'V' (verdadero) o 'F' (falso). *Decide if the sentences below are true or false. Write 'V' (true) or 'F' (false).*
Descifra las palabras. *Decipher the words.*
Dibuja x. *Draw x.*

Diseña un folleto. *Design a leaflet.*
Elige el x más adecuado. *Choose the most appropriate x.*
Elige la x correcta en cada caso. *Choose the correct x in each case.*
Empareja las frases. *Match up the sentences.*
Empareja las frases de las dos columnas (para formar frases). *Match up phrases from the two columns (to make sentences).*
Empareja los diálogos con los dibujos de abajo. *Match up the dialogues with the pictures below.*
Empareja los x con los z. *Match up the x with the z.*
En grupos de tres personas . . . *In groups of three . . .*
Escoge cuatro x que convengan. *Choose four x which fit.*
Escoge el símbolo que convenga. *Choose the appropriate symbol.*
Escoge la forma adecuada de . . . *Choose the correct form of . . .*
Escoge la respuesta correcta y escribe a), b), c) o d). *Choose the correct response and write a), b), c) or d).*
Escoge la respuesta que convenga. *Choose the appropriate response.*
Escribe 'sí' o 'no'. *Write 'yes' or 'no'.*
Escribe 'V' (verdadero) o 'F' (falso). *Write 'V' (true) or 'F' (false).*
Escribe las palabras que faltan. *Write in the missing words.*
Escribe los detalles. *Write down the details.*
Escribe los números en el orden de la grabación. *Write down the numbers in the order of the recording.*
Escribe una descripción de . . . *Write a description of . . .*
Escribe una lista de . . . *Write a list of . . .*
Escribe unas palabras en inglés para comunicar . . . *Write a few words in English to express . . .*
Escribe unos apuntes sobre . . . *Write some notes on . . .*
Escribe x frases con la ayuda de x. *Write x sentences with the help of . . .*
Escucha atentamente. *Listen carefully.*
Escucha la conversación. *Listen to the conversation.*
Escucha la conversación y empareja . . . *Listen to the conversation and match up . . .*
Escucha la canción. *Listen to the song.*

LIST OF SPANISH INSTRUCTIONS

Escucha los diálogos del ejercicio x otra vez. *Listen to the dialogues in exercise x again.*

Graba dos o tres frases sobre . . . *Record two or three sentences on . . .*

Graba tus opiniones sobre . . . *Record your opinions on . . .*

Graba x en tu casete personal. *Record x on your personal cassette.*

Habla con tus amigos/tu pareja. *Talk to your friends/your partner.*

Haz un poster. *Make a poster.*

Haz una encuesta . . . *Do a survey . . .*

Haz una lista de . . . *Make a list of . . .*

Haz una serie de ilustraciones . . . *Make a series of illustrations . . .*

Identifica (los dibujos correctos). *Identify (the correct pictures).*

Imagina que . . . *Imagine that . . .*

Indica si las frases de abajo son correctas o no con 'V' (verdadero) o 'F' (falso). *Indicate whether the sentences below are correct or false with 'V' (true) or 'F' (false).*

Inventa las respuestas. *Make up the answers.*

Lee el texto y escucha. *Read the text and listen.*

Lee la x. *Read the x.*

Lee los detalles de los candidatos, y luego escucha. *Read the details of the candidates and then listen.*

Mira el x. *Look at the x.*

¡Ojo! Hay un x que sobra. *Watch out! There's one extra x.*

Palabras a utilizar: *Words to use:*

Para cada frase, apunta (el número de la ilustración que convenga) . . . *For each sentence, note down (the number of the corresponding illustration) . . .*

Para cada frase, elige una letra. *For each sentence, choose one letter.*

Pon una x en la casilla adecuada. *Put a cross in the appropriate box.*

Pregunta a tu pareja/a tus amigos de clase . . . *Ask your partner/your classmates . . .*

Prepara tres frases para tu casete para decir . . . *Prepare three sentences for your cassette to say . . .*

Presenta la información . . . *Present the information . . .*

Puedes ahora hablar de . . . *Now you can talk about . . .*

¿Puedes identificar . . . ? *Can you identify . . . ?*

¿Qué dices cuando . . . ? *What do you say when . . . ?*

¿Qué significan estas palabras en inglés? *What do these words mean in English?*

Rellena los globos. *Fill in the speech bubbles.*

Rellena las casillas. *Fill in the boxes.*

Rellena los huecos/los espacios. *Fill in the gaps.*

Sustituye las palabras adecuadas por los símbolos. *Replace the appropriate words with symbols.*

Tenéis que/Tienes que . . . *You have to . . .*

Trabaja con tu pareja. *Work with your partner.*

Tu pareja debe (adivinar) . . . *Your partner should (guess) . . .*

Tu pareja va a hacerte preguntas. *Your partner is going to ask you some questions.*

Túrnate con tu pareja. *Take turns with your partner.*

Utiliza las palabras de abajo. *Use the words below.*

Utiliza los x de la casilla. *Use the x from the box.*

Utiliza un diccionario para buscar las palabras subrayadas. *Use a dictionary to look up the underlined words.*

Utiliza un diccionario si es necesario. *Use a dictionary if necessary.*

Utiliza una palabra o frase de cada color para hacer una frase completa. *Use a word or sentence of each colour to make a complete sentence.*

¿Verdadero o falso? *True or false?*

¿Verdad o mentira? *True or false (a lie)?*

Los números

1

Escucha. Escribe los números en el orden de la grabación.

tres *nueve* once **catorce**
veinte **dos** **doce** *cinco*
quince **diez** *trece*
dieciséis siete **cuatro**

2

Mira los botones y escucha. Identifica el siguiente número en la serie.

Ejemplo: **1** *doce*

3

Mira la lista de números del ejercicio 1. Identifica los seis números no mencionados en la grabación.

4

Escribe los totales en español.

Ejemplo: **a** *siete*

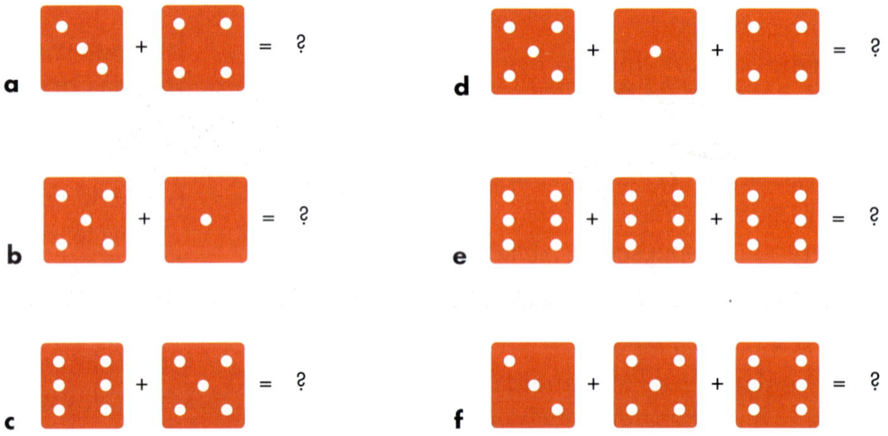

5 Un poco más de matemáticas

Empareja las preguntas y las respuestas.

Ejemplo: **1 d)**

1 uno + ocho   a) diez
2 trece − seis   b) diecinueve
3 cinco × tres   c) siete
4 dieciocho ÷ seis   d) nueve
5 catorce + cinco   e) doce
6 quince − tres   f) quince
7 cinco × cuatro   g) veinte
8 veinte ÷ dos   h) tres

2 dos

LOS NÚMEROS

6

Escucha la grabación. Empareja los resultados con los dibujos.   *Ejemplo:* **1** c

a   b   c

d   e   f

7

Rellena los huecos.
¿Qué número es?

Ejemplo: **1** diecinueve, 19

1 d _ _ c _ n _ _ v _
2 t _ _ c _
3 q _ _ n _ _
4 _ _ _ c _ s _ _ _ e
5 c _ _ _ _ _ e
6 _ e _ n _ _

8

Escucha la grabación. Identifica las posiciones de estos grupos.

Ejemplo: Los Lobos Rojos – 15

tres **3**

Unidad uno — Primeros contactos

¡Hola! ¿Qué tal? Me llamo Marisol. Tengo dieciocho años. Soy estudiante. Mañana voy a la Universidad de Salamanca para hacer un curso de inglés. Estoy nerviosa. Bueno, la maleta y la lista. El recambio de papel … el estuche … el diccionario … el chándal … la toalla … el traje de baño … las zapatillas … el walkman.

a el recambio de papel **b** el estuche **c** el diccionario **d** el chándal
e la toalla **f** el traje de baño **g** las zapatillas **h** el walkman

1

Escucha. Mira los dibujos. Escribe la palabra española.

1. hello
2. tracksuit
3. pencil case
4. personal stereo
5. trainers
6. file paper
7. dictionary
8. towel
9. swimsuit
10. how are you?

Ejemplo: **1** ¡Hola!

2

Escucha la lista y mira los dibujos de arriba. Identifica los objetos en el orden correcto.

Ejemplo: **1** c

3

Lee la información y escribe los precios de estos artículos.

Ejemplo: **1** el estuche, €4,00

1. el estuche
2. el recambio de papel
3. la toalla
4. el chándal
5. el walkman
6. el traje de baño
7. las zapatillas
8. el diccionario

Gramática

In Spanish, nouns (the names given to things, people and places) are divided into two groups, called masculine and feminine. This is called **gender**. The signs of a masculine noun are the Spanish words *un* meaning 'a'/'an' and *el* meaning 'the', while feminine nouns can be spotted by the words *una* meaning 'a'/'an' and *la* meaning 'the'.

	a/an	the
masculine	un	el
feminine	una	la

4 cuatro

UNIDAD UNO

4

Elige cuatro objetos y escribe tu lista (tu pareja también). Túrnate con tu pareja.

Ejemplo:

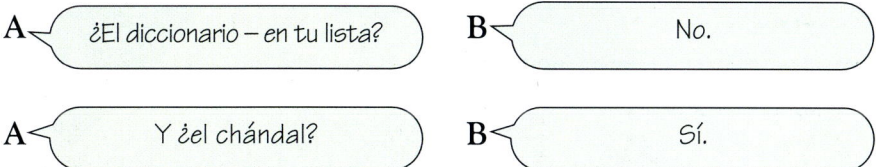

A — ¿El diccionario – en tu lista?
B — No.
A — Y ¿el chándal?
B — Sí.

5

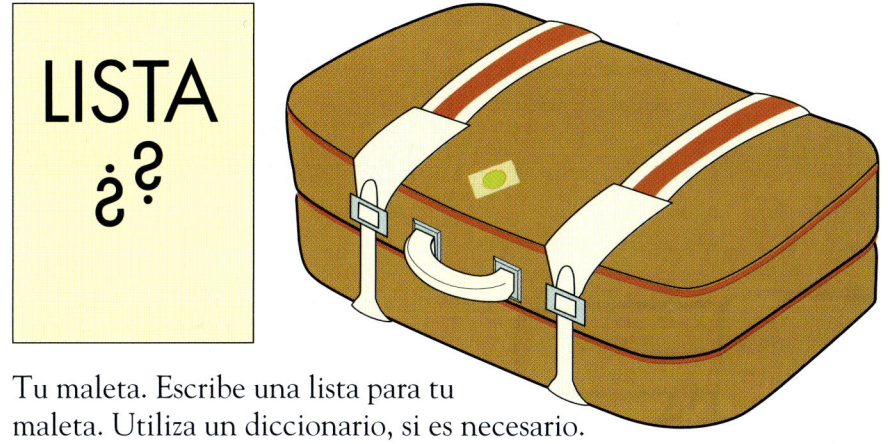

Tu maleta. Escribe una lista para tu maleta. Utiliza un diccionario, si es necesario.

6

Escucha. Identifica las ilustraciones en el orden correcto.

Ejemplo: **1 b**

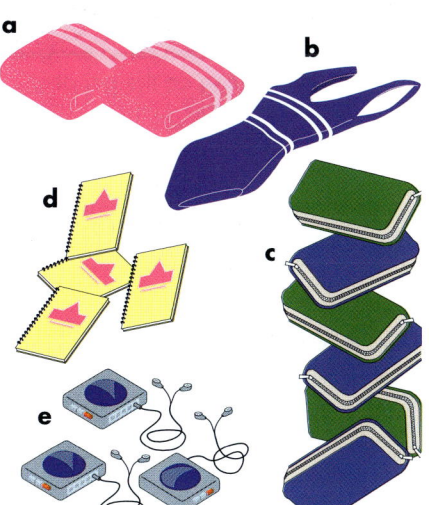

Para ayudarte

Vocabulario
empezar (ie) (v) – to begin
estudiante (nmf) – student
inglés (adj) – English
maleta (nf) – suitcase
soy – I am [from ser (v), to be]
voy – I am going [from ir (v), to go]

El diccionario
When you look up a noun in the dictionary, make sure you find out at the same time whether it is masculine or feminine. Masculine nouns usually have (m) or (nm) after them, while feminine nouns have (f) or (nf). This means that if you see *maleta* (nf) in the dictionary it means that you have to say, or be prepared to hear, *la maleta* or *una maleta*. Being able to identify gender is very important.

How to tell someone how old you are
Tengo _____ años. Fill in the gap with the correct number for your age.

*Tengo **quince** años.*

Mi casete personal

Me llamo ...
Copia la nota y rellena los espacios con tus detalles personales. Luego graba el texto completo en un casete.

¡Hola! ¿Qué tal? Me llamo _____.
Tengo _____ años.

cinco 5

UNIDAD UNO

7

¿Quién habla? Empareja las palabras con la persona.

1 Ya lo sé
2 Regular
3 ¡Qué bien!
4 por favor
5 fatal
6 A ver
7 Oye
8 ¿Y tú?

Ejemplo: **1** Maite

Ana   Maite

8

Copia las frases y rellena los huecos.

Ejemplo: **1**
Los rotuladores cuestan €3,20.

1 Los rotuladores cuestan _____.
2 ___ _____ cuestan €30,75.
3 Las mochilas cuestan _____.
4 Las reglas cuestan _____.
5 Los estuches cuestan _____.
6 ___ _____ cuestan €36,50.

9

Trabaja en grupos. ¿Qué tienes en tu estuche?

Ejemplo:

A ¿Tienes una regla?

B No, no tengo. ¿Y tú, tienes una regla?

C Sí, tengo.

Gramática

1 Los/las

When you are talking about more than one thing, the word for 'the' is *los* or *las*, depending on the gender of the noun.
Masculine words use **los**, feminine words use **las**:

el *bocadillo* – **los** *bocadillos;*
la *revista* – **las** *revistas*

2 How to say 'Have you got …?', 'I've got …' or 'I haven't got …'

¿Tienes …?   Have you got …?
Tengo …   I have, I've got …
No tengo …   I haven't got …

UNIDAD UNO

10

Escucha. ¿Qué tiene Maite en la mochila? Identifica las ilustraciones en el orden correcto.

Ejemplo: **1 e**

a  b  c 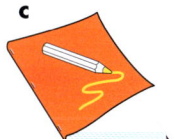 d

e  f 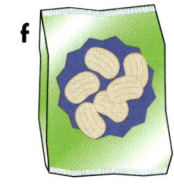 g

11

¿Qué hay en el armario? Escribe dos listas: 'los …' y 'las …'. Utiliza un diccionario si es necesario.

Ejemplo: los rotuladores, …
las reglas, …

12

Habla con tus amigos en clase. Copia y completa la tabla como en el ejemplo.

Ejemplo:

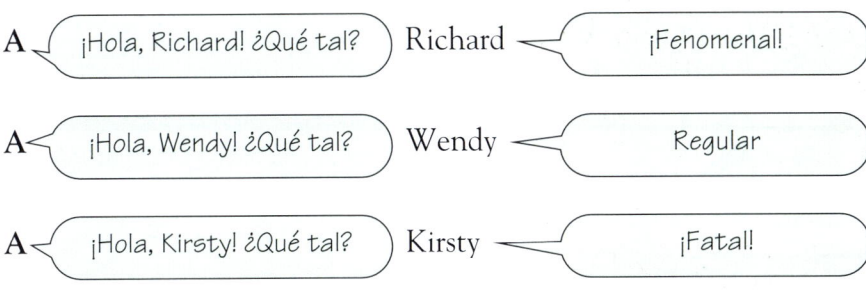

Nombre	¡Fenomenal!	Regular	¡Fatal!
Richard	X		
Wendy		X	
Kirsty			X

Para ayudarte

Vocabulario
a ver – let's see
armario (nm) – cupboard
bocadillo (nm) – sandwich
guapo (adj) – good-looking
patatas fritas (nfpl) – crisps, chips
ya lo sé – I know

El diccionario
Don't forget that a Spanish dictionary is in two parts – Spanish–English and English–Spanish. If you need to look up a word in English to find its Spanish meaning, it is worth looking up the Spanish word in the other half of the dictionary just to double check that you have found the right word in Spanish.

Take the word 'crisp', for example – do you need the noun (*patata frita*) or the adjective (*fresco*)?

Idea
Buy some small sticky labels from a stationery shop. Write the name of each object in your pencil case on the labels, one item to each label, then attach the labels to the objects. That way, you will be learning vocabulary every time you open your pencil case!

siete 7

UNIDAD UNO

El alfabeto
Escucha la canción.

Gramática
El alfabeto

A	H	O	V
B	I	P	W
C	J	Q	X
D	K	R	Y
E	L	S	Z
F	M	T	
G	N, Ñ	U	

Pronunciación
- c before e or i is pronounced th
- j is pronounced like a throaty h
- g before e or i is pronounced like j
- ll sounds as if there is a letter y after the second l
- ñ is pronounced like the ni in onion
- z is always pronounced th

13 ¿Cómo se escribe?

Escucha la grabación y escribe los nombres de las ciudades españolas.

14

Escucha y mira el diálogo. ¿Es correcto lo que dice Miguel? Escribe V (verdadero) o F (falso).

Ejemplo: **1** V

¡Hola! Me llamo Miguel. Tengo diecisiete años. Soy estudiante del Instituto San Fermín. Estoy en COU. Trabajo en 'El Mundo de la Oficina' los fines de semana.

15

Elige cuatro cosas de los estantes de 'El Mundo de la Oficina' y escribe una lista. Trabaja con tu pareja.

Ejemplo:

A — ¿Tienes una carpeta?

B — No, no tengo.

A — ¿Tienes un bolígrafo?

B — Sí, tengo un bolígrafo.

16

Escucha. Escribe **en inglés** los detalles de cada mensaje.

Ejemplo: **1** Señor Ruiz, 20 ring binders, 20 pads, 10 biros, 15 rulers

UNIDAD UNO

17

Lee la carta de Miguel.

> Arbolanche 5
> 3ºB
> 31009 Pamplona
>
> ¡Hola primo!
>
> ¿Qué tal? Pues yo, fenomenal. Trabajo en 'El Mundo de la Oficina' los fines de semana. Venden carpetas, agendas, bolígrafos, sobres, lápices, etcétera. Trabajo seis horas los sábados y tres horas los domingos. Tengo que llenar los estantes. Es un poco aburrido, pero gano 5 euros 80 a la hora. ¿Y tú? ¿Tienes trabajo?
>
> Escríbeme pronto.
>
> Miguel Muñoz

Escoge el símbolo que convenga y escribe **a**, **b** o **c**.

1 Miguel está

a   b   c

3 El trabajo de Miguel es …

a   b   c

2 En 'El Mundo de la Oficina', hay:

a   b   c

4 Miguel gana €5,80

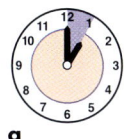  
a   b   c

18

Pregunta a tus amigos de clase:

Ejemplo:

A ¿Cómo te llamas?   B Me llamo Terry.

A ¿Cómo se escribe?   B T-E-R-R-Y.

Mi casete personal

Se escribe …

Graba tu nombre en el casete. Di cómo se escribe.

Ejemplo: Me llamo Arantxa. Se escribe A-R-A-N-T-X-A.

19

Haz una lista de artículos para Miguel.

Ejemplo: cinco recambios de papel

Para ayudarte

Vocabulario

aburrido (adj) – bored
cosa (nf) – thing
domingo (nm) – Sunday
elige – choose [from elegir (v) – to choose]
estante (nm) – shelf (in a shop)
fin (nm) de semana – weekend
sábado (nm) – Saturday

Spelling

Spelling accurately in Spanish takes practice. Try making a cassette recording of some spellings of names you know well, such as members of your family, favourite group or singer, favourite football team or sports figure, favourite TV personality or film actor.

nueve 9

UNIDAD UNO

¡Hola! Me llamo Felipe López. En este momento estoy sin trabajo, pero voy a trabajar de asesor de negocios. Tengo una oficina en mi casa. En mi oficina ya hay un teléfono y un fax, bolígrafos, papel, etcétera. Hoy traen el nuevo ordenador.

20

Contesta en español.

Ejemplo: **1** €650

monitor €650

teclado €48,50

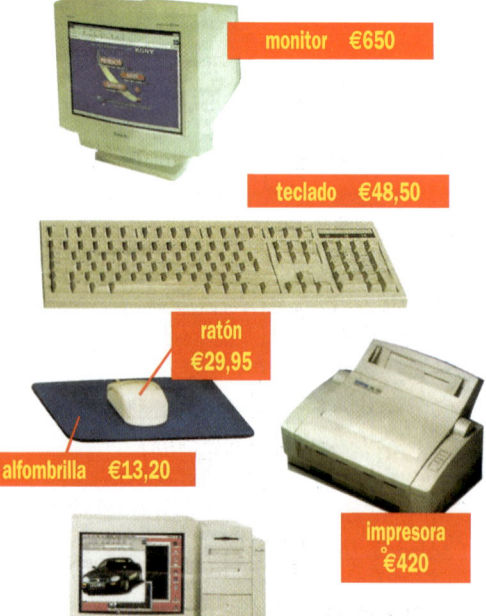
ratón €29,95
alfombrilla €13,20
impresora €420
ordenador €1980

1 ¿Cuánto cuesta un monitor?
2 ¿Cuánto cuesta un teclado?
3 ¿Cuánto cuesta un ratón?
4 ¿Cuánto cuesta una alfombrilla?
5 ¿Cuánto cuesta una impresora?
6 ¿Cuánto cuesta un ordenador?

Gramática

1 You now know that there are two words for 'a' and four words for 'the' in Spanish. The term for these words is 'articles' – 'the' (*el/la/los/las*) are definite articles, and 'a'/'an' (*un/una*) are indefinite articles. Each time you learn a new word in Spanish, at the same time learn which articles go with it (i.e. don't just learn *disquete*, learn it as '*el disquete*' and '*un disquete*'). If you have a PC at home, use the label technique to help you learn the parts, just as you did with your pencil case.

	a	the
singular (m)	un	el
(f)	una	la
plural (m)		los
(f)		las

2 Using *Hay/No hay* to say 'There is/There are/There isn't/There aren't'

There is There are	Hay
There isn't There aren't	No hay
Is there? Are there?	¿Hay?

¿Hay un ordenador? No, no hay ordenador.
¿Hay disquetes? Sí, hay disquetes pero no hay papel.

10 diez

UNIDAD UNO

21

Escucha la conversación. Identifica lo que hay y lo que no hay.

Ejemplo: Hay un ordenador.

22

Trabaja con tu pareja. Elige cuatro cosas de la oficina del Señor López (tu pareja también).

Ejemplo:

A ¿Hay un ordenador? B Sí, hay un ordenador.

A ¿Hay un ratón? B No, no hay ratón.

24

Mira las ilustraciones. Escucha la canción e identifica las cosas que hay en la oficina. Escribe 'sí, hay' o 'no, no hay'.

Ejemplo: a sí, hay.

a b c d e

Mi casete personal

La oficina en casa
Graba en tu casete personal una lista de las cosas que necesitas para una oficina en casa.

23

Copia el texto. Escoge 'un' o 'una' si es necesario y escribe las palabras que convengan para los dibujos.

Ejemplo: a un ordenador

En la oficina del Señor López hay un/una **a** . También hay

un/una **b**  y un/una **c** 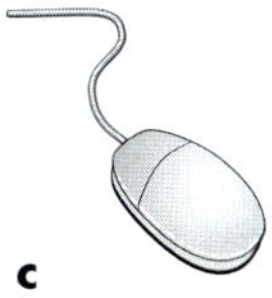 con un/una **d**  .

 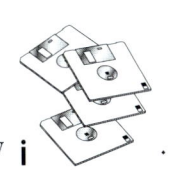

Hay un/una **e** y un/una **f** . No hay **g**  ,

no hay **h** , y no hay **i** , pero hay **j** .

Para ayudarte

Vocabulario
asesor (nm) – consultant
e – and (before a word beginning with 'i' or 'hi')
negocios (nmpl) – business
nuevo (adj) – new
oficina (nf) – office
teléfono (nm) – telephone
traen – they're bringing [from traer – to bring]

Memory training
To help you remember the gender of nouns, learn them with *el* or *la*. Try training your memory:

- read the words aloud
- cover them up
- write them out
- repeat them rhythmically
- see how many you can rhyme
- test yourself, then work on the words you couldn't remember.

UNIDAD UNO

25

Lee y escucha la grabación y escoge la respuesta adecuada.

1 ¿Cuántos años tiene Esteban?
   a) 18   **b)** 20   **c)** 19

2 Se queda en cama hasta …
   a) 11.00   **b)** 10.00   **c)** mediodía

3 Escucha …

  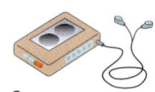
  a   b   c

4 No va al cine porque …

  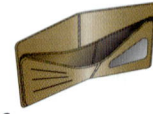
  a   b   c

26

Escucha la grabación. Escribe los detalles.
1 ¿Cuántos años?
2 ¿Cuántas horas el sábado?
3 Número de teléfono
4 Nombre de la persona responsable

27

Lee los detalles de los candidatos, y luego escucha. Identifica los candidatos en el orden de la grabación.

Nombre	Mikel
Apellido	Echevarría
Dirección	Calle Juan Carlos 3, 50 B, Vitoria
Teléfono	945-18-05-19
Edad	19

a

Nombre	Pilar
Apellido	Ordóñez
Dirección	Calle del Puente 11, Salamanca
Teléfono	923-07-66-81
Edad	17

b

Nombre	Arantxa
Apellido	Martínez
Dirección	Calle de Espronceda 27, 60 A, Madrid
Teléfono	91-474-94-83
Edad	17

c

Nombre	Felipe
Apellido	Moreno
Dirección	Plaza de los Moros 51, Granada
Teléfono	958-90-35-46
Edad	19

d

Para ayudarte

Vocabulario

a veces – sometimes
andar (v) – to walk
cine (nm) – cinema
deprimido (adj) – depressed
dinero (nm) – money
¡Ni hablar! – Don't even think about it!
se queda – he stays
triste (adj) – sad
ver (v) – to watch/to see

UNIDAD UNO

UNIDAD UNO

28

Copia las frases y rellena los espacios.

Ejemplo: **1** *Un día típico es así.*

1 ___ día típico es así.
2 Miro ___ televisión.
3 Escucho ___ radio.
4 Ando por ___ calle.
5 Es la calle o ___ casa.

29

¡Adivina quién es!
A – Adopta la identidad de uno de los estudiantes del ejercicio 27.
B – Haz preguntas para adivinar quién es.
A – Contesta con Sí o No solamente.

Ejemplo:

B ¿Tienes diecisiete años?

A Sí.

B ¿El número de teléfono es el 91-474-94-83?

A No.

B ¡Pilar!

A Sí.

Inventa dos o tres más identidades con tu pareja.

Ejemplo:

A ¿Cómo te llamas?

B Me llamo Pedro.

A ¿Cómo se escribe?

B P-E-D-R-O.

A ¿Tu número de teléfono?

B 948-21-93-66.

30

Escucha la canción. Copia el texto y rellena los huecos. Palabras a utilizar:

busco   veinte
   triste
empleo
       dinero
   calle
casa   deprimido

Tengo _____ años,
Tengo _____ años,
Tengo _____ años,
Y estoy _____.
_____ un trabajo,
_____ un trabajo,
_____ un trabajo,
Pero no hay _____.
¡Ay! La vida es _____,
En la _____ sin trabajo.
¡Ay! La vida es _____,
_____ sin _____.

UNIDAD UNO

31 *En paro*

Lee el texto.

¡Hola! Me llamo Encarna.

Tengo diecinueve años.

Estoy deprimida, porque no tengo trabajo.

Todos los días busco en el periódico, pero no hay trabajo. Voy a la calle, o me quedo en casa. Veo la televisión. No voy al cine porque no tengo dinero. La vida es triste.

1 Diccionario: ¿Cómo se dice . . . en inglés?

| deprimida | busco | el periódico | ir | triste |

2 Descifra las palabras mezcladas. Copia y completa la tabla en tu cuaderno. Utiliza un diccionario para ayudarte.

Palabra mezclada	¿el o la?	español	inglés
Ejemplo: a) orpa	el	paro	unemployment

a) orpa
b) lelac
c) saac
d) niec
e) rab
f) odnier
g) maca
h) bjorata

Para ayudarte

Los números de teléfono

In Spain phone numbers are usually given as pairs, but are sometimes given as single digits. For example:

956-90-35-46 = nueve, cinco seis, nuevo zero, tres cinco, cuatro seis.

Mi casete personal

Tengo ...
¿Cuántos años tienes? ¿Cuál es tu número de teléfono? Graba dos frases en tu casete personal.

quince 15

UNIDAD UNO

Ya lo sé

A

Mira la lista de Marisol. Identifica lo que **no hay** en el dibujo.

el libro
el diccionario
el estuche
la radio
la carpeta de anilla
la agenda
el chándal
la carpeta
la toalla
la mochila
el walkman
el recambio de papel
el rotulador
la revista
la regla

Copia y completa el recado para Marisol.
Marisol, no tienes …

B

Empareja las frases.

1 Marisol …
2 Ana …
3 Miguel …
4 Felipe …
5 Esteban …

a) … tiene asma.
b) … tiene una oficina en casa.
c) … tiene dieciocho años.
d) … no tiene trabajo.
e) … tiene que llenar los estantes.

C

Copia las frases y rellena los huecos.

1 Escucho _____ radio.
2 Tengo _____ patatas fritas.
3 Miguel, _____ lápices, estante M, por favor.
4 Maite, ¿ _____ un rotulador?
5 Marisol, ¿qué _____ en la maleta?
6 ¡Ay! Señor López, no _____ disquetes.
7 Me _____ Marisol. _____ dieciocho años.
8 En mi estuche tengo _____ bolígrafo, _____ pluma, _____ goma y _____ regla.

D Red de vocabulario

Copia la red en tu cuaderno. Rellena los globos con palabras que convengan.

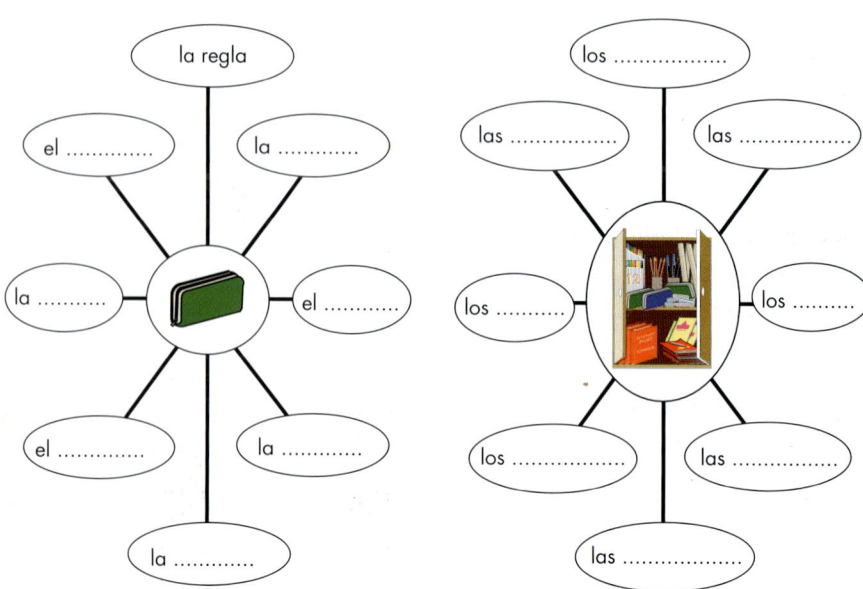

UNIDAD UNO

E Trabajo de diccionario

Copia y completa la tabla. Busca las palabras en Unidad Uno. Utiliza un diccionario si es necesario.

nervioso	
	to begin
grabar	
el fin de semana	
	to stack
los estantes	
	boring
el asesor	
	business
típico	
	to walk
el apellido	
	age
	identity
adivinar	
	to look for
triste	
la vida	
	street

Ahora, aprende de memoria diez de las palabras de la lista de arriba. Haz una prueba con tu pareja. ¿Quién gana?

F

1 Mi oficina
Diseña, dibuja y describe la oficina del futuro.
¿Cómo es?
¿Qué hay de tecnología?

2 Una carta a mi amigo
Copia la carta y elige las palabras que convengan.

¡Hola!
¿Qué tal? Pues yo, [dieciocho/fenomenal/calle]. Tengo un(a) [maleta/dinero/trabajo] en "El Mundo de la Oficina". Trabajo seis [horas/zapatillas/disquetes] el sábado. Por la tarde [busco/veo/trabajo] la televisión, o voy al [cuaderno/libro/cine] porque tengo [dinero/toalla/chándal].
Un abrazo,
Miguel

G Los números

Lee la lista del equipo de fútbol.
¿Cuáles son los números de los jugadores?

Ejemplo: **a** 1

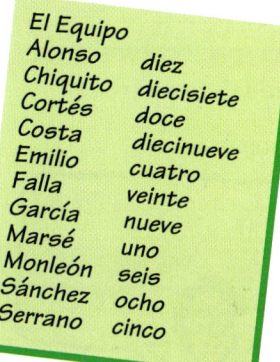

El Equipo
Alonso — diez
Chiquito — diecisiete
Cortés — doce
Costa — diecinueve
Emilio — cuatro
Falla — veinte
García — nueve
Marsé — uno
Monleón — seis
Sánchez — ocho
Serrano — cinco

a   b   c   d   e   f

g   h   i   j   k

Unidad dos

Marisol: La vida de una estudiante

1

Escucha y empareja las personas (1–4) con sus fotos (a–d).

a Marisol   b Susana

c Mark   d Pierre

2

Completa los espacios. Escribe la forma adecuada del verbo 'ser'.

Ejemplo: **(a)** *somos*

¡Hola! (a).......... dos chicos y dos chicas. (b).......... estudiantes en la Universidad de Salamanca. (c).......... una universidad española.

1

Yo (a).......... Marisol. Tú (b).......... Susana, ¿no?

Sí, (c).......... Susana. (d).......... de Colombia.

2

3

¡Hola, chicos! ¿(a).......... estudiantes?

Sí, (b).......... estudiantes. Yo (c).......... Mark, de Inglaterra, y mi amigo (d).......... Pierre. (e).......... francés.

Gramática

Ser – 'to be'

In Spanish there are two verbs meaning 'to be': *ser* and *estar*. *Estar* is explained later in this unit on page 26. *Ser* is used:

- to say who people are, where they are from and what they do

    Soy Javier. Soy colombiano. Soy estudiante.

- to say what objects and places are

    Es una regla.
    Madrid es una ciudad española.

- to give permanent or long-term facts about people and things.

    Juan es el hermano de Isabel.

(yo)	soy	I am
(tú)	eres	you (singular) are
(él/ella)	es	he/she/it is
(nosotros)	somos	we are
(vosotros)	sois	you (plural) are
(ellos/ellas)	son	they are (m/f)

The words for 'you', 'he', 'she', etc are not often used in Spanish, except for emphasis or when they are needed to avoid confusion.

UNIDAD DOS

3

Túrnate con tu pareja.
A – Escoge una de las personas en secreto.
B – Identifica quién es.

Ejemplo:

B ¿Quién eres?

A Soy de la Ciudad de Méjico.

B Eres Conchita.

1 Alasdair – Edimburgo
5 Giovanna – Roma

2 Huw – Cardiff
6 Conchita – Ciudad de Méjico

3 Liam – Dublin
7 Raquel – Lisboa

4 Dieter – Berlín
8 Stamatina – Atenas

4

Escucha la grabación. Tere habla de sus amigos. ¿De dónde vienen todos? Copia y completa la tabla. Pon una X en la casilla adecuada.

	Pamplona	Salamanca	Madrid	Alicante	Barcelona
Ejemplo: Tere	X				
Elena					
Héctor y Luis					
Paco y Ramón					
Nuria					
Alicia					

5

¿De dónde son las personas? Rellena los espacios con la forma adecuada del verbo 'ser'.

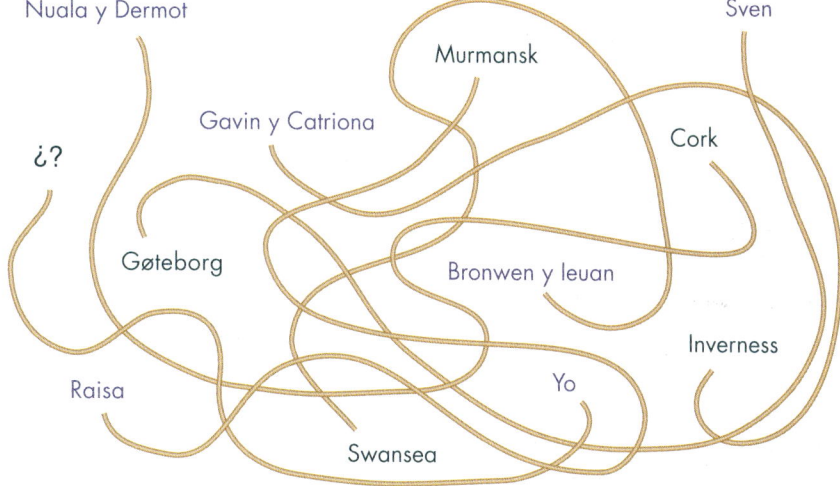

Ejemplo: **1** *Nuala y Dermot son de Cork.*

1 Nuala y Dermot _____ de _____.
2 Bronwen y Ieuan _____ de _____.
3 Sven _____ de _____.
4 Raisa _____ de _____.
5 Gavin y Catriona _____ de _____.
6 Yo _____ de _____.

diecinueve 19

UNIDAD DOS

Las nacionalidades

Las banderas	Los países		
1	España	Soy español.	Soy española.
2	Gran Bretaña	Soy británico.	Soy británica.
3	Inglaterra	Soy inglés.	Soy inglesa.
4	Escocia	Soy escocés.	Soy escocesa.
5	Gales	Soy galés.	Soy galesa.
6	Irlanda	Soy irlandés.	Soy irlandesa.
7	Europa	Soy europeo.	Soy europea.
8	Francia	Soy francés.	Soy francesa.
9	Italia	Soy italiano.	Soy italiana.
10	Los Estados Unidos	Soy americano.	Soy americana.
11	Colombia	Soy colombiano.	Soy colombiana.

UNIDAD DOS

Gramática

The spelling of adjectives used for nationality depends on the 'gender' of the person or object being described. For example, to describe a Spanish boy or a Spanish masculine noun, you would use the masculine form, *español*. To describe a Spanish woman or a Spanish feminine noun, you would use the feminine form, *español**a***.

*Una casa italian**a**.* (*la casa* is feminine)
*El coche es italian**o**.* (*el coche* is masculine)

Add an 's' or 'es' for plurals:

*Los estudiantes son colombiano**s**. Los chicos son frances**es**.*

One other important point: nationalities do not have a capital letter, but names of countries do:

***I**talia, una universidad **i**taliana.*

Mi casete personal

¿Quién soy?
Ahora graba tu nacionalidad y tu edad en tu casete personal.

Ejemplo:
Soy francés/Soy francesa.
Soy de París en Francia.
Tengo 20 años.

6

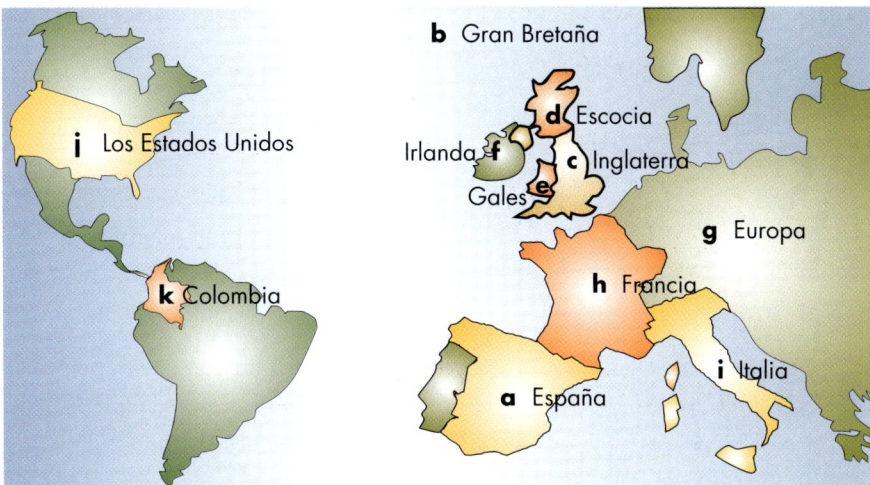

Escucha la grabación. Escribe las letras de los países.

Ejemplo: **1** *e*

7

Trabaja con tu pareja. Mira los ejemplos:

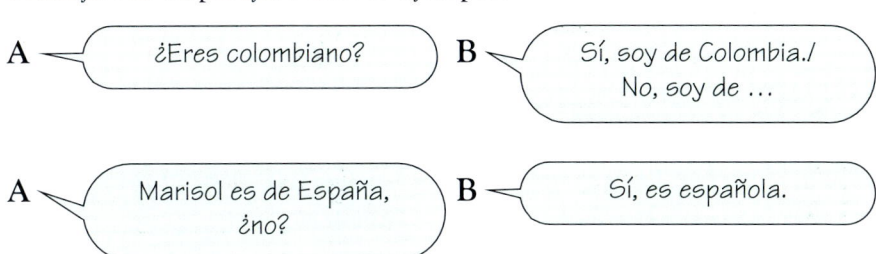

Para ayudarte

Vocabulario
amiga (nf) – friend
amigo (nm) – friend
edad (nf) – age
país (nm) – country

Los números de 20 a 30
20 veinte
21 veintiuno
22 veintidós
23 veintitrés
24 veinticuatro
25 veinticinco
26 veintiséis
27 veintisiete
28 veintiocho
29 veintinueve
30 treinta

Uno is shortened to *un* when followed by a masculine noun such as *año*:

Tengo veintiún años.
I am 21 years old.

veintiuno 21

UNIDAD DOS

Marisol, Susana, Pierre y Mark tienen muchas tareas domésticas...

8

Escucha la conversación y escribe los números de la tareas en el orden correcto.

Ejemplo: **5,...**

 1 Lavar los platos

 2 Pelar las patatas

 3 Preparar la comida

 4 Arreglar el armario

 5 Lavar la ropa

 6 Comprar en el mercado

 7 Sacar la basura

 8 Pasar la aspiradora

 9 Planchar la ropa

 10 Limpiar el polvo

9

Escucha la grabación y mira los dibujos del ejercicio 8. Empareja las tareas con los dibujos.

Ejemplo: **a 10**

10

Dibuja en secreto tres tareas domésticas. Tu pareja debe adivinar las tareas.

Ejemplo:

B ¿Planchas la ropa?

A No, no plancho la ropa.

B ¿Limpias el polvo?

A No, no limpio el polvo.

Gramática

-ar verbs

Look again at the verbs used in Exercise 8: *lavar, planchar, comprar, limpiar, pasar, pelar, preparar*. They all end in -ar and they are called -ar verbs. They all follow the same pattern as *preparar*, below.

preparar – to prepare

preparo	I prepare
preparas	you (singular) prepare
prepara	he/she/it prepares
preparamos	we prepare
preparáis	you (plural) prepare
preparan	they prepare

Now copy and complete *comprar* ('to buy') and *arreglar* ('to tidy').

compr...	I buy
compr...	you (singular) buy
compr...	he/she/it buys
compr...	we buy
compr...	you (plural) buy
compr...	they buy

arregl...	I tidy
arregl...	you (singular) tidy
arregl...	he/she/it tidies
arregl...	we tidy
arregl...	you (plural) tidy
arregl...	they tidy

You use these endings for all regular -ar verbs.

UNIDAD DOS

11

Turno de tareas	🧺	👕	🧹	🗑️	🍽️	🪶	🍳
lunes	Susana		Pierre		Marisol		Mark
martes		Mark		Pierre	Susana		Marisol
miércoles			Marisol		Pierre	Mark	Susana
jueves				Susana	Mark		Pierre
viernes			Susana		Marisol	Pierre	Mark
sábado	Pierre		Mark		Susana		Marisol
domingo		Marisol		Mark	Pierre		Susana

Mira los turnos. ¿Verdadero o falso? Escribe V o F.

1. Susana plancha la ropa el lunes.
2. Marisol pasa la aspiradora el miércoles.
3. Pierre lava los platos el viernes.
4. Mark prepara la comida el jueves.
5. Pierre limpia el polvo el jueves.
6. Marisol saca la basura el martes.
7. Susana lava la ropa el sábado.

12

Mira los turnos. Ahora escribe una lista de tareas para cada persona.

Ejemplo:

Susana: lunes – lavar la ropa
martes – lavar los platos
miércoles – preparar la cena …

Para ayudarte

Vocabulario

armario (nm) – cupboard, wardrobe
aspiradora (nf) – vacuum cleaner, hoover
mercado (nm) – market (compro en el mercado – I do the shopping in the market)
¡qué aburrido! – how boring!
¿qué vamos a hacer? – what shall we do?
ropa (nf) – clothes (singular in Spanish)
turno (nm) – rota
vamos a ver – let's see

Los días de la semana – the days of the week

lunes – Monday
martes – Tuesday
miércoles – Wednesday
jueves – Thursday
viernes – Friday
sábado – Saturday
domingo – Sunday

NB – Spanish days do not have a capital letter.

veintitrés 23

UNIDAD DOS

13

Escucha la conversación y lee el texto. Identifica los dibujos correctos para cada estudiante.

Ejemplo: Marisol – 5, 4

14

Escribe la letra, o las letras, indicada(s), para obtener un objeto necesario para las tareas domésticas.

Ejemplo: **1** *a*

1 pre<u>a</u>rar la comida (5)
2 pelar las patatas (8)
3 limpiar el polvo (4)
4 arreglar el armario (16)
5 lavar los platos (5)
6 comprar en el mercado (6) (17)
7 lavar la ropa (9) (5) (2)

15

Pregunta a tu pareja lo que le gusta o no le gusta hacer.

Ejemplo:

A — ¿Te gusta limpiar el polvo?

B — Sí, me gusta limpiar el polvo.

A — ¿Te gusta lavar los platos?

B — No, no me gusta lavar los platos.

Gramática

Me gusta/no me gusta

To say 'I like doing something', you use *Me gusta* + the infinitive.

Me gusta preparar la comida.

To ask a friend 'Do you like ...?', you use *¿Te gusta?* + the infinitive.

¿Te gusta pasar la aspiradora?

To talk about *not* liking doing something, add *no* at the beginning of the sentence.

No me gusta pasar la aspiradora.
¿No te gusta lavar los platos? ¡Qué sorpresa!

24   veinticuatro

16

Lee la carta de Pierre y elige la letra correcta.

Salamanca, 26 de octubre

¿Qué tal, Cristina?
Te escribo desde Salamanca. Estoy ahora en la universidad y vivo en un piso. Me gusta mucho estar en el piso. Tengo muchos amigos ya. Son muy simpáticos. Esta semana estoy muy ocupado, tengo muchas clases y deberes. También tengo mucho trabajo en el piso. Por ejemplo, los lunes pelo las patatas, los martes paso la aspiradora y los jueves limpio el polvo. Ya sabes, no me gusta mucho ayudar en casa. Pero me gusta comprar las verduras y la fruta. Hoy, es miércoles, y yo preparo la comida. Entonces, ¡al mercado!
Hasta pronto
Pierre

UNIDAD DOS

1 Pierre vive en
  a) Madrid   b) Salamanca
2 Pierre vive en
  a) una casa   b) un piso
3 ¿Qué tal es el piso?
  a) ☺   b) ☹
4 ¿Qué tal son los amigos?
  a) ☺   b) ☹
5 ¿Tiene mucho trabajo?
  a) Sí.   b) No.
6 ¿Le gusta a Pierre ayudar en casa?
  a) Sí.   b) No.
7 ¿Le gusta el mercado a Pierre?
  a) Sí.   b) No.
8 Pierre limpia el polvo los lunes.
  a) Sí.   b) No.

Mi casete personal

Ayudar en casa
Utiliza las frases de la casilla para grabar tus opiniones sobre las tareas domésticas.

Ejemplo: Me gusta lavar la ropa pero odio lavar los platos. Limpio el polvo los sábados.

| me gusta | no me gusta | me gusta mucho | odio | ¡qué aburrido! |

Para ayudarte

Vocabulario
a mí – for me, to me, myself
a ti – for you, to you, yourself
ahora (adv) – now
hasta pronto – bye for now (literally means 'see you soon')
increíble (adj) – incredible
mucho (adj, adv) – a lot of, very
necesario (adj) – necessary
ni tampoco – (and) neither
odio – I hate [from odiar (v) – to hate]
pues… – well…
simpático (adj) – nice (about a person)
ya (adv) – already

The days of the week are listed on page 23. To say you regularly do something 'on Saturday/on Saturdays', you do not need a word for 'on' in Spanish. Instead you use **los** with the plural form of the day.

Los sábados Marisol tiene muchas tareas.

veinticinco 25

UNIDAD DOS

17

Empareja los objetos mencionados en la grabación con los cuartos.

18 ¿Dónde están?

Completa el diálogo. Escribe las formas adecuadas del verbo 'estar'.

Ejemplo: **(a)** *están*

Ana Ves, Luis, qué tranquilos **(a)** _____ hoy Isabel y Enrique.
Luis Sí, y … ¡no me gusta! ¿Dónde **(b)** _____ los chicos?
Ana No sé. ¿**(c)** _____ en el jardín?
Luis No, no **(d)** _____ en el jardín ni **(e)** _____ en el dormitorio tampoco. Enrique, Isabel, ¿dónde **(f)** _____ ?
Niños Mamá, **(g)** _____ en la cocina.
Luis y Ana Ah …Vamos a ver …

Gramática

Estar

The verb *ser* meaning 'to be' was explained on page 18. *Estar* is another verb also meaning 'to be'. It is used:

- to say where something or someone is

  *Madrid **está** en España.*
  *Marisol **está** en el cuarto de baño.*

- to talk about the temporary state of someone or something.

  Marisol está triste.

Estar is an *-ar* verb. Compare it with the *-ar* verbs on page 22 – you will see that it follows the same pattern, *but* notice the extra *y* on *estoy*.

estoy	I am
estás	you (singular) are
está	he/she/it is
estamos	we are
estáis	you (plural) are
están	they are

19

Dibuja el plano de una casa imaginaria y decide dónde están Mark, Pierre, Susana y Marisol. Tu pareja debe adivinar dónde están.

Ejemplo:

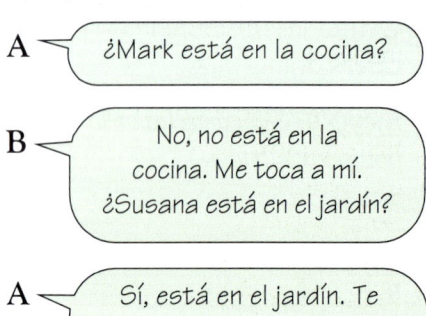

A — ¿Mark está en la cocina?

B — No, no está en la cocina. Me toca a mí. ¿Susana está en el jardín?

A — Sí, está en el jardín. Te toca a ti.

20

Lee la carta de Susana.

Salamanca, lunes, 28 de octubre

Queridos padres:
Salamanca es una ciudad fantástica y la universidad es fenomenal. Me gusta mucho ser estudiante aquí. Veis aquí el plano de nuestro piso.

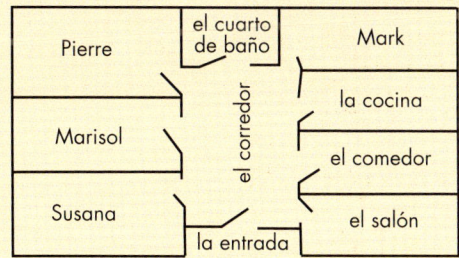

Mi dormitorio está al lado de la entrada. La cocina está en el centro del piso y es muy cómoda. Pero el cuarto de baño está al final del corredor. ¡Qué pesado! Pierre toca la guitarra y no me gusta mucho su música, pero es un chico muy simpático (es francés). Estoy bien aquí, pero estoy un poco triste porque estoy lejos de Colombia y de mi querida familia.
Muchos besos a todos.

Susana

¿De qué o de quién habla?

Ejemplo: **1** *el dormitorio*

1 al lado de la entrada
2 al final del corredor
3 una ciudad fantástica
4 muy simpático
5 fenomenal
6 en el centro del piso

21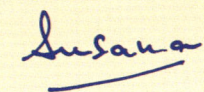

Empareja las frases de las dos columnas para formar frases correctas.

Ejemplo: **1 f)**

1 El dormitorio de Susana
2 En el centro
3 La cocina
4 Susana está
5 Susana está lejos
6 Pierre hace ruido

a) triste.
b) de Colombia.
c) está la cocina.
d) con su guitarra.
e) es cómoda.
f) no está lejos de la entrada.

UNIDAD DOS

Para ayudarte

Vocabulario
al final de – at the end of
al lado de – next to
aquí (adv) – here
centro (nm) – centre
cómodo (adj) – comfortable, convenient
lejos de – far from
llorando – crying [from llorar (v) – to cry]
me toca a mí, te toca a ti – my turn, your turn
piso (nm) – flat, apartment
un poco – a bit
sabes – you know [from saber (v) – to know]
tranquilo (adj) – quiet
veis – you (can) see [from ver (v) – to see]
¡qué pesado! – what a pain!

Reading skills
Try copying out a short reading passage. Blank out all the words you don't know. Can you still make some sense of the text? If you can, how did you do it? Look up the words you blanked out, one or two at a time, until you can understand the text.

22

Dibuja el plano de tu casa. Después escribe una descripción de tu casa. Utiliza estos verbos:
me gusta/no me gusta (×2)
estar (×3)
ser (×2)

23

Escucha y escribe la canción.

UNIDAD DOS

> ¿Por qué lloras, Marisol?

> No sé, Susana... estoy triste. Es mi cumpleaños y mi familia está lejos.

> Me gustaría ver a mi hermano. Es mi mejor amigo y está en Pamplona. Tiene diecisiete años.

> Yo tengo dos hermanos, pero ¡no son mis mejores amigos! Tienen diez años.

> ¿No te gustaría ver a tu familia? A mí me gusta estar en familia y con gente.

> Sí, claro, pero me gusta estar sola también.

> Pues, entonces te gusta estar con los chicos y su música... ¿Verdad?

> Sí, claro. Vamos, tengo unas fotos de mi familia aquí.

24

Escucha y empareja las frases en la grabación con los dibujos.

Ejemplo: **1 c**

Gramática

Tener

Tener means 'to have'. You have already come across it in the phrase *tengo 20 años* (I have 20 years = I'm 20 years old). It has many uses in Spanish and is one of the most useful verbs you will learn. Here it is in the present tense.

tengo	I have
tienes	you (singular) have
tiene	he/she/it has
tenemos	we have
tenéis	you (plural) have
tienen	they have

Tengo una mochila.
¿Tienes un hermano?

28 veintiocho

UNIDAD DOS

25

Mira las fotos. ¿Puedes identificar la familia de Marisol y la de Susana? Escribe los nombres.

Ejemplo: **1** *el padre de Marisol*

1   2

3   4

5   6

7   8

Mi casete personal

Las cosas que tengo

Graba dos o tres frases sobre las cosas que tienes. Utiliza un diccionario si es necesario.

Ejemplo: Tengo un ordenador.

26

Elige y escribe la forma correcta del verbo 'tener'.

1 Juan [tenemos/tenéis/tiene] veinte años.
2 Tu hermano [tengo/tiene/tenemos] un ordenador.
3 Yo [tenemos/tengo/tienes] muchas tareas.
4 Nosotros no [tengo/tenemos/tienes] bolígrafos.
5 Ellas [tienen/tengo/tenéis] un dormitorio cómodo.
6 Vosotros [tengo/tenemos/tenéis] muchos amigos.
7 Mi madre y yo [tengo/tienen/tenemos] gafas.
8 Tú [tenemos/tienes/tenéis] una mochila nueva.

Para ayudarte

Vocabulario

entonces – so
familia (nf) – family (en familia – with the family)
foto (nf) – photograph
gemelo (nm) – twin
gente (nf) – people (singular in Spanish)
guapo (adj) – good-looking
hermana (nf) – sister (NB sisters and brothers = herman**os**)
hermano (nm) – brother
me gustaría – I would like [from gustar (v) – to please]
moreno (adj) – dark-haired
simpático (adj) – nice, friendly
¿verdad? – really?

Tener

To help you learn some vocabulary and practise saying 'I've got/ I haven't got', make two columns on a sheet of paper or in a vocabulary book headed **tengo** and **no tengo**. List all the nouns you know so far according to whether you've got one or not.

veintinueve 29

UNIDAD DOS

Una conversación telefónica: Marisol y su madre

Gramática

You have already learnt numbers and the days of the week. The months in Spanish are as follows (note, **no** capital letter):

enero   febrero   marzo
abril   mayo   junio
julio   agosto   septiembre
octubre   noviembre   diciembre

To write a date, use the following pattern: *el* [number] *de* [month].

el cinco **de** agosto   **el** veinte **de** enero
¿Cuál es la fecha de hoy? Es el dos de marzo.

To say 'My birthday is 6 August', for example:
Mi cumpleaños es **el seis de** agosto.

Note that 'the first' is different:

el **primero** *de* …   the 1st of …
El cumpleaños de mi hermana es **el primero de** septiembre.

When you also give the name of the day – for example, at the top of a letter – you don't need *el* before the date.

lunes, dos de mayo
sábado, treinta de diciembre

27

Escribe en español las fechas siguientes.

30 treinta

UNIDAD DOS

28

Trabaja con tu pareja; inventa las respuestas.

Ejemplo:

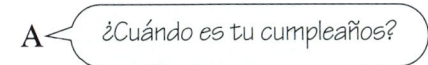

A: ¿Cuándo es tu cumpleaños? B: Es el …

A: ¿Cuál es la fecha de hoy? B: Es el …

29

Empareja las fechas con las fiestas.

1 Los Reyes Magos   a) 19 de marzo
2 Carnavales   b) 6 de enero
3 Fallas de Valencia   c) febrero
4 Semana Santa   d) 7 de julio
5 San Fermín en Pamplona   e) marzo/abril

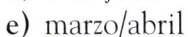

30

Lee los anuncios.

Me llamo Antonia y tengo diecisiete años. Busco corresponsal – chico o chica inglés(a). Tengo dos hermanos. Me gusta estudiar y leer.

Soy Nacho, tengo veinte años. Busco corresponsal inglés de Londres para un intercambio. Soy tímido pero simpático.

Me llamo Laura, tengo 18 años. Mi cumpleaños es el 23 de octubre. Me gusta la guitarra y la música.

Soy Juana, tengo dieciséis años. No tengo hermanos. Soy hija única. Mi cumpleaños es el 2 de diciembre. Me gusta ayudar en el jardín.

Soy Jaime, tengo veintiún años. Busco un(a) corresponsal británico(a). Tengo una casa muy grande con 5 dormitorios. Hasta pronto.

¿Verdadero o mentira?

1 Jaime tiene 20 años.
2 Nacho busca amigo francés.
3 Antonia tiene 12 hermanos.
4 Laura tiene dieciocho años.
5 Juana odia ayudar en el jardín.

31

Escribes a una revista para buscar un corresponsal. Copia la carta y rellena los espacios.

Para ayudarte

Vocabulario
agenda (nf) – diary
cariño – darling, dear
Carnavales – Carnival
corresponsal (nm) – penfriend
cumpleaños (nm) – birthday
Los Reyes Magos (nmpl) – the Three Kings
¡qué alegría! – great, wonderful!
próximo (adj) – next
regreso (nm) – return
regresar (v) – to return
Semana Santa – Easter (Holy Week)
también (adv) – also

¡Hola!
Me llamo _____ y busco un corresponsal español de _____ años. Tengo _____ años. Mi cumpleaños es el _____ de _____ . Vivo en _____ . En mi familia, hay mi _____, mi _____ y _____ . Me gusta _____ y _____ .
No me gusta _____ .
Hasta pronto
_____

Mi casete personal

Mi familia

Puedes ahora hablar de tu familia. Describe a cada miembro y a ti mismo(a).

Ejemplo: Mi hermano se llama Mike. Tiene 17 años. Su cumpleaños es el 5 de junio. Es rubio.

UNIDAD DOS

Ya lo sé

A Las tareas de la semana – Mi lista

Haz una lista de las tareas domésticas para ti y otros miembros de tu familia.

B Las nacionalidades

Escribe la nacionalidad de los chicos y las chicas, y el país.

Ejemplo: **1** *Es colombiana, es de Colombia.*

1 2 3 4

5 6 7 8

C Una carta

Copia la carta. Completa la carta con las palabras en la casilla.

Querida Amalia:
(a) _____ muchos problemas. No (b) _____ gusta la universidad donde estudio. No me (c) _____ el piso, y odio a (d) _____ estudiantes. Tengo (e) _____ tareas domésticas también. Los lunes, (f) _____ la aspiradora, los martes preparo (g) _____, los miércoles arreglo (h) _____, los jueves (i) _____ en el mercado, los viernes (j) _____ la ropa y ¡los sábados! limpio (k) _____ No (l) _____ tiempo para estudiar. ¡Qué aburrido!

la comida   muchas   gusta   tengo   los   plancho   me   paso   el armario   el polvo   tengo   compro

UNIDAD DOS

D Anuncios

Lee los anuncios y contesta las preguntas. Utiliza un diccionario si es necesario.

Aravaca – cuatro dormitorios, piscina, garaje

Vaguada – cuatro dormitorios, salón, comedor

Narváez – cinco dormitorios, tres baños, jardín

Castellana – dos salones, jardín, tenis

Dehesa – studio con dos dormitorios, baño, terraza

Parque Norte – dos baños, dos garajes, piscina

¿Dónde está el piso con …?

1
2
3 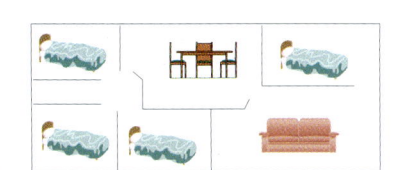
4 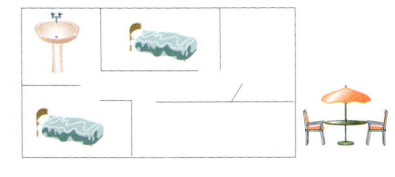
5 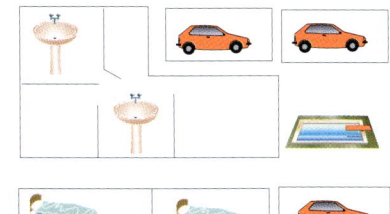
6

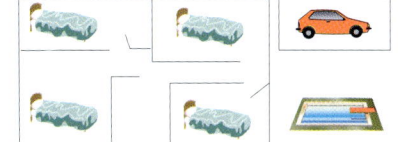

Ejemplo: **1** *Castellana*

E

Elige la forma correcta de 'tener' en cada caso.

1 Amalia tengo/tiene/tienen 6 años.
2 Los estudiantes tenemos/tienen/tenéis un piso.
3 ¿Tienen/tienes/tengo hermanos? Sí, tiene/tenéis/tengo una hermana y dos hermanos.
4 El señor López tiene/tengo/tenemos 40 años.
5 Vosotros tienen/tenéis/tenemos mucho trabajo.

F Una descripción

Elige **a)** a una persona famosa y **b)** a un miembro de tu familia. Ahora escribe una ficha personal con los detalles personales.

Nombre: Don Quijote
Fecha de nacimiento: 1605
Cumpleaños: _____
Nacionalidad: español
¿Hermanos/hermanas?: No
¿Simpático/pesado/aburrido?: simpático pero excéntrico

G Las tareas

Mira la lista de tareas en la página 22. Imagina que eres uno de los personajes en la historia. Escribe la agenda de este personaje – las tareas que tienes que hacer y el día que haces cada tarea. ¿Te gusta hacer las tareas o no?

Ejemplo:

> Me llamo Susana. Los lunes lavo la ropa. Me gusta lavar la ropa. Los martes lavo los platos. No me gusta lavar los platos.

treinta y tres 33

Unidad tres
Ana, ¿qué quieres hacer?

Hola Maite, ¿qué tal?

Yo, regular. Tengo muy malas notas esta semana en matemáticas...

Pues yo también. Tengo muchos problemas, con tres ataques de asma esta semana. Y sólo tengo 6/20 en matemáticas.

¡Qué pena! Lo siento. ¿Qué dice tu padre cuando tienes malas notas?

No quiere saber. Mi padre está muy ocupado y no le importa nada.

Es que tiene mucho trabajo. ¿No? Trabaja muchas horas, Ana.

Sí, trabaja de las ocho de la mañana a las diez de la noche. Y come y bebe en su oficina. Es difícil porque no lo veo mucho y yo tengo muchas tareas que hacer en casa.

Gramática

-er verbs

On page 22 you saw the pattern for *-ar* verbs. The second group of verbs is the *-er* group – those whose infinitive ends in *-er*. Some of these verbs are used in the dialogue between Maite and Ana: *comer* ('to eat'); *beber* ('to drink') and *ver* ('to see'). These verbs have the following pattern:

comer – to eat		**beber** – to drink
como	I eat	bebo
comes	you (singular) eat	bebes
come	he/she/it eats	bebe
comemos	we eat	bebemos
coméis	you (plural) eat	bebéis
comen	they eat	beben

Try to complete the English forms of *beber*. Then try to complete both the English and Spanish for the verb *ver* ('to see').

Some *-er* verbs have slightly irregular forms which you will need to remember. You already know *tener* (see Unit 2, page 28); here are three more very useful verbs:

hacer – to do	**saber** – to know (a fact)	**querer** – to want
Watch out for the first person singular (I ...):	Watch out for the first person singular:	Watch out for the extra 'i'!
hago	sé	qu**i**ero
haces	sabes	qu**i**eres
hace	sabe	qu**i**ere
hacemos	sabemos	queremos
hacéis	sabéis	queréis
hacen	saben	qu**i**eren

1

Contesta a las preguntas.

1. ¿Cómo está Maite?
2. ¿Cuál es el problema de Maite?
3. ¿Cómo está el padre de Ana?
4. ¿Cuántas horas al día trabaja el padre de Ana?

2

Escucha a Ana, José, Pedro, María, Juanita, Concha y Rafael. Escribe los nombres. ¿Quién...

a) ve la tele?
b) hace los deberes?
c) come?
d) bebe vino?
e) lee una novela?
f) va al colegio?
g) va al cine?

UNIDAD TRES

3

Escribe siete frases. Utiliza cada verbo con un día del mismo color.

Ejemplo: El lunes tengo muchos deberes.

| lunes   martes   miércoles   jueves   viernes   sábado   domingo |

| quiero   bebo   tengo   quiero   leo (leer = to read)   como   hago |

| una novela   muchos deberes   las tareas domésticas   un helado   una hamburguesa   una coca-cola con Ana   ir a la discoteca   ir al parque   leer una revista   la plancha |

4

Utiliza los dibujos para hacer unas frases. Tu pareja tiene que decir qué dibujo es.

Verbos útiles: comer, beber, leer, ver, hacer.

Ejemplo:

A: Hago los deberes.   B: Número 5.

Para ayudarte

Vocabulario
- ataque (nm) – attack
- color (nm) – colour
- después (adv) – after
- estudiar (v) – to study
- hamburguesa (nf) – hamburger
- hoy (adv) – today
- luego (adv) – later, after
- más tarde (adv) – later
- medianoche (nf) – midnight
- nada – nothing
- no le importa – he does not care
- no puedo – I cannot [from poder (v) – to be able to]
- nota (nf) – mark, score, result
- novela (nf) – novel (book)
- película (nf) – film
- ¿qué hay? – What are you up to?/What is the matter?

5

¿Qué haces esta semana? Elige **a)** o **b)**. Escribe una frase para decir lo que haces.

Ejemplo: El lunes veo la televisión.

● lunes	● martes	● miércoles	● jueves	● viernes	● sábado	● domingo
a) ver la televisión b) comer en el restaurante con mis amigos	a) hacer los deberes de español b) hacer las tareas domésticas	a) arreglar mi dormitorio b) poner la mesa y beber sangría con la familia	a) dormir b) ir al colegio	a) hacer las tareas en casa b) ir a la cafetería con una amiga	a) ver una película b) leer una novela	a) comer una paella b) beber vino blanco

treinta y cinco **35**

UNIDAD TRES

6 Poema

Lee y escucha el poema.
Copia las títulos en tu cuaderno.
Dibuja un símbolo para cada actividad.

La mañana	La tarde	La noche	El fin de semana

La mañana.
La cama, el desayuno, el autobús, el cole.
La tarde.
El trabajo, el trabajo, el trabajo.
La noche.
La cena, los deberes, la televisión, la cama.
La vida.
¿Es así?
El fin de semana.
Los amigos, la piscina, el cine, el restaurante.
La vida.
¡No está mal!

Gramática

¿Qué hora es?   What time is it?

To say 'It is x o'clock', use the verb *ser* plus *la* or *las*, followed by the appropriate number for the hour.

Es/son   + **la/las**   + **una, dos, tres**, etc.

Watch out – hours are **feminine**, and hours above one are **plural**!

Es la una.   It is one o'clock.
Son las dos.   It is two o'clock.
Son las tres.   It is three o'clock.
Son las cuatro.   It is four o'clock.
Son las cinco.   It is five o'clock.
Son las seis.   It is six o'clock.
Son las siete.   It is seven o'clock.
Son las ocho.   It is eight o'clock.
Son las nueve.   It is nine o'clock.
Son las diez.   It is ten o'clock.
Son las once.   It is eleven o'clock.
Son las doce.   It is twelve o'clock.

To indicate which part of the day, use a time phrase followed by one of:
de la mañana   de la tarde   de la noche

Es la / Son las   6 7 8 9 10 11 12 1 2 3 4 5 6 7 8 9 10 11...

de la mañana | de la tarde | de la noche

UNIDAD TRES

7

Escribe frases.

Ejemplo: Veo la televisión a las siete de la tarde.

> de la mañana   de la tarde
> de la noche

8

Escucha la canción. Escoge un reloj para cada verso.

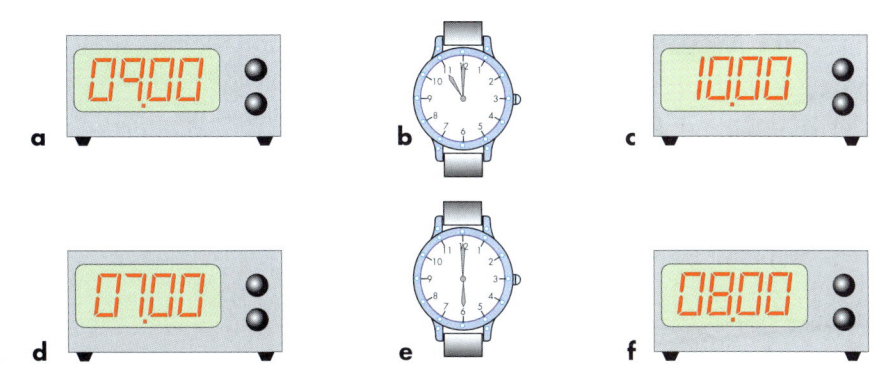

a 09:00
b (wristwatch)
c 10:00
d 07:00
e (wristwatch)
f 08:00

Mi casete personal

Mi vida cotidiana

Graba seis frases en tu casete. Habla de tu vida cotidiana.

Ejemplo: A las siete, tomo el desayuno. Voy al colegio a las nueve de la mañana. Hago mis deberes en casa por la tarde. Luego como un bocadillo, y bebo un café. A las ocho de la tarde, veo la televisión. A las once de la noche voy a la cama.

Para ayudarte

Vocabulario
así (adv) – like that
cotidiano (adj) – daily
pierdes – you miss [from perder (ie) (v) – to miss, to lose]
piscina (nf) – swimming pool
reloj (nm) – clock, wristwatch
vida (nf) – life

Memory training
Imagine you have to teach a number of phrases connected with daily routine to a group of younger pupils. What symbols would you use to make sure they understand the Spanish? Invent a set of symbols for: eating breakfast, going to school, watching TV, going to bed. Label them accurately in Spanish, for example *Tomo el desayuno*.

treinta y siete 37

UNIDAD TRES

> Bueno, ahora los deberes de gramática inglesa. Ana, ¿por qué no tienes tu cuaderno?
>
> No sé qué decir. Tengo un problema.
>
> Bueno, es el recreo ahora. ¿Quieres explicarme lo que pasa?
>
> Vivo sola con mi padre y como él tiene mucho trabajo, yo tengo que hacer todas las tareas en casa. A veces, tengo tanto que hacer que no puedo hacer mis deberes.
>
> Vamos a subir a ver al director y escribir una carta a tu padre.
>
> ¡Ay, mi padre me va a reñir!

Gramática

-ir verbs

Verbs whose infinitive ends in *-ir* are the third (and last) group of regular verbs.

vivir – to live

vivo	I live
vives	you (singular) live
vive	he/she/it lives
vivimos	we live
vivís	you (plural) live
viven	they live

Try now to write out the pattern for *escribir* ('to write') and *subir* ('to go up').

Some important *-ir* verbs are irregular. One example is *decir* ('to say') – watch out for the '**i**' and '**e**' changes and for the spelling of the first person singular.

digo	I say
d**i**ces	you (singular) say
d**i**ce	he/she/it says
decimos	we say
decís	you (plural) say
d**i**cen	they say

9

Empareja las frases de las dos columnas.

1. Ana vive
2. Ana sube
3. Ana tiene
4. La profesora escribe una carta

a) al padre de Ana.
b) que hacer todas las tareas en casa.
c) con su padre.
d) a ver al director.

UNIDAD TRES

10

Escribe frases.

Ejemplo:  (subir)  = *Ana sube a ver al director a las dos de la tarde.*

1 Yo (escribir)

2  (salir)

3 Tú (subir)

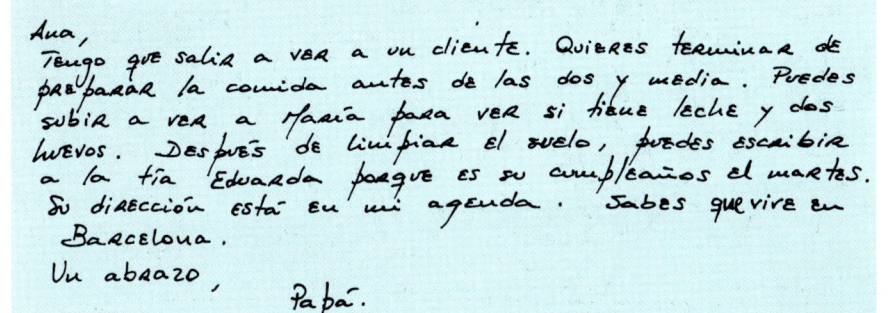

4 Nosotros (decir) nuestros problemas al profesor

5  (salir)

11

Lee la carta. Empareja las frases de las dos columnas.

Ejemplo: **1 e)**

1 Ana termina   a) es martes.
2 Ana necesita   b) en Barcelona.
3 El cumpleaños de Eduarda   c) a ver a un cliente.
4 Eduarda vive   d) limpiar el suelo.
5 El padre de Ana sale   e) de preparar la comida.
6 Ana escribe   f) una tarjeta de cumpleaños.

> Ana,
> Tengo que salir a ver a un cliente. Quieres terminar de preparar la comida antes de las dos y media. Puedes subir a ver a María para ver si tiene leche y dos huevos. Después de limpiar el suelo, puedes escribir a la tía Eduarda porque es su cumpleaños el martes. Su dirección está en mi agenda. Sabes que vive en Barcelona.
> Un abrazo,
> Papá.

Mi casete personal

Donde vivo

Contesta las preguntas y graba las respuestas en tu casete personal.

- ¿Dónde vives?
- ¿Vives en una casa o un apartamento?
- ¿Compartes tu dormitorio?

Para ayudarte

Vocabulario
cliente (nmf) – client
compartir (v) – to share
reñir (i) (v) – to tell (someone) off
subir (v) – to go up, raise

treinta y nueve 39

UNIDAD TRES

12

Empareja las frases con las ilustraciones. ¡Ojo! Hay una frase de sobra.

Ejemplo: **1 d**

1. Le presento a nuestros hijos.
2. ¿Luis es tu amigo?
3. ¿Dónde están mis cuadernos?
4. ¡Oye, Marina – tu mochila!
5. ¿Jose está aquí? Sí, mira – allí está su coche.

Gramática

Possessive adjectives

To show who owns something a possessive adjective is used in front of the noun.

mi libro	my book
tu libro	your book
su mochila	his/her rucksack
nuestro libro	our book
vuestra mochila	your rucksack
su casa	their house

In the plural, add an **s** or **es** to adjective and noun:

mis cuaderno**s**

vuestras mochila**s**

tus amigo**s**

NB vuestr**o/a** and nuestr**o/a** must have a **masculine** or **feminine** ending to match the gender of what is 'possessed':

nuestr**a** cas**a**

nuestr**os** hij**os**

vuestr**as** revist**as**

13

Elige **a)**, **b)** o **c)** y escribe las frases completas.

Ejemplo: **1 c)**

1. María no tiene   a) nuestros   b) vuestra   c) su   cuaderno hoy.
2. Juan quiere   a) mis   b) vuestras   c) tu   bolígrafos.
3. No tenemos   a) vuestros   b) nuestras   c) tu   raquetas de tenis.
4. Mi amiga quiere   a) tus   b) sus   c) su   mochila.
5. Ellos van a   a) nuestra   b) vuestra   c) nuestro   colegio.

UNIDAD TRES

14 ¿Dónde está? ¿Dónde están?

Escucha y empareja los diálogos con los dibujos.

Ejemplo: **1 a**

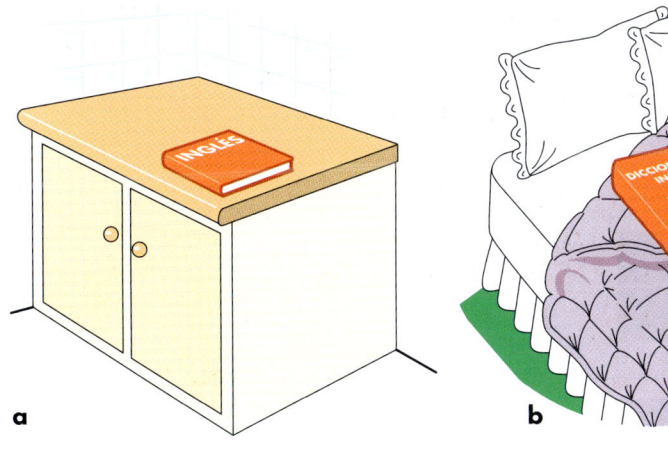

a

b

c

d

e

15

Mira los dibujos del ejercicio 14. Trabaja con tu pareja.

Ejemplo:

A ¿Dónde está tu cuaderno de inglés?

B Mi cuaderno está en la cocina.

16

Habla con tu pareja. Contesta las preguntas.

Ejemplo:

A ¿Compartes tu dormitorio?

B Sí, comparto mi dormitorio con mi hermano.

o

No, tengo mi propio dormitorio.

1 ¿Vives en Madrid?
2 ¿Vives en la ciudad?
3 ¿Dices siempre la verdad?
4 ¿Escribes a tus amigos?
5 ¿Subes muchas escaleras cada día?
6 ¿Compartes tus libros con tus amigos?

Para ayudarte

Vocabulario
ciudad (nf) – town, city
escalera (nf) – stairs

El diccionario
Often when you look up a Spanish word the dictionary gives several meanings. How do you know which to choose? For example: *Pamplona es una ciudad preciosa.* *Preciosa* can mean 'valuable' or 'beautiful'. Which is more likely here? Why?
The answer always depends on the context – choose the meaning that makes most sense in the situation.

UNIDAD TRES

1
¿Cuánto cuesta esta bicicleta?
Cuesta €308.

2
¿Cuáles son tus problemas?
No tengo tiempo para estudiar . . .

3
¿Cómo se llama tu padre?
Se llama Felipe López.

4
¿Cuándo puedes terminar este trabajo, Felipe?
Mañana.

5
¿Por qué vienes tarde al colegio?
Porque tengo que hacer todas las tareas domésticas.

6
¿Qué quieres, Ana?
Quiero un bolígrafo, por favor.

Gramática

Asking questions – using interrogatives

Interrogatives are words used to ask questions. Here are some of the most useful ones. When these words are used to ask a question they always have an accent.

¿Qué?	What?	¿Qué quieres? ¿Qué hacen?
¿Por qué?	Why?	¿Por qué lees este libro?
¿Cuándo?	When?	¿Cuándo vamos al cine?
¿Cómo?	How?	¿Cómo estás?
¿Quién?	Who?	¿Quién quiere este cuaderno?
¿Cuánto?	How much?	¿Cuánto vale esta mochila?

17

Con tu pareja contesta las preguntas.

Ejemplo:

A ¿Qué quiere Miguel?

B Quiere una bicicleta.

1 ¿Qué quiere Miguel?
2 ¿Cuáles son los problemas de Ana?
3 ¿Cómo se llama el padre de Ana?
4 ¿Cuándo puede terminar su trabajo Felipe?
5 ¿Por qué llega tarde al colegio Ana?
6 ¿Quién quiere un bolígrafo?

42 cuarenta y dos

UNIDAD TRES

18

Elige el interrogativo más adecuado y copia las frases en tu cuaderno.

1 Hola, ¿…
   a) qué   b) cuándo   c) por qué   quieres hoy?
2 Miguel, ¿…
   a) cuánto   b) cuándo   c) quiénes   tienes que ir?
3 Marisa, ¿…
   a) por qué   b) quién   c) qué   haces esto?
4 Niños, ¿…
   a) quién   b) qué   c) cuánto   quiere caramelos?
5 Papá, ¿…
   a) qué   b) cuándo   c) cómo   estás libre?

19

Lee y copia la carta. Utiliza las palabras de la casilla para rellenar los huecos.

¿Qué?   ¿Cuánto?   ¿Cuándo?   ¿Por qué?
¿Cómo?   ¿Quién?

Querida Kirsty,

Muchas gracias por la foto de tu familia.

¿ **(a)** _____ es el chico con chándal? Es muy guapo.

¿ **(b)** _____ vienes a España, en julio o en agosto?

¿ **(c)** _____ vienes, en barco o en avión?

¿ **(d)** _____ _____ no me mandas otra foto de este chico? ¿ **(e)** _____ cuesta mandar un paquete desde Inglaterra?

Bueno, voy al cine con unas amigas esta tarde.

¿ **(f)** _____ haces tú normalmente los sábados?

Un abrazo,

20

Escribe unas preguntas. Utiliza las palabras del ejercicio 19 para rellenar los espacios.

.... es el chico?
.... vas al insti?
.... no compras la bici?
.... es tu cumpleaños?
.... está Miguel?

Mi casete personal

Preguntas
Inventa cinco preguntas. Utiliza cinco interrogativos diferentes. Graba tus preguntas y las respuestas en tu casete personal.

Para ayudarte

Vocabulario
abrazo (nm) – embrace (at the end of a letter, un abrazo = 'love from')
bicicleta (nf) – bicycle
insti (= instituto) (nm) – school
mañana – tomorrow, in the morning

cuarenta y tres 43

UNIDAD TRES

En la clase de historia

Hoy Ana viene tarde al colegio. Son las diez de la mañana. La profesora, la señora Gómez, está muy enfadada porque Ana viene tarde al colegio. Ahora la profesora hace unas preguntas.

21

Lee las respuestas de abajo, y escribe las preguntas. Utiliza los interrogativos de la casilla.

¿Cuándo …?	¿Qué hora es?
¿Qué … ?	¿Cómo…?
¿Por qué …?	¿Quién… ?

Ejemplo:
1 **Ana** viene al colegio en autobús.

Pregunta: ¿**Quién** viene al colegio en autobús?

2 La profesora está enfadada **porque** Ana no tiene su cuaderno.
3 **Son las diez.**
4 Ana no tiene **su cuaderno**.
5 **El director** viene al colegio en coche.
6 Pili y María vienen al colegio **en metro**.
7 Ana viene al colegio **a las diez**.

Gramática

venir – to come (from)
This is an important -*ir* verb but it is slightly irregular. Watch out for the extra 'i's and for the first person singular.

vengo	I come
vienes	you (singular) come
viene	he/she/it comes
venimos	we come
venís	you (plural) come
vienen	they come

22

¿De dónde vienen las personas de abajo? Túrnate con tu pareja.

Ejemplo:

A ¿De dónde viene Mark?

B Mark viene de Luton. Es inglés.

1 Esteban (mira la página 12)
2 Ana y Felipe (mira las páginas 6 y 10)
3 Marisol (mira la página 4)
4 Pierre (mira la página 18)
5 Susana (mira la página 18)
6 Miguel (mira la página 8)

23

Ana habla con Maite. Escucha el diálogo y decide si las frases son verdaderas o falsas. Escribe V o F.

1 Ana no quiere ir al colegio.
2 Ana viene a las doce a clase.
3 Ana viene en bicicleta.
4 El padre de Ana no le da dinero para la cantina.
5 Maite es muy generosa.

UNIDAD TRES

24 ¿Cómo vienes al colegio?

Escucha las preguntas e identifica las respuestas.

¿Vienes en tren?
¿Venís en autobús?
¿Venís en metro?
¿Vienes en coche?
¿Vienes a pie?
¿Venís en autocar?
¿Vienes en bicicleta?

Sí, vengo en coche.
Sí, vengo en bicicleta.
Sí, vengo en tren.
Sí, vengo a pie.
Sí, venimos en autobús.
Sí, venimos en metro.
Sí, venimos en autocar.

25 Poema

Lee el poema.
Busca las palabras rojas en tu diccionario. ¿Qué significan estas palabras en inglés?

¡De prisa! ¡De prisa!
Como tostadas, bebo café.
Cojo la mochila para ir al cole.
Salgo de prisa. Voy por la calle.
A la parada, minutos espero.
En el autobús, pero ¡no hay dinero!
Llego al cole, ya es recreo.
Señor Director, ¡qué día más feo!

26

Empareja las frases de las dos columnas.

Ejemplo: 1 c)

1 Marisol y Susana
2 Maite viene al colegio
3 Felipe coge un taxi
4 Miguel
5 Ana prefiere
6 Tomás y su hermano

a) en autocar.
b) para ir al centro.
c) van a la universidad a pie.
d) van al colegio en monopatín.
e) quiere viajar en coche.
f) el autóbus.

Para ayudarte

Vocabulario
cojo – I take [from coger (v) – to take]
enfadado (adj) – annoyed
parada (nf) – (bus) stop
lo he perdido – I have missed it
monopatín (nm) – skateboard
viaje (nm) – journey

Wordwebs
To help you remember all the ways to travel that you have met, start a wordweb, like the one below. Use a dictionary to help you.

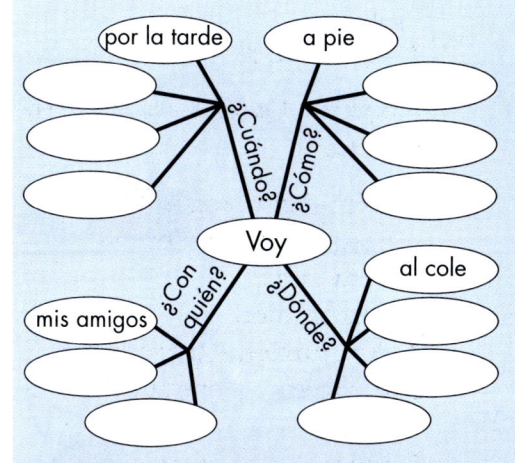

Try to use as many question words as you can when you construct your wordweb.

Mi casete personal

Mi viaje
¿Y tú? ¿Cómo vas al trabajo o al colegio cada mañana?
Graba unas frases en tu casete personal.

cuarenta y cinco 45

UNIDAD TRES

¿Adónde quieres ir?

¡Qué bien! El fin de semana está aquí. ¿Qué haces, Ana, este fin de semana?

Pues, no hago nada especial. Quizás estudiar y limpiar la casa un poco.

Tengo una idea genial. ¿Por qué no vamos al cine?

Me gustaría, pero no tengo dinero, y mi padre no me deja ir, seguro.

¿Pues quieres ir al centro para dar un paseo? Que esto no cuesta nada y vemos a nuestros amigos en la Plaza de Castillo.

Buena idea, pero no tengo tiempo. Es imposible.

Bueno, entonces ¿quieres ir a la cafetería? Voy todos los sábados.

¡Ay! No lo sé. Ya sabes, es difícil . . .

No te preocupes. Te invito yo. Vamos juntas.

¡Qué amable! Pero . . . Tú vas al cine, vas a la cafetería, vas a la bolera, vas a las tiendas, pero yo no puedo. ¡No es justo!

Gramática

Ir ('to go') is an irregular *-ir* verb. It is a very useful verb to know.

voy	I go
vas	you (singular) go
va	he/she/it goes
vamos	we go
vais	you (plural) go
van	they go

How to say 'to the'

To say 'to the', use *a* ('to') with the appropriate word for 'the'. (Look back at the Gramática boxes on pages 4 and 6 in Unit 1 to revise the definite article.) Note – *a* and *el* combine to form *al* – 'to the'.

Vamos **al** cine.
Vamos **a la** discoteca.
Me gusta ir **a los** museos.
Maite va **a las** tiendas.

Special case: *Voy **a casa***. – 'I go home.' You don't use 'la' in this phrase.

To say 'from the', use *de* ('from') with the definite article. NB *de* and *el* combine to form *del*.

Ana viene **del** restaurante.
los nombres **de la** lista
un mensaje **de los** estudiantes
dibujos **de las** revistas

27

¿Adónde quiere ir Ana? Escoge las ilustraciones que convengan.

a b c d e

f g h i j

28

Mira otra vez los dibujos del ejercicio 27 y escucha. Empareja los diálogos con los dibujos.

Ejemplo: **1 f**

UNIDAD TRES

29 ¿Adónde vamos esta semana?

Escribe frases completas.

Ejemplo: El lunes voy a la discoteca.

El lunes voy		
El martes voy		
El miércoles vamos		
El jueves vas	al	
El viernes vais	a la	
El sábado van	a los	
El domingo ella va	a las	
Juan va siempre		
Los niños van		
Hoy vamos		

Para ayudarte

Vocabulario
algo – something
dar un paseo – to go for a walk
idea (nf) – idea
nadar (v) – to swim
obra (nf) teatral (adj) – a play
seguro (adv) – for sure
tomar (v) el sol – to sunbathe
vale – OK

Memory training
To help you remember how the verb *ir* works, try colour-coding some examples, like this:

Voy	a jugar	al tenis
Vamos	a la	piscina
¿Vas	al	polideportivo?

30 Canción: el rap de Marisol

Escucha la canción. Para cada verso, escoge un símbolo que convenga.

Ejemplo: Verso 1 – c

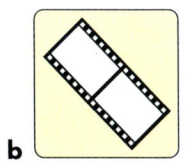

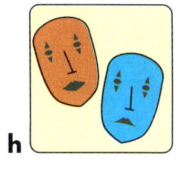

a   b   c   d

e   f   g   h

31

Mira los dibujos del ejercicio 30.
A – Haz la pregunta, '¿Adónde vas?'.
B – Contesta a la pregunta.
A – Identifica el dibujo correcto.

Mi casete personal

Voy a …
Prepara siete frases para tu casete personal. Describe adónde vas cada día de la semana.

Ejemplo: El lunes voy al teatro con mis amigos. El martes …

cuarenta y siete 47

UNIDAD TRES

32

Lee y escucha la conversación entre Ana y su padre Felipe. Empareja las frases de las dos columnas.

Ejemplo: **1 f)**

1 Ana quiere	a) dinero.
2 Felipe no tiene	b) que lavar y planchar la ropa.
3 Hoy Felipe quiere	c) al cine.
4 Maite sale cada semana	d) tiempo para ella.
5 Hoy Ana tiene	e) terminar su trabajo.
6 Ana dice que Felipe no tiene	f) salir con su padre.

UNIDAD TRES

Gramática

Telling someone what to do

To give a command, i.e. to ask or tell someone to do something, use the *tú* form of the verb, but miss off the final 's'.

verb	tú form	command
hablar	hablas	¡Habla más despacio! Speak more slowly!
comer	comes	¡Come las verduras! Eat your vegetables!
escribir	escribes	¡Escribe una carta a tu abuela! Write to your gran!

Some of the most useful verbs have irregular command forms which you'll need to learn. Look up these verbs in your dictionary if you need to.

decir	di		salir	sal
hacer	haz		tener	ten
poner	pon		venir	ven

You know a good number of commands already – they are in the instructions for the exercises. You should know all the commands listed below – if you can't remember any of them, look them up in the list of instructions at the front of the book.

Escucha   Lee   Escribe   Habla   Empareja
Escoge   Mira   Elige   Identifica   Inventa
Apunta   Rellena   Utiliza   Graba
Busca   Contesta

Mi casete personal

El fin de semana

Prepara tres frases para tu casete para decir lo que quieres hacer este fin de semana con tus padres y tus amigos.

Ejemplo: El viernes salgo con Peter y Sonia al cine …

33

Ahora lee la conversación entre Ana y su padre y escoge las respuestas apropiadas. Escribe **a)**, **b)**, o **c)**.

1 ¿Qué quiere Ana?
   a) Quiere dar un paseo.
   b) Quiere hablar con su padre.
   c) Quiere dinero.
2 ¿Qué es lo que no tiene Felipe?
   a) Dinero y clientes.
   b) Dinero y trabajo.
   c) Dinero y tiempo.
3 ¿Adónde va Maite con sus padres?
   a) al colegio   b) al centro   c) dar un paseo
4 ¿Qué quiere comprar Ana hoy?
   a) un helado   b) ropa   c) una película
5 ¿Adónde va Maite con su hermano?
   a) al centro
   b) a ver una película
   c) a la heladería
6 ¿Qué tiene que terminar Felipe?
   a) su helado   b) unas cartas   c) lavar la ropa
7 ¿Qué tiene que hacer Ana para poder salir?
   a) el trabajo de Felipe
   b) ir a la piscina
   c) las tareas domésticas
8 ¿Adónde van a ir Felipe y Ana mañana?
   a) a la piscina   b) al centro   c) al cine

Para ayudarte

Vocabulario

a ver – let's see
barato (adj) – cheap
coger (v) – to take
cuesta – it costs [from costar (ue) (v) – to cost]
¿de acuerdo? – agreed?
justo (adj) – fair (= just)
obtener (v) – to obtain
sacar (v) – to get, take

UNIDAD TRES

34 *La tortilla española*

Mira las ilustraciones. Pon las frases en el orden correcto.

Ejemplo: e),...

a) Cocina lentamente.
b) Bate los huevos.
c) Fríe la cebolla y las patatas.
d) Sirve caliente o fría.
e) Pela la cebolla y las patatas.
f) Pon un poquito de sal y pimienta.
g) Corta la cebolla y las patatas.
h) Añade los huevos.

35

Lee la carta de Ana a su tía Eduarda y decide si las frases 1–6 son verdaderas o falsas. Escribe V o F.

Pamplona, el 2 de abril

Querida tía Eduarda:
Ya sabes que papá está siempre muy ocupado con su trabajo, así que yo tengo que escribirte para no perder el contacto con la poca familia que tenemos. Papá y yo casi no salimos nunca, ni al teatro, ni al cine, ni a la bolera, al contrario que mi amiga Maite, que va con sus padres. Por eso no tengo nada interesante que escribir. Normalmente, para ayudar a papá, paso la aspiradora, lavo los platos, cocino un poco, paso la plancha y limpio el polvo. Esto no me deja mucho tiempo para estudiar. Los profesores no están muy contentos con las notas que estoy sacando en este momento. Siempre llego tarde al colegio porque estoy muy cansada. Maite es una verdadera amiga para mí y me ayuda mucho. A veces salimos juntas al centro, damos un paseo, compramos una bebida y hablamos con los amigos. A veces, también voy a su casa a escuchar discos. Es muy simpática. Este año estudio francés en el colegio, me gusta mucho. Bueno, termino aquí ahora.
Muchos besos.

Ana

1 Ana está obteniendo buenos resultados.
2 Ana va con Maite a la bolera.
3 Ana tiene que hacer todas las tareas domésticas en casa.
4 Felipe no tiene nada que hacer de momento.
5 Maite va a la casa de Ana para escuchar discos.
6 Ana estudia una lengua europea este año.

Para ayudarte

Vocabulario
añadir (v) – to add
batir (v) – to beat
cebolla (nf) – onion
huevo (nm) – egg
pimienta (nf) – pepper
sal (nm) – salt

UNIDAD TRES

Ya lo sé

A Agenda ilustrada

Dibuja una agenda para un día típico de colegio. Dibuja un reloj y un símbolo para cada actividad. Luego escribe una frase en español para describir la actividad.

Ejemplo: Tomo el desayuno a las ocho.

B Un plano de mi pueblo

Dibuja un plano muy básico de tu pueblo. Marca en el plano tu casa, tu instituto y las facilidades locales. ¿Hay un cine, un parque, un museo, una cafetería, una bolera, un centro comercial, una piscina, un polideportivo, un estadio, una discoteca, un teatro? ¿Hay otras facilidades? Busca en el diccionario si es necesario.

C Una receta – un bocadillo de huevos con atún

Mira las ilustraciones. Escribe una frase para cada ilustración a–d. Utiliza las palabras en la casilla. Mira la gramática, página 49.
Necesitas:

- tres huevos duros
- una lata de atún
- una cucharada de salsa de tomate
- una cucharada de mahonesa

Corta   Mezcla   Añade   Pon   Pela

Ahora haz el bocadillo en tu casa.

cincuenta y uno 51

Unidad cuatro 4 — Miguel: Trabajo y aventura

¡Hola, Miguel! ¿Qué tal estás hoy?

Pues, fenomenal, señora Ortega. ¿Y cómo está usted?

Muy bien, gracias. Y ahora, ¿trabajas con Juanjo hoy, no?

A ver, sí, eso es.

¿Dónde trabajáis?

En el depósito, señora.

Ah sí, descargáis el camión a las nueve. Bueno. ¿Ayudáis en la caja de vez en cuando? ¿Sabéis lo que hay que hacer?

Sí, claro.

¡Excelente! Carmen no trabaja hoy – está enferma. Tú y Juanjo termináis en el depósito y luego pasáis una hora en la caja. Normalmente, ¿escribís las horas de trabajo en la hoja?

Sí, señora.

Entonces escribid una hora más para hoy. ¿Vale?

Sí, señora. Muchas gracias.

1 ¿Verdad o mentira?

Para cada frase, elige una letra. Identifica la palabra sorpresa.

Ejemplo: **1** verdad = C

		Verdad	Mentira
1	Miguel está fenomenal.	C	D
2	Señora Ortega está enferma.	T	A
3	Miguel trabaja con Carmen hoy.	R	M
4	Hay un camión que llega a las nueve.	I	S
5	Miguel trabaja en el depósito.	Ó	B
6	Carmen trabaja en la caja hoy.	E	N

2

Escucha y escoge la respuesta correcta. Escribe **a)**, **b)**, **c)** o **d)**.

1 Por la mañana Miguel y Juanjo trabajan en
   a) la caja   **b)** la tienda   **c)** el depósito   **d)** la oficina
2 Trabajan en la caja
   a) dos horas   **b)** una hora   **c)** toda la mañana   **d)** tres horas
3 Después
   a) descargan un camión   **b)** limpian el suelo
   c) ayudan en la caja   **d)** llenan los estantes
4 Terminan a las
   a) seis   **b)** cinco   **c)** siete   **d)** ocho

Gramática

In Spanish, the form of the verbs you use when talking to someone depends on how well you know them. With a stranger or older person (except your family), you use the 'polite' form, which is the same part of the verb as for 'he/she', adding the formal word for you, 'usted' (singular) or 'ustedes' (plural).

1 Talking to one person – asking how they are:
   • to someone you know – ¿Cómo est**ás**?
   • to a stranger or older person – ¿Cómo est**á** (usted)?
2 Talking to two or more people.
   • to people you know – ¿Cómo est**áis**?
   • the 'polite' form – ¿Cómo est**án** (ustedes)?

hablar	**comer**	**vivir**
hablas – you speak	**comes** – you eat	**vives** – you live
habla – he/she speaks, you (polite sing.) speak	**come** – he/she eats, you (polite sing.) eat	**vive** – he/she lives, you (polite sing.) live
habláis – you speak	**coméis** – you eat	**vivís** – you live
hablan – they speak, you (polite plur.) speak	**comen** – they eat, you (polite plur.) eat	**viven** – they live, you (polite plur.) live

UNIDAD CUATRO

3

En grupos de tres personas:

B y C – Tenéis que mirar las ilustraciones, y escoger una en secreto.

A – Haz preguntas para identificar lo que hacen los otros dos.

Ejemplo: B y C escogen ilustración b.

A: ¿Llenáis los estantes?
B y C: No.

A: ¿Limpiáis el suelo?
B y C: Sí.

Y ahora ...

A y C – Tenéis que escoger la ilustración.
B – Haz las preguntas.

4

Copia la carta de Esteban y rellena los blancos.
   Palabras para utilizar:
ayudáis; trabajáis; empezáis; descargáis; hacéis; tengo; interesa; termináis; gracias; llenáis

5

Escucha las frases. Para cada frase apunta en tu cuaderno F (familiar) o C (cortés = polite).

Ejemplo: **1** C

Para ayudarte

Vocabulario
caja (nf) – cash desk
camión (nm) – lorry
claro – of course
de vez en cuando (adv) – from time to time
depósito (nm) – stockroom
descargar (v) – to unload
enfermo (adj) – ill
eso es – that's it
saber (v) – to know

Reading and listening skills
Train yourself to listen and look out for verbs, especially the endings. They are a good clue as to what is happening and who is doing what. Which verbs do the following words come from? Who do they refer to? If you wanted to check these verbs in the dictionary, what would you need to look up in each case?

pasan   empezamos   bebéis
alquiláis   escriben   vivo   ganas
escoge   preferís   comemos

Querido Miguel:

Muchas _____ por la carta. Me _____ el empleo, pero _____ unas preguntas. ¿Qué _____ allí exactamente? ¿_____ los camiones? ¿_____ los estantes? ¿_____ en la tienda o en el depósito? ¿_____ en la caja? ¿A qué hora_____ por la mañana y _____ por la tarde?

Escríbeme pronto,

Esteban

UNIDAD CUATRO

Más números

A ver, recambios de papel, setenta cajas … reglas, ochenta cajas … carpetas, sesenta cajas … bolígrafos, cien cajas … lápices, cincuenta cajas. ¿Cincuenta cajas? ¡No es posible! ¡Sólo hay cuarenta! ¡Y hay noventa cajas de estuches! ¡Demonios!

Nota de entrega	Cajas	
Recambios de papel	70	✔
Reglas	80	✔
Carpetas	60	✔
Bolígrafos	100	✔
Lápices	50	✘
Estuches	40	✘

6

Escucha atentamente. Escribe los números en el orden de la cinta.

88   43   99   51   68   73   100

7 Los prefijos de teléfono

Lee los prefijos. Empareja cada prefijo con el número correcto. ¡Atención! No vas a utilizar todos los números.

Algeciras – nueve, cincuenta y seis   958
Cartagena – nueve, sesenta y ocho   923
Córdoba – nueve, cincuenta y siete   956
Granada – nueve, cincuenta y ocho   957
Ibiza – nueve, setenta y uno   977
La Coruña – nueve, ochenta y uno   958
Pamplona – nueve, cuarenta y ocho   986
Pontevedra – nueve, ochenta y seis   943
Salamanca – nueve, veintitrés   981
San Sebastián – nueve, cuarenta y tres   948
Tarragona – nueve, setenta y siete   968
                                              971

8 Un poco de matemáticas

¿Cuál es la respuesta correcta?

Ejemplo: **1** 31 + 47 = 78 = **b)**

1 31 + 47	a) ochenta y ocho	b) setenta y ocho	c) setenta y siete
2 54 + 43	a) noventa y siete	b) ochenta y siete	c) setenta y siete
3 31 + 66	a) noventa y nueve	b) ochenta y nueve	c) noventa y siete
4 32 + 39	a) setenta y nueve	b) setenta y dos	c) setenta y uno
5 35 + 52	a) ochenta y siete	b) setenta y siete	c) ochenta y tres

UNIDAD CUATRO

9

Miguel coge el autobús – ¿pero cuál? Escucha atentamente, y apunta en tu cuaderno los números de los autobuses en el orden de la cinta.

Horario de autobuses

Número de autobús	Hora de llegada a esta parada
76	1020
81	1031
98	1040
101	1045
67	1100
58	1105
45	1120

10

Miguel escribe sobre su familia. Lee la carta y apunta las edades de las personas en la familia de Miguel.

Ejemplo: Padre – 47

Hay muchas personas en mi familia. Mi padre, que tiene cuarenta y siete años, y mi madre que tiene cuarenta y dos años. Mi hermana tiene dieciocho años, y luego están mis abuelos. Mi abuelo tiene setenta y cinco años y mi abuela tiene sesenta y ocho años. También tengo un primo que tiene veintiún años, mi tío que tiene cincuenta y dos años, y mi tía, la hermana de mi padre, que tiene cuarenta y nueve años.

Mi casete personal

Mi familia

Lee la carta de Miguel sobre su familia, y escribe unos apuntes sobre tu familia. Grábalos en una cinta.

Ejemplo: Mi padre tiene cuarenta y cuatro años. Mi madre tiene treinta y nueve años.

11 *El campeonato de golf*

Escucha la radio con Miguel. Copia la tabla y apunta los resultados de los líderes.

Nombre	Resultado
Ejemplo: Alcalde	*71*
Barrios	
Casado	
Garcés	
Martínez	
Muñoz	
Pardina	

Para ayudarte

Los números

40 cuarenta	41 cuarenta y uno
50 cincuenta	52 cincuenta y dos
60 sesenta	63 sesenta y tres
70 setenta	74 setenta y cuatro
80 ochenta	85 ochenta y cinco
90 noventa	96 noventa y seis
97 noventa y siete	98 noventa y ocho
99 noventa y nueve	100 ciento
101 ciento uno	102 ciento dos

'Ciento' is the word for 100 on its own, but if you are counting things, then it shortens to 'cien', e.g. cien libros – 100 books; cien reglas – 100 rulers

Vocabulario

apuntar (v) – to note down
campeonato (nm) – championship
¡demonios! – oh no!
edad (nf) – age
nota (nf) de entrega (nf) – delivery note
parada (nf) (de autobuses) – bus stop
prefijo (nm) – telephone code

cincuenta y cinco 55

UNIDAD CUATRO

Oye, Miguel, ¿qué vas a hacer con el dinero que ganas?

Voy a ahorrar todo mi dinero, porque voy a comprar una bicicleta de montaña.

¿Una bici de montaña? ¡Qué guay! ¿Y dónde vas a ir con la bici?

Voy a dar paseos por el campo ...

... y voy a hacer camping. Me chifla el ciclismo en el campo.

¿Por qué no vamos a hacer camping juntos? Voy a pedir prestada la bici de mi primo, y tengo una tienda. ¡Vamos a pasarlo bomba!

¡Buena idea! Voy a mirar los catálogos esta tarde.

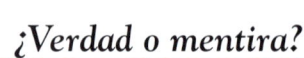

12 ¿Verdad o mentira?

Lee las frases y apunta V (verdadero) o F (falso).

Ejemplo: **1** F

1 Miguel va a gastar todo su dinero inmediatamente.
2 Miguel va a comprar una bici de montaña.
3 Juanjo va a dar un paseo por el campo.
4 Miguel va a hacer camping.
5 Juanjo va a comprar una bici de montaña.
6 Miguel y Juanjo van a hacer camping juntos.

13

Escucha la grabación. ¿Quién habla? Escribe M (Miguel) o J (Juanjo).

Ejemplo: **1** M

14

Escribe seis frases o preguntas utilizando la tabla en la casilla Gramática.

Ejemplos:
¿Vas a mirar los catálogos?
¿Váis a hacer camping?
Van a pasarlo bomba.

Gramática

To talk about something you are going to do, use:

| the right part of the verb 'ir' (to go) | + | 'a' | + | the infinitive of the verb describing what you are going to do |

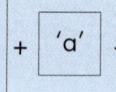

(Remember the infinitive? It's the part of the verb you find listed in the dictionary.)

If you use this pattern, you can make many sentences or questions. For example:

Voy		ahorrar dinero
Vas		comprar una bici
Va		dar un paseo
Vamos	a	hacer camping
Váis		pasarlo bomba
Van		mirar los catálogos

UNIDAD CUATRO

15

¿Cuántas frases en un minuto? Trabaja con una pareja.

a   b   c   d   e

Ejemplo: A: Dibujo b   B: Voy a ahorrar dinero.

16

Copia las frases y rellena los blancos con la parte correcta del verbo 'ir'.

Ejemplo: **1** *va*

1 Miguel _____ a comprar una bici.
2 ¡Miguel y Juanjo! ¡Hola! ¿ _____ a hacer camping?
3 Yo _____ a pedir prestado una bici.
4 Oye, Juanjo, ¿por qué no _____ a hacer camping juntos?
5 Miguel, ¿qué _____ a hacer con el dinero que ganas?
6 ¡Hola, Carmen! ¿Sabes que Miguel y Juanjo _____ a hacer camping?

Mi casete personal
El dinero
Lee la carta de Miguel.

> Tengo un trabajo por las tardes y los fines de semana. Es un poco aburrido, pero gano €5,80 a la hora. Voy a ahorrar todo el dinero que gano, porque voy a comprar una bici de montaña. Me chifla el ciclismo. Voy a dar paseos en el campo y voy a hacer camping.

Ahora graba dos o tres frases sobre el dinero que recibes tú, y lo que haces con el dinero. ¿Ahorras, o gastas? ¿En qué gastas dinero? ¿Para qué ahorras dinero?
Utiliza un diccionario si es necesario.

17

¿Cuántas frases o preguntas en cinco minutos? Utiliza una palabra o frase de cada color para hacer una frase completa.

Voy   Vamos
hacer camping   pasarlo bomba   preparar la comida
comprar una bici   lavar los platos   Va
a
Vas   Van   limpiar el polvo
pasar la aspiradora
llenar los estantes
dar un paseo en el campo   Váis   sacar la basura

Para ayudarte

Vocabulario
ahorrar (v) – to save
campo (nm) – the countryside
dar un paseo (en bici) – to go for a walk (bike ride)
ganar (v) – to earn
gastar (v) – to spend
juntos (adj) – together
pasarlo bomba – to have a great time
pedir prestado – to borrow
¡qué guay! – terrific!
tienda (nf) – tent (NB also shop)

cincuenta y siete   57

UNIDAD CUATRO

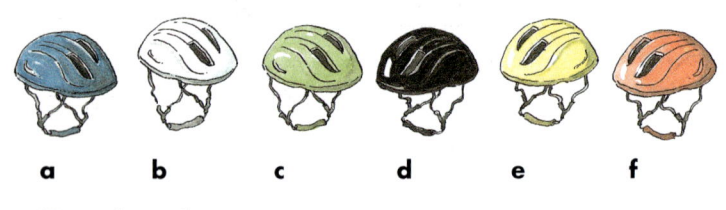

> Vamos a ver ... ¿la bici verde? Uf, no, es cara.

> ¿Y la bici azul? Ay, no, es pequeña.

> Mmmm, la bici roja es barata, pero no es muy buena.

> Entonces, ¿la bici negra y blanca? Es muy elegante, pero es grande. Es cara también.

> ¡Caray! La bici amarilla – ¡qué chula! Tiene veintiuna marchas, la suspensión, y todo. Y no es cara. Entonces, ¡es la bici para mí!

18 Miguel compra un casco

Escucha. Apunta las letras de los cascos en el orden de la grabación.

a   b   c   d   e   f

Ejemplo: **1 b**

¡Hay más! – Identifica el casco que compra Miguel.

19

Lee la información sobre las bicis. Luego rellena los blancos en cada frase.

Ejemplo: **1** *La bici roja cuesta €282.*

1 La bici roja cuesta _____.
2 La bici verde cuesta _____.
3 La bici _____ cuesta €250.
4 La bici _____ cuesta €298.
5 La bici amarilla cuesta _____.
6 La bici _____ cuesta €214.75.

Gramática

Adjectives give you more information about nouns. They describe nouns, and help you identify which noun is being spoken about. Remember that Spanish adjectives:

1 usually come after the noun.
2 must **agree** with the noun. For example, if a noun is **feminine** and **singular**, then the adjective must be feminine and singular as well.

Adjectives that end in **o** in the masculine singular change as follows:

masculine singular	feminine singular	masculine plural	feminine plural
negr**o**	negr**a**	negr**os**	negr**as**

Adjectives that end in a consonant or **e**, however, have only two forms:

masculine and feminine singular	masculine and feminine plural
marrón	marron**es**
elegante	elegant**es**

As you can see, they form their plural by adding **-es** to the final consonant or **-s** to the **e**.

58 cincuenta y ocho

UNIDAD CUATRO

20

Mira los objetos y los colores. Escribe ocho frases.

Ejemplo: un casco negro

un/una/unos/unas
un/una/unos/unas
un/una/unos/unas
un/una/unos/unas
un/una/unos/unas
un/una/unos/unas
un/una/unos/unas
un/una/unos/unas

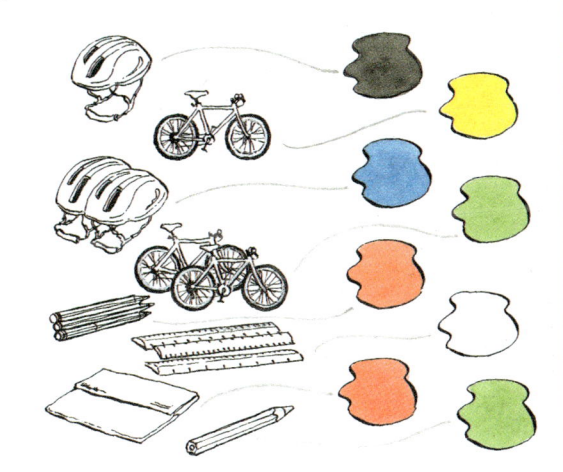

21 *El cuerpo*

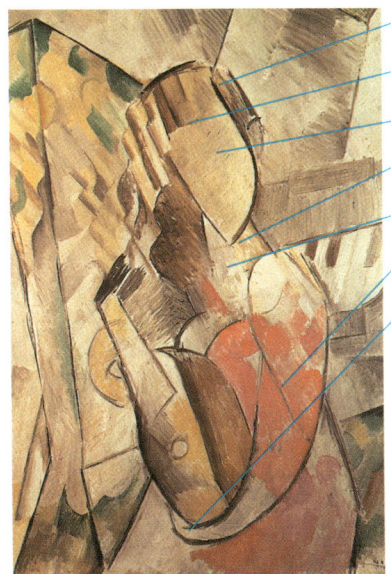

- la cabeza
- el pelo
- el ojo
- la garganta
- el cuello
- el brazo
- la mano
- la oreja 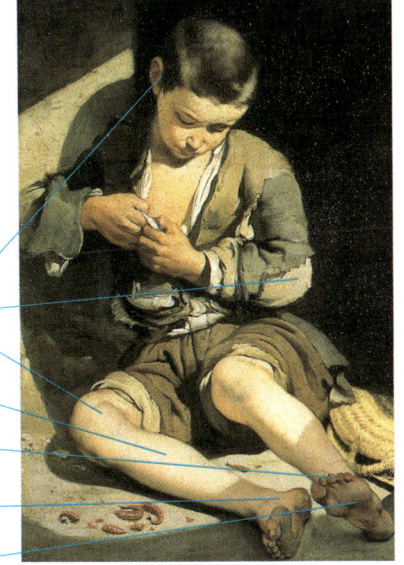
- el codo
- la rodilla
- la pierna
- los dedos
- el tobillo
- el pie

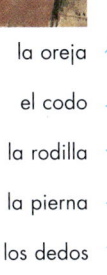

Haz un dibujo de un amigo/una amiga, o utiliza una foto de una persona famosa recortada de una revista. Apunta la ilustración con los nombres de las partes del cuerpo.

Para ayudarte

Vocabulario
barato (adj) – cheap
bueno (adj) – good
caro (adj) – expensive
chulo (adj) – brilliant
elegante (adj) – smart
grande (adj) – big
marcha (nf) – gear
pequeño (adj) – small
¡caray! – wow!

Memory training
Try using a wordweb to help you remember words for descriptions.

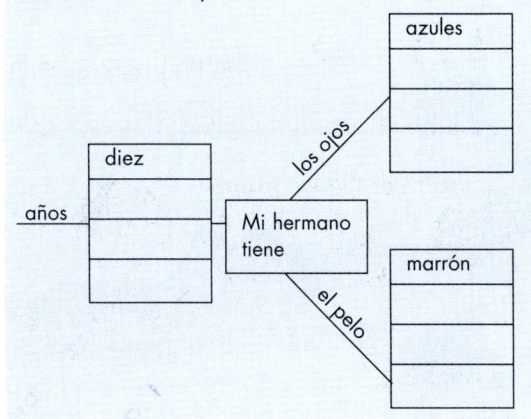

[wordweb: años – diez – Mi hermano tiene – los ojos – azules – el pelo – marrón]

Mi casete personal

Una descripción personal
Lee esta descripción y luego graba unas frases sobre ti. (Cambia las palabras subrayadas.)

Me llamo <u>Maite</u>. Tengo <u>quince</u> años. Tengo el pelo <u>rojizo</u> y los ojos <u>marrones</u>. Mi <u>hermano</u> se llama <u>Roberto</u>. Tiene <u>dieciocho</u> años. Tiene el pelo <u>negro</u> y los ojos <u>marrones</u>.

cincuenta y nueve 59

UNIDAD CUATRO

Mmmmm, ¡qué rico! Me gusta el chorizo. Es delicioso.

Sí, pero no es muy bueno para la salud. Puede contener mucha grasa. ¿Y comes patatas fritas también?

Pero, ¿no te gusta comer verduras, ni fruta, ni pescado en vez de tanta grasa?

¡Qué ridículo, hombre! Me encanta la carne, sobre todo el filete.

¡Ay, no! No. Odio todo tipo de legumbres. Tampoco puedo comer fruta. El pescado no está mal, pero sólo con patatas fritas.

¿No te gusta comer pasta en vez de patatas fritas? Es mejor para la salud.

¡Puaj! Es asquerosa. Mi comida preferida es el filete con patatas fritas, luego el queso y para terminar el pastel con nata. Y tú, ¿qué comes normalmente?

¿Vegetariano? ¡Ni hablar! Dime, ¿por qué no invitas a Carmen?

¡Lárgate, idiota! Los otros pueden oírte.

Pues, me chifla el ciclismo, por eso tengo que mantenerme en forma. Me gusta la ensalada con un poco de aceite, los tomates, las legumbres, y la fruta.

¿Por qué no vienes a comer conmigo? Podemos ir a un restaurante vegetariano.

22

Lee estas frases y escucha el texto de la presentación. ¿Quién es? Apunta M (Miguel) o J (Juanjo).

Ejemplo: **1** J

1 Le gusta el chorizo.
2 Dice que el chorizo contiene mucha grasa.
3 Le gusta mucho el filete.
4 No le gusta comer verduras.
5 Le gusta bastante el pescado.
6 Dice que las pastas son mejores que las patatas fritas para la salud.
7 Odia las pastas.
8 Come ensalada.
9 No le gustan los restaurantes vegetarianos.
10 Quiere salir con Carmen.

23

Escribe la lista de compras de Miguel y también la de Juanjo.

Miguel

Juanjo

Gramática
Using *gustar* to talk about likes and dislikes
In Unit 2 you found out about using **me gusta** with a verb to say 'I like doing something'. You can also use gustar with nouns to say what or whom you like/dislike:
No me gusta el chorizo, pero **me gustan** la ensalada y los tomates. I don't like chorizo, but I like salad and tomatoes.
Me gusta el profesor de inglés. I like the English teacher.
You can see that gustar has to be in the singular form (gusta) or the plural form (gustan) depending on whether you are talking about one or more things or people.
   To ask a friend 'Do you like …?', you say **¿te gusta?** or **¿te gustan?**
¿Te gusta la comida italiana? **¿Te gustan** los tomates?

60 sesenta

UNIDAD CUATRO

24 Túrnate con tu pareja

Ejemplo:

A: ¿Te gusta el chorizo?
B: No, no me gusta el chorizo.
B: ¿Te gustan las patatas fritas?
A: Sí, me gustan las patatas fritas.

25

Escucha la conversación. Cinco jóvenes hablan de lo que les gusta comer. Copia y completa la tabla.

Nombre	Le gusta(n) …	No le gusta(n) …
Ejemplo: Rafa	ensalada	chorizo
Pilar		
José María		
Yoli		
Javi		

26

En la cafetería. Escucha la conversación. ¿Para quién es cada plato? *Ejemplo:* **1** *Rafa*

Mi casete personal

Me gusta comer …
Escucha los diálogos de los ejercicios 25 y 26 otra vez. ¿Qué te gusta comer? ¿Qué no te gusta comer? Graba unas frases en tu casete personal.

Para ayudarte

Vocabulario
aceite (de oliva) (nm) – (olive) oil
asqueroso (adj) – revolting
carne (nf) – meat
chorizo (nm) – spicy sausage
en forma – fit
filete (nm) – steak
grasa (nf) – fat (in food)
¡lárgate! – clear off!
legumbres (nfpl) – vegetables
nata (nf) – cream
¡ni hablar! – no way!
pastel (nm) – cake
pescado (nm) – fish
¡qué rico! – how delicious!
queso (nm) – cheese
salud (nf) – health
sobre todo (adv) – especially
verduras (nfpl) – greens, vegetables

Memory training
Which foods are good for you? To help you remember food vocabulary make two lists under these headings:
Bueno para la salud   Malo para la salud

sesenta y uno **61**

UNIDAD CUATRO

[Comic strip panels 1–8:]

1. Tengo suerte. Hace buen tiempo. Mmmmm, me chifla el ciclismo. Es muy bueno para la salud. El casco para proteger la cabeza, y los guantes para proteger las manos.

2. ¡Uf! Tengo calor. Y sólo son las nueve y media.

3. ¡Mmm, qué fresco! Tengo sed. Tengo la boca muy seca.

4. ¡Qué bien! Tengo hambre. Me gustan los bocadillos de jamón. Y la fruta es muy buena también.

5. Aaah, tengo sueño. Voy a cerrar los ojos cinco minutos.

6. ¡Menudo tiempo! Ahora tengo frío. Y no tengo pantalones largos para proteger las piernas.

7. ¡Ay! ¡Demasiado rápido! ¡Tengo miedo!

8. ¡PUM! ¡Tienes demasiada prisa! ¡Ay, mi pierna, mi cabeza!

27

Lee el texto y escucha la grabación. Para cada frase, apunta el número de la ilustración que convenga. Para ayudarte, busca las palabras subrayadas en el diccionario.

Ejemplo: **a)** 5

a) Miguel está cansado.
b) Miguel no tiene cuidado.
c) Miguel come el almuerzo.
d) Miguel toma un refresco.
e) El conductor del coche se siente* furioso.
   (*el infinitivo es 'sentirse')
f) Miguel está decepcionado con el tiempo que hace.
g) Miguel sale* de la casa. (*el infinitivo es 'salir')
h) Miguel se quita* su canguro impermeable.
   (*el infinitivo es 'quitarse')

Gramática

The verb **tener** is a good verb to know well. It means 'to have' (e.g. Tengo un boli – I have a biro) but you can also use it with other nouns to describe how you or other people feel or the state that they are in. You use the correct part of tener and one of the words from the list below.

tener calor	to be hot
tener cuidado	to be careful
tener dolor	to hurt
tener éxito	to be successful
tener fiebre	to have a temperature
tener frío	to be cold
tener hambre	to be hungry
tener miedo	to be frightened
tener prisa	to be in a hurry
tener sed	to be thirsty
tener sueño	to be sleepy
tener suerte	to be lucky

Two other important expressions are:
tener ganas de – to feel like doing something
Tengo ganas de ir al cine.
tener que – to have to do something
Tengo que trabajar los sábados.

UNIDAD CUATRO

28

Escucha. Apunta las ilustraciones en el orden de la grabación.

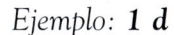

a b c d e

Ejemplo: **1 d**

29

¿Cuántas frases correctas en cinco minutos? Utiliza las ilustraciones del ejercicio 28. Trabaja con una pareja.

Ejemplo: Tengo calor.

> Hay mucho trabajo en la tienda en este momento. Tengo que descargar los camiones cada día, y luego tengo que llenar los estantes. Después tengo que ayudar en la caja porque Carmen está enferma. Tengo que limpiar el suelo también. No tengo mucha suerte y no es justo. Pero gano dinero y tengo mi bici por fin. Es muy difícil, porque tengo calor en el depósito y tengo sed todo el tiempo. No hago mucho por la tarde, porque tengo sueño. Juanjo come mucho, y siempre tiene hambre. Tiene miedo de ir en bici un poquito, porque a Juanjo no le gusta el tráfico. Bueno, me voy a la cama. Ya es tarde, y tengo frío.

30

Lee la agenda de Miguel, y luego corrige las frases que siguen.

Ejemplo: **1** Miguel tiene que descargar los camiones.

1. Miguel no tiene que descargar los camiones.
2. Carmen tiene que llenar los estantes.
3. Miguel no tiene que ayudar en la caja.
4. Carmen tiene que limpiar el suelo.
5. Miguel tiene sueño en el depósito.
6. Miguel tiene hambre todo el tiempo.
7. Miguel tiene calor por las tardes.
8. Miguel siempre tiene hambre.
9. Miguel tiene miedo del tráfico.

31

El curso de biología. Empareja las letras con las palabras abajo.

Ejemplo: **a** la cabeza

el brazo
la cabeza
la pierna
la mano
el codo
la rodilla
el pie

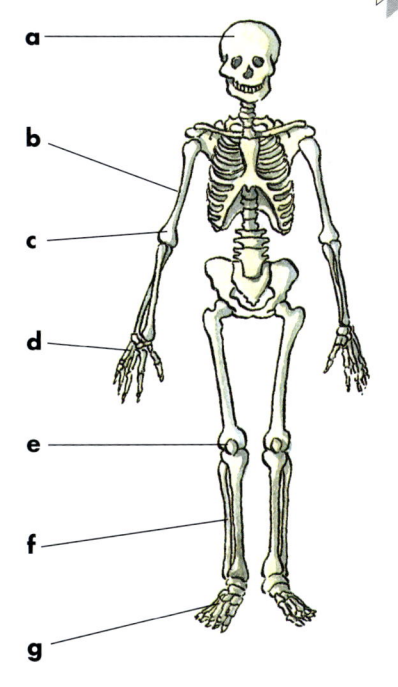

a b c d e f g

Para ayudarte

Vocabulario
boca (nf) – mouth
me chifla – I love
¡menudo tiempo! – what weather!
proteger (v) – to protect
seco (adj) – dry

Memory training
Make a wordweb (like the one on page 59) with **tener** in the centre. How many expressions can you remember? Illustrate each one.

UNIDAD CUATRO

32

Escucha la canción 'Un paseo en bici'. Copia el texto y rellena los blancos.

Doy un paseo en bici
Doy un paseo en bici
Doy un paseo en bici, es _____.

1 _____ kilómetros, tengo _____.
  _____ kilómetros, tengo _____.
  _____ kilómetros, tengo _____.
  _____ kilómetros, tengo _____.
2 _____ kilómetros, tengo _____.
  _____ kilómetros, tengo _____.
  _____ kilómetros, tengo _____.
  _____ kilómetros, tengo _____.
3 _____ kilómetros, tengo _____.
  Tengo _____ de dormir
  Pero el fin del paseo – ¡tengo _____!
  Tengo _____ – ¡eso es vivir!

34

Lee el artículo sobre las bicis todoterreno.

1 Utiliza un diccionario para buscar las palabras subrayadas.

Ejemplo: sitios – sitio (nm): place, site

* atraviesan – el infinitivo es 'atravesar'

2 Escribe unas palabras para cada frase:
   a) Un sitio donde se puede dar un paseo en bici todoterreno.
   b) Las regiones donde hay grandes rutas.
   c) Lo que hay que comprar.
   d) Un problema con los paseos en bici todoterreno.

3 Tu amigo se interesa en el ciclismo, pero no habla español. Escribe unas palabras en inglés para comunicarle lo que dice el artículo.

35 Palabras mezcladas

¿Qué son …?

ITSOSI BRAMSOECI PORA STOGSA NORESIO ROTENER

33

Trabaja con tu pareja. ¿Qué dices cuándo …

1 … estás en el Círculo Polar Ártico y no tienes jersey?
2 … estás en el desierto y no tienes agua?
3 … estás en una casa embrujada y ves un fantasma?
4 … tienes sólo tres minutos para coger el tren?
5 … estás en una sauna?
6 … ves una comida deliciosa?
7 … ganas la Lotería?

Ejemplo:

A Cinco.

B ¡Tengo calor!

¿Adónde ir en bici?

Hay muchos <u>sitios</u> en España donde se pueden dar paseos en bici <u>todoterreno</u>. Por ejemplo, hay las Bárdenas Reales en la provincia de Zaragoza.

Pero también hay grandes rutas que <u>atraviesan</u> * los continentes asiático, africano y americano.

¿Interesado? Pues, primero hay que comprar una bici con elementos <u>reforzados</u> y un buen <u>puñado</u> de <u>recambios</u>. Luego la <u>ropa cómoda</u> también es necesaria. Después de estos <u>gastos</u>, el viaje cuesta casi <u>nada</u>.

El problema es el impacto de las bicis en el <u>terreno</u>. Los <u>derrapajes</u> y los fuertes <u>acelerones</u> pueden causar erosión, y por eso hay que tener cuidado.

---

64 sesenta y cuatro

UNIDAD CUATRO

Ya lo sé

A Los colores

Haz una serie de ilustraciones, como un friso, para enseñar los colores a los alumnos menores que tú. Puedes utilizar, por ejemplo, las camisetas, los cascos, los coches de carrera, las banderas, los tabardos, o los equipos de fútbol.

C Un póster

Haz un póster para enseñar los números de 40 hasta 100 a los alumnos menores que tú. No necesitarás todos los números. Puedes utilizar la camisetas de un equipo de fútbol americano, o unos autobuses…

D

Copia y rellena los globos. Utiliza las palabras abajo. (¡Atención! No necesitarás todas las palabras.)

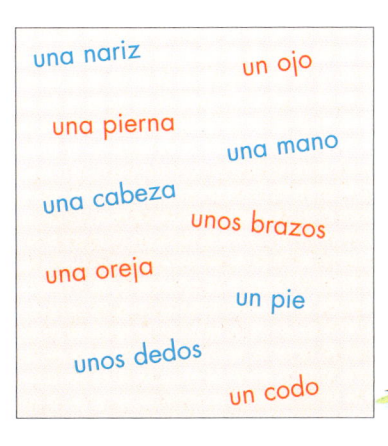

- una nariz
- un ojo
- una pierna
- una mano
- una cabeza
- unos brazos
- una oreja
- un pie
- unos dedos
- un codo

B

Empareja las descripciones con las ilustraciones. ¡Ojo! Hay una descripción que sobra.

1. Tiene los ojos negros y el pelo castaño. Lleva un jersey blanco y un casco negro. Tiene una bici amarilla.
2. Tiene los ojos azules y el pelo rubio. Lleva un jersey y un casco azul. Tiene una bici verde.
3. Tiene los ojos grises y el pelo pelirrojo. Lleva un jersey negro y un casco blanco. Tiene una bici negra.
4. Tiene los ojos verdes y el pelo moreno. Lleva un jersey amarillo y un casco verde. Tiene una bici roja.
5. Tiene los ojos verdes y el pelo pelirrojo. Lleva un jersey verde y un casco rojo. Tiene una bici azul.

Bienvenidos al Paraíso. Bueno, pues ¿qué necesitáis para ser perfectos?

E

Escoge unas personas famosas de la actividad D y rellena una tarjeta de identidad para cada una. Pon las cartas en la pared de la sala de clase.

Nombre de pila _____
Nombre de familia _____
Fecha de nacimiento _____
Ojos _____
Pelo _____

F Dibujos

Dibuja un dibujo cómico para ilustrar cada una de estas frases. Tengo calor; Tengo frío; Tengo hambre; Tengo sed; Tengo sueño; Tengo miedo; Tengo prisa; Tengo suerte; Tengo dolor.

Unidad cinco

Felipe: Hombre de negocios – y padre

1

Escribe en letras los números de teléfono de los clientes de Felipe.

Ejemplo: **a** *novecientos ochenta y uno, veinte, cuarenta y cinco*

a PORCELANESA
Avda. Ramón y Cajal, 220
15005 La Coruña
Telf. 981 20 45

b Sr. Jesús Soria
Director de Finanzas
BODAMODA
Avda. Orillamar, 46
Apartado 393
36204 VIGO
Telf. 986 88 55
Lista de bodas
Vestidos
Chaqués
Trajes

c Transportes Nadal
Nave Industrial No. 23
Polígono Industrial San Cristóbal
8709 Valladolid
Telf. 983 15 77

d Agencia Fincanorte
Travessera des Corts, 9
08028 Barcelona
Telf. 938 39 84

e REATUR S.A.
C/. Castelao, 11-1o
32660 Allariz
Telf. y Fax: 957 25 34

100	ciento/cien*
101	ciento uno
102	ciento dos
103	ciento tres
104	ciento cuatro
105	ciento cinco
106	ciento seis
107	ciento siete
108	ciento ocho
109	ciento nueve
110	ciento diez
120	ciento veinte
130	ciento treinta
140	ciento cuarenta
150	ciento cincuenta
160	ciento sesenta
170	ciento setenta
180	ciento ochenta
190	ciento noventa
200	doscientos(as)
300	trescientos(as)
400	cuatrocientos(as)
500	quinientos(as)
600	seiscientos(as)
700	setecientos(as)
800	ochocientos(as)
900	novecientos(as)
1.000	mil
10.000	diez mil
100.000	cien mil
1.000.000	un millón

*Mira página 55, Gramática

Gramática

Números

The word for 100 is *ciento*.

ciento sesenta – 160
doscientos – 200

When *ciento* is used with a noun, it must agree with that noun, i.e. it must be **plural** and **masculine** or **feminine** to match the noun.

doscientos euros – 200 euros
doscientas personas – 200 people

Ciento is shortened to *cien* in the following cases:
● before a noun

cien euros – 100 euros
cien personas – 100 people

● when it is followed by another number which it multiplies.

cien mil euros – 100,000 euros

For thousands, use the following patterns:
For 'a thousand', use **mil**.

mil euros   mil personas.

For 'thousands of …' use *miles de.*

miles de amigas, miles de tareas

Ahora túrnate.

2

Trabaja con tu pareja. Tú dices los números de teléfono y tu pareja los escribe sin mirar el libro.

a
968 22 54
956 12 48
983 17 93
977 73 80

b
924 34 25
947 15 50
969 60 22
988 72 93

66 sesenta y seis

UNIDAD CINCO

3

Empareja las velocidades con los versos.

Ejemplo: a = Verso 1

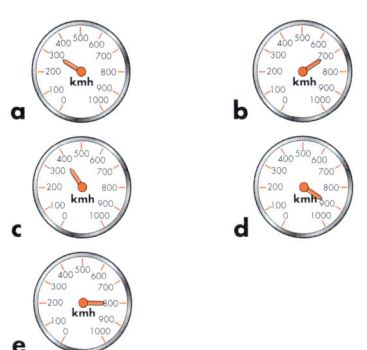

4

Empareja las bicicletas con los precios.

Ejemplo: 1 d)

a) €146,25
b) €143,40
c) €139,10
d) €150,29
e) €146,34

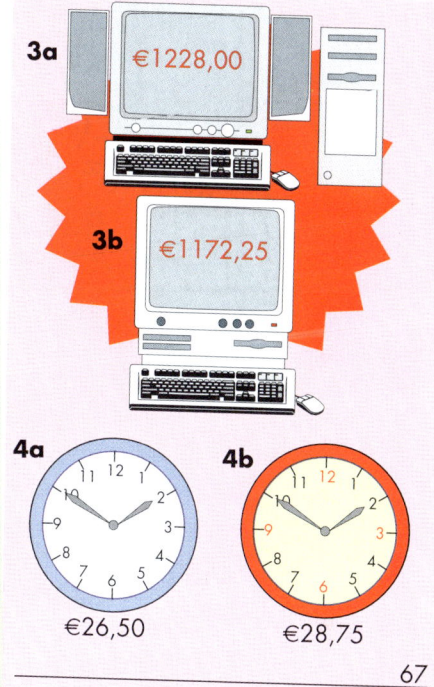

5

Escucha y elige las compras de la señora Ortega.

Ejemplo: 1 a

6

Empareja los precios en letra con cada jugador de fútbol.

€188,270   €310,150   €66,260   €250,000   €160,600

Ejemplo: 5 a)

a) ciento sesenta mil seiscientos euros
b) trescientos diez mil ciento cincuenta euros
c) ciento ochenta y ocho mil doscientos setenta euros
d) sesenta y seis mil doscientos sesenta euros
e) doscientos cincuenta mil euros

sesenta y siete 67

UNIDAD CINCO

Hoy Felipe está con una amiga en un bar. Hablan de Ana.

"Yo quiero lo mejor para mi hija, claro, pero ella quiere muchas cosas y yo no puedo comprar todo esto."

"Pero ¿qué quiere Ana exactamente?"

"Pues, Ana quiere siempre lo que tiene su amiga Maite. Por ejemplo, Maite va al cine, Ana quiere ir también, Maite tiene ropa nueva y Ana quiere esto también, pero yo no tengo dinero para todo eso. Siempre quiere salir, al teatro, a un concierto pop, al bar, a la discoteca, al restaurante y no tenemos dinero para todo esto."

"Pero Felipe, eso es normal, las chicas siempre quieren lo que las otras chicas tienen."

"Sí, lo sé, y me gustaría darle todo lo que quiere, pero de momento no tengo el dinero para comprar extras, solo puedo comprar lo esencial para vivir."

"Mira, tengo una idea, yo necesito un canguro para vigilar a mis dos hijos dos veces a la semana y pago bien. Ana puede ser mi canguro y ganar algún dinero."

"¡Es una idea fantástica! Voy a hablar con Ana."

7

Lee y escucha la conversación y mira las palabras en la casilla. Copia y completa la historia. ¡Ojo! Hay cuatro palabras de sobra.

| padre | tiene | tiene | tienes | puede | quiere | todo | problema |
| tienen | caro | canguro | puede | solución | idea |

El **(a)** *(padre)* de Ana tiene un **(b)** _____. Su hija **(c)** _____ muchas cosas pero él no **(d)** _____ dinero. Maite, la amiga de Ana, **(e)** _____ muchas cosas porque sus padres **(f)** _____ dinero. Ana no **(g)** _____ ir al cine porque es **(h)** _____. La amiga de Felipe tiene una **(i)** _____. Puede ofrecer un trabajo a Ana como **(j)** _____.

Gramática

Poder and **querer** are two of the most important verbs you will learn in Spanish. With querer (see Unit 3 page 34) you can talk about what you want or don't want to do; with poder you can talk about things you can or can't do, or ask permission to do things.

poder	to be able
puedo	I can
puedes	you can
puede	he/she can/you (polite) can
podemos	we can
podéis	you (plural) can
pueden	they can/you (polite) can

¿Puedo telefonear a mi familia, por favor? Sí, claro, puedes.
Podemos ir juntos.   *Podéis salir a las ocho.*

The verb that follows 'poder' is always in the infinitive.
   Remember that both querer and poder change the spelling of their *stem* (the main syllable) as well as making the usual changes in ending.

querer: the **u** changes to **ie**   **poder**: the **o** changes to **ue**

Verbs that follow this pattern are called 'radical-changing' verbs. There is more about these in Unit 6.

8

Rellena los espacios con la forma correcta del verbo 'poder'.

Ejemplo: **1** *pueden*

1 Miguel y Juanjo _____ hacer camping juntos.
2 Yo no _____ comer carne. Soy vegetariano.
3 Oye, Rafa, ¿ _____ pasar la aspiradora, por favor?
4 ¿Por qué no salimos esta tarde? _____ ir al cine.
5 Juanjo no _____ comer ensalada.
6 Oye, Miguel, tú y Carmen _____ salir juntos, ¿no?

UNIDAD CINCO

9

Felipe encuentra una página de la agenda de Ana. ¿Qué dice? Empareja las frases de las dos columnas. ¡Ojo! Hay una frase de sobra.

Ejemplo: **1 c)**

1 lunes
Quiero ir al cine hoy a las siete

2 martes
Hoy no puedo ir con Maite

3 miércoles
Mis amigas pueden ir a jugar al tenis

4 jueves
Quiero ir a la discoteca con Enrique

5 viernes
Maite y yo queremos ir de excursión con nuestros padres

6 sábado
Papá y yo queremos ir al restaurante

a) a la cafetería porque tengo muchos deberes.

b) pero papá dice que no puede bailar.

c) pero no puedo porque a las siete tengo que preparar la cena.

d) pero no podemos porque no tenemos dinero.

e) pero yo no puedo jugar – no tengo raqueta.

f) pero mi papá no puede porque está muy ocupado.

g) Maite hoy porque tengo mucha ropa que planchar.

Mi casete personal

¿Quieres ir a ...?
¿Puedes invitar a tu compañero(a) a salir? ¿Puedes contestar?

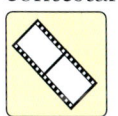

Ejemplo: ¿Quieres ir al cine hoy?
No gracias, no puedo, tengo muchos deberes.
Sí gracias, quiero ir al cine hoy.
Sí gracias, puedo ir al cine hoy.

Para ayudarte

Vocabulario
bailar (v) – to dance
conmigo – with me
contigo – with you
de sobra – too many/too much
hacer de canguro – to babysit
jugar (ue) (v) – to play
lo mejor – the best
¡ojo! – careful!
raqueta (nf) – racquet

El diccionario
Hay doce palabras en la tabla. Cada palabra está dividida en dos partes. Identifica las palabras. Utiliza un diccionario.

deb	arar	ce	raq	gas	ne
ju	ami	ocu	cafe	ero	bai
tería	ci	lar	eres	na	gar
ueta	plan	prep	din	char	pado

10

Escucha la canción y empareja las frases de las dos columnas.

Ejemplo: **1 e)**

1 Quiero
2 No puedes
3 Tú no tienes
4 Quiero ver
5 No puedo hablar
6 No puede ir al cine

a) la tele.
b) tiempo.
c) conmigo.
d) oírme.
e) ir al cine.
f) con mi padre.

sesenta y nueve 69

UNIDAD CINCO

Hoy Ana está en El Corte Inglés. Es el cumpleaños de su padre y quiere comprar un regalo para él.

Señorita, ¿cuánto cuesta esa corbata?

¿La de rayas azules?

Sí, ésa.

Vale 14 euros 50, señorita.

Sí, creo que le gustaría mucho a mi papá, la compro.

Ahora a la sección de discos. Me gustaría comprar un nuevo CD de mi grupo favorito – Los Lobos Rojos.

Cuesta 20 euros.

¡Hola, Maite!

¿Qué tal, Ana? ¿Vas a comprar un CD?

No, éste cuesta demasiado. Me gustaría pero quisiera pagar menos. Pero mira esta corbata, es un regalo para mi padre.

Sí, es muy bonita. ¿Quieres ir a la sección de moda juvenil?

Sí, vamos.

Hoy es el cumpleaños de papá. Me gustaría comprarle algo bonito pero práctico también. Esta corbata amarilla es bonita, creo que le gustaría, pero cuesta 30 euros. Un poco cara para mí. Esa corbata también es bonita … a ver cuánto cuesta.

11

Escucha el casete y mira los dibujos. Escribe los precios de los artículos.

1. Los Lobos Rojos CD
2. (corbata amarilla)
3. (corbata de rayas azules)

12

Escucha ahora a Maite y su amiga Nuria en la sección de moda. Empareja los objetos y los precios.

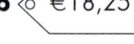

1.
2.
3.
4.
5.
6.

a €60,00
b €18,25
c €26,00
d €38,50
e €32,00
f €12,50

70 setenta

UNIDAD CINCO

13

Mira los dibujos. Tu pareja mira la lista de precios (página 81). Pregunta cuánto cuestan las cosas y elige las que quieres comprar. Tu pareja calcula el precio total.

Ejemplo:

A — ¿Cuánto cuesta la corbata roja?

B — Vale 35 euros.

A — Es barata, sí la compro.

o — Es cara, no, no la compro.

A — ¿Cuánto es en total?

B — En total es ……… ………… euros.

Para ayudarte

Vocabulario
gastar (v) – to spend
juvenil (adj) – young/youth
moda (nf) – fashion
raya (nf) – stripe
regalo (nm) – present, gift
vestido (nm) – dress

Gramática

I would like …: *quisiera* and *me gustaría*

Quisiera

Quisiera is part of the verb *querer* – 'to like'.

- To say 'I would like', 'he/she would like' or 'you (singular, formal) would like', use *quisiera*.
- To say 'you (singular, informal) would like', add an 's' – *quisieras*.

Me gustaría …

gustaría comes from the verb *gustar*, which you already know. You need to add *me*, *te*, or *le* to say what someone would like:
me gustaría = I would like
te gustaría = you (singular, informal) would like
le gustaría = he/she/it/you (singular, formal) would like

These phrases can either be followed by a noun:

Me gustaría un helado.   *Quisiera un helado.*

or by a verb:

Me gustaría comer un helado.   *Quisiera comer un helado.*

UNIDAD CINCO

14

Mira los dibujos del ejercicio 13. Tienes €200 para gastar. Escribe una lista de los regalos que te gustaría comprar con tu dinero.

Ejemplo: Me gustaría comprar las botas amarillas. Quisiera también la corbata roja.

Mi casete personal

Me gustaría comprar ...

Añade en tu casete los cinco discos que te gustaría o no te gustaría comprar hoy y por qué.

Ejemplo: Hoy me gustaría comprar el nuevo disco de Los Lobos Rojos porque es fenomenal.
Hoy no me gustaría comprar el disco de Julio Iglesias porque es muy aburrido.

En el café de El Corte Inglés

15

Escucha la conversación y decide si hay o no hay. Escribe ✓ o ✗.

1 una coca-cola
2 un café
3 una tortilla
4 un pastel
5 un té
6 un agua mineral
7 un bocadillo de jamón
8 una ensaladilla rusa

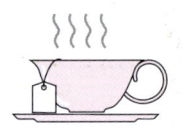

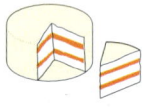

Gramática

Negatives

- To make a statement negative, add *no* in front of the verb.

  Ana escribe a su tía.   Ana **no** escribe a su tía.
  Entiendo.   **No** entiendo.

- To say nothing, nobody, never, you need *no* in front of the verb, plus another negative word after it.

nada = nothing/not anything   **No** veo **nada.**
nadie = no one/nobody   **No** hay **nadie** en el piso.
nunca = never   **No** voy **nunca** al cine.
ni ... ni = neither ... nor,   **No** me gusta **ni** lavar los platos **ni**
 not .... either   arreglar mi dormitorio.

- *Nunca* can come before the verb, in which case you don't use *no*.

  Nunca veo la televisión.

- When 'nobody' or 'nothing' is the subject, *nadie* or *nada* goes in front of the verb, and you don't use *no*.

  Nadie sabe que estás aquí.

72   setenta y dos

UNIDAD CINCO

16

Copia y completa las frases con los negativos de la casilla.

1 Marisol _____ puede ver la televisión hoy, tiene mucho trabajo.
2 Pedro _____ tiene demasiado trabajo – está en paro.
3 El camarero _____ tiene _____ bocadillos _____ café. No tiene _____ en el bar.
4 _____ va al cine cuando hay fiesta.

| no | no | nunca | nada | nadie | ni… | ni |

Café Delicioso

Hoy de tapas tenemos aceitunas
chorizo
tortilla española
albóndigas
ensaladilla rusa
almendras
jamón serrano
setas

17

Trabaja con tu pareja. Mira el menú de la cafetería Delicioso. Con tu pareja haz un diálogo en la cafetería Delicioso.

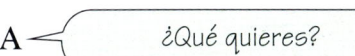

Ejemplo:

A: ¿Qué quieres?

B: No quiero setas y no como nunca carne. Quisiera una ración de almendras.

18

Lee la carta de Ana a su tía Eduarda. Elige la forma adecuada de 'poder' o 'querer'. Escribe la carta completa.

Querida tía Eduarda:
Hoy yo quiero/quieres escribirte una carta porque podemos/puedo darte una buena noticia.
Sabes que mi amiga Maite y yo siempre queréis/queremos salir y yo nunca podemos/puedo porque papá no puedes/puede o no quiero/quiere darme dinero para mis gastos. Pues ahora las cosas podemos/pueden cambiar porque una amiga de papá pueden/puede darme un trabajo como canguro. Ella quieres/quiere pagarme bien por esto. Estoy muy contenta, sus hijos son muy simpáticos, si tú quiere/quieres te mando una foto.
Te escribo la semana próxima.
Besos.
Ana

Para ayudarte

Vocabulario
almendra (nf) – almond
aquí viene – here he comes
ensaladilla (nf) rusa (adj) – Russian salad (mixed vegetables in mayonnaise)
huevo (nm) – egg
mayonesa (nf) – mayonnaise
por fin (adv) – finally
¡qué fastidio! – what a nuisance!
queso (nm) – cheese

UNIDAD CINCO

Café del Mar

Tapas

queso	€1,85
jamón serrano	€2,30
tortilla española	€2,10
chorizo	€1,90
ensaladilla rusa	€1,85
almendras	€1,75
aceitunas	€1,50

Bebidas

cerveza	€2,00
vino	€2,25
agua mineral	€1,50
coca-cola/fanta	€1,50

20

Mira las cuentas y la lista de tapas. Decide si los totales son correctos o no.

1
coca-cola
almendras
jamón serrano
Total €4,55

2
cerveza
aceitunas
tortilla española
Total €5,60

3
fanta
almendras
chorizo
Total €5,65

19

Mira lo que beben y comen Manuel, Carmen, Juan y Teresa. Mira la lista de tapas. ¿Cuánto debe pagar cada persona?

Manuel   Carmen   Juan   Teresa

UNIDAD CINCO

21
Trabaja con tu pareja. Estáis en el café del Mar. La cuenta no es correcta. Haz un diálogo.

Ejemplo:

A — ¡Oiga camarero! Hay un error en la cuenta.

B — ¿Un error? A ver … queso y fanta …

A — Sí, son €3,35, no €3,45.

B — Sí, es verdad.

22
Ana tiene que hacer la compra. Escribe una lista para ella.

Para ayudarte

Vocabulario
cuenta (nf) – bill
error (nm) – error
hacer la compra – to do the shopping
jamón (nm) serrano (adj) – dried cured ham
mejillón (nm) – mussel
tapas (nfpl) – snacks

Mi casete personal

En el café
Tú eres el cliente – ¿qué dices? Graba las frases que convengan en tu casete personal.

1 2 3
4 5 6

setenta y cinco 75

UNIDAD CINCO

23

Lee y escucha el diálogo. Copia y completa la historia con las palabras de la casilla. ¡Ojo! Hay tres palabras de sobra.

A Ana y Maite les **(a)** _____ ver una película **(b)** _____ tarde. Maite **(c)** _____ ver una película del oeste o quizás **(d)** _____ película de terror que se llama 'La Noche de los cuchillos sangrientos' pero a Ana no le gusta **(e)** _____ título. Son las cuatro y media y Ana **(f)** _____ que volver a casa. **(g)** _____ a coger **(h)** _____ autobús que viene.

va	tiene	queremos	este	gustaría	la
	ese	esto	no	esta	quisiera

Gramática

Expressing your opinion

You know how to say that you like or dislike something using *me gusta* and *no me gusta*, and you can say that you prefer something using *prefiero*. There are a number of ways of giving your opinion about something, depending how strongly you feel. It works like this:

✗✗✗	✗✗	✗	✓	✓✓	✓✓✓	✓✓✓✓
Odio	No me gusta nada	No me gusta	Me gusta	Me gusta mucho	Me encanta	Me chifla

NB When you give your opinion about something, remember to include the definite article: *el, la, los* or *las*:

Me gusta **el** tenis.   Odio **las** patatas fritas.

24

¿Qué tipo de película quisieras ver? Mira los dibujos y trabaja en grupo.

Ejemplo:

A ¿Te gustaría 'Amor sin fronteras'?

B No gracias, no me gustan nada las películas románticas.

1. Vampiros en la Noche
2. Esta clase es un circo
3. Galáctica III
4. Un hombre, un caballo y mil dólares
5. Amor sin fronteras

UNIDAD CINCO

25

Empareja los títulos de las películas y las descripciones.

1. *Amor, Amor*
2. FRANKENSTEIN
3. Viaje a Plutón II
4. Río Grande
5. La Familia Accidente

a) una película de risa muy agradable – la historia de una familia con problemas.
b) una película de miedo, de mónstruos horribles con vampiros también.
c) una película del oeste americano con soldados americanos e indios.
d) una película de amor – la historia de una pareja de 70 años aún muy enamorada.
e) una película de fantasía con extraterrestres y cohetes.

26

Mira el ejemplo y escribe tu opinión sobre dos películas. Utiliza la tabla de opiniones en la página 76.

Ejemplos: Me encanta la película 'Romeo y Julieta'.
No me gusta nada 'Romeo y Julieta'.

27

Escucha y empareja las melodías con los tipos de películas.

a) terror   b) amor   c) dramática   d) del oeste   e) dibujos animados

28

Escucha el programa en la radio. ¿De qué tipo de película habla? Escribe la letra que convenga.

Ejemplo: **1 d)**

a) romántica
b) de ciencia-ficción
c) del oeste
d) cómica
e) de terror

Para ayudarte

Vocabulario
cohete (nm) – rocket
corazón (nm) – heart
cuchillo (nm) – knife
dar miedo – to frighten
dibujos animados (nmpl) – cartoon
enamorado (adj) – in love
guía (nf) – guide
hasta pronto – see you soon
ley (nf) – law
morir (ue) (v) – to die
noche (nf) – night
novio (nm) – fiancé/boyfriend
novia (nf) – fiancée/girlfriend
ocio (nm) – leisure time (La Guía de Ocio – 'What's On' guide)
pareja (nf) – couple
película (nf) – film
perdido (adj) – lost
programa (nm) – (TV or radio) programme
sangre (nf) – blood
sangriento (adj) – bloody
venganza (nf) – vengeance

El diccionario
Busca las palabras españolas por:

boring   exciting   amusing
terrific   marvellous   fantastic
awful   horrible   pleasant
brilliant   terrible

Describe un programa o una película que te gusta, y un programa o una película que no te gusta.

Mi casete personal

Me gusta ...
¿Qué tipo de película te gusta? Graba tus opiniones.

Ejemplo:
Me gustaría ver Frankenstein porque adoro las películas de terror.
No me gustaría ver Frankenstein porque no me gusta la violencia.

setenta y siete 77

UNIDAD CINCO

Felipe está en el salón con una cliente, Adela. No está muy contento porque todo está totalmente en desorden en la casa.

Buenas tardes señora, hola papá.

Ana, ¿sabes la hora que es? Son las seis. Es muy tarde.

Perdona papá, voy a arreglar todo rápidamente.

Sí, lo sé. Pero es que no hay muchos autobuses para volver a casa.

Estoy muy enojado, todo está totalmente en desorden y sucio. No hay ni una taza limpia para servirle el café a Adela.

No es realmente importante, Felipe. Está bien, no quiero café, de verdad.

Bueno, bueno, ya es demasiado tarde. Puedes estudiar en tu dormitorio ahora.

29

Empareja las frases de las dos columnas.

1 Felipe no está muy contento.
2 La casa está realmente sucia.
3 Es realmente importante.
4 Hay que limpiar las tazas.
5 Es demasiado tarde.

a) Ana necesita urgentemente limpiar la casa.
b) Es un gran problema.
c) No hay tiempo.
d) Está bastante enojado.
e) Las tazas están sucias.

Gramática

Adverbs

These are words which add detail to the verb or adjective they go with.

Habla rápidamente.

To form an adverb in Spanish, the usual pattern is to take the adjective and add *-mente* at the end.

terrible – terriblemente

Sometimes the spelling changes slightly:
rápido – rápidamente: the 'o' is replaced by 'a'

However, there are some very useful common adverbs which do not end in '-mente'. You already know some:

muy – very
poco – little
demasiado – too (too much/too little/too stupid. It does not mean 'also'.)
bastante – quite (good, interesting)
más – more
menos – less
nunca – never

Here are some more which are useful for saying when or how often something happens:

a menudo – often
a veces – sometimes
ahora – now
siempre – always
tarde – late

UNIDAD CINCO

30

Escoge el adverbio correcto para cada frase. ¡Ojo! Hay dos palabras de sobra.

Ejemplo: **1** rápidamente

1 Ana corre _____ para llegar a casa.
2 Ana llega _____ a casa.
3 Su padre está _____ enojado.
4 Felipe dice que Ana _____ limpia la casa.
5 Felipe dice que es _____ tarde.
6 Ana puede estudiar _____ .

ahora   tarde   muy
rápidamente   demasiado
lentamente   nunca   tristemente

31 Una carta a una revista

Lee la carta de Ana. Decide si las frases de abajo son verdaderas o falsas. Escribe V o F.

1 Ana está muy contenta.
2 Su padre nunca se enfada con ella.
3 Su padre es muy paciente.
4 Ana no puede hablar con nadie.
5 Ana tiene verdaderamente mucho que hacer.
6 Necesita rápidamente una contestación.

32

Trabaja con tu pareja. Utiliza la lista de adverbios del ejercicio 30 y la 'lista de acusaciones'.
A es el padre/la madre y B es el hijo/la hija. Haz una conversación.

Ejemplo:

A: Siempre vienes tarde a casa.

B: No es verdad, es que no hay autobuses.

Lista de acusaciones
hablar con las amigas
gastar dinero
escuchar música horrible
comprar cosas inútiles
llegar tarde al colegio
no hacer mucho en casa

33

Mira la carta de Ana del ejercicio 31. Tú también escribes una carta a Amanda para describir tus problemas con tu familia. Utiliza estos adverbios.

completamente   normalmente
realmente   urgentemente
probablemente   ciertamente

34

Completa las frases de abajo con la forma adecuada de 'ser'/'estar'.

1 Felipe _____ con su cliente.
2 Los dos _____ en el salón.
3 Felipe _____ muy enojado porque Ana _____ irresponsable.
4 _____ muy tarde y Ana no _____ en casa todavía.
5 Nosotros, los jóvenes, _____ muy responsables pero los padres no _____ de acuerdo.

Querida Tía Amanda:

Te escribo hoy porque necesito rápidamente unos consejos. Tengo un padre que siempre se queja de mi trabajo y de mí. Lo que hago no es nunca bastante para él. Soy realmente muy infeliz. Mi padre no entiende nada. Estoy completamente desesperada. Mi padre constantemente dice que tengo que hacer mis deberes para poder hacer las tareas domésticas. Normalmente las chicas de mi edad no tienen tanto que hacer. Escríbeme urgentemente.

Ana

setenta y nueve 79

UNIDAD CINCO

35

LUIS

Luis es un chico de 16 años. Siempre es muy responsable. Se levanta pronto por la mañana. Va al colegio y siempre hace todos sus deberes excelentemente. A menudo ayuda a su madre con las tareas domésticas y ayuda también a su padre con el jardín y con el coche. Lava el coche cada semana. Es un hijo casi perfecto.

JUAN

Juan también tiene 16 años. Siempre se levanta muy tarde. No le gusta nada el colegio y pocas veces estudia, nunca hace sus deberes. Prefiere mirar constantemente la televisión. Raramente lee un periódico y nunca lee una novela. Egoístamente come todo lo que hay en la nevera y no deja nada para nadie. Es bastante horrible y sus padres a menudo se enfadan con él.

Lee las frases y decide de quién habla – ¿de Luis o de Juan?

Ejemplo: No le gusta el colegio. = Juan

1 No lee ninguna novela.
2 Siempre hace sus deberes.
3 Es un chico responsable.
4 Es muy egocéntrico.
5 Sus padres no están contentos con él.
6 Ayuda a su madre.
7 Lava el coche regularmente.

Para ayudarte

Vocabulario
contestación (nf) – reply
en desorden (adj) – untidy
enfadarse (v) – to get annoyed
enojado (adj) – annoyed, angry
joven (nmf) – young person
nevera (f) – fridge
quejarse (v) – to complain
todavía (adv) – still
volver (ue) (v) – to come back

Cómo aprender el vocabulario
When you learn some new words, try writing them out with all the vowels missing. Next day, see if you can write them out again in full. What are the words below?

d–m–s––d–   t–d–v–   –n–j–d–
v–lv–r   j–v–n

36 Poema

Lee el poema de Ana y completa las frases.

1 Mis amigas pueden _____
2 Mis amigas pueden _____
3 Mis amigas pueden _____
  Pero yo …
4 No _____ con mi padre.
5 No _____ con mi padre.
6 No _____ con mi padre.
  Mi padre no tiene _____

Mis amigas salen con sus padres.
Quiero salir con mi padre.
No puedo salir con mi padre.
No puede salir conmigo.
No tiene tiempo.

Mis amigas hablan con sus padres.
Quiero hablar con mi padre.
No puedo hablar con mi padre.
No puede hablar conmigo.
No tiene tiempo.

Mis amigas van al cine con sus padres.
Quiero ir al cine con mi padre.
No puedo ir al cine con mi padre.
No puede ir al cine conmigo.
No tiene tiempo.

Papá, ¿quieres salir conmigo?
Papá, ¿quieres hablar conmigo?
Papá, ¿quieres ir al cine conmigo?
Papá, ¿tienes tiempo?
Papá, ¿me quieres?

UNIDAD CINCO

Ya lo sé

A Un póster

Diseña un póster para una película de cine con el tipo de película, las fechas, el horario y el precio de las entradas para adultos y niños.

B Un diálogo 'rap'

Prepara un diálogo 'rap' entre Felipe y Ana. Puedes acompañarlo con una melodía y grabarlo en tu casete.

C Un menú

Diseña un menú para un bar o una cafetería con las bebidas y tapas, y los precios. Utiliza un diccionario si es necesario.

D Una descripción de una persona famosa

Escoge dos personas famosas, un hombre y una mujer. Corta una foto de una revista.

1 Debajo de la foto, escribe una lista de 10 regalos para cada persona, para el cumpleaños.
2 Ahora, imagina que el hombre y la mujer se van a casar. Escribe una lista de 5 regalos de boda para el matrimonio.

E Agendas

Lee las agendas. ¿De quién es cada agenda?

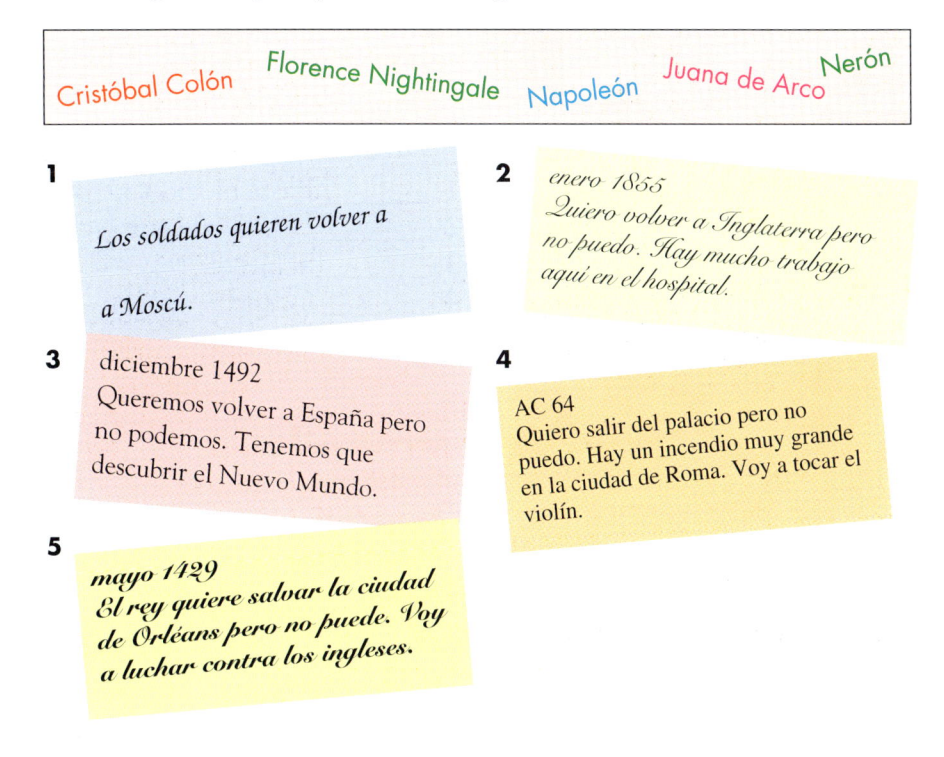

Cristóbal Colón   Florence Nightingale   Napoleón   Juana de Arco   Nerón

1 Los soldados quieren volver a Moscú.

2 enero 1855
Quiero volver a Inglaterra pero no puedo. Hay mucho trabajo aquí en el hospital.

3 diciembre 1492
Queremos volver a España pero no podemos. Tenemos que descubrir el Nuevo Mundo.

4 AC 64
Quiero salir del palacio pero no puedo. Hay un incendio muy grande en la ciudad de Roma. Voy a tocar el violín.

5 mayo 1429
El rey quiere salvar la ciudad de Orléans pero no puede. Voy a luchar contra los ingleses.

F Las comidas

¿Qué comes durante el día? Haz tres columnas en tu cuaderno. En cada columna, escribe lo que comes y bebes.

Ejemplo:

el desayuno	el almuerzo	la cena
el café	la sopa	la ensalada

Utiliza un diccionario si es necesario.

Para el ejercicio 13 (ver página 71)
Lista de precios
Ayuda a tu pareja (ejercicio 13). Di los precios de los artículos.
bolso grande marrón: €39,50
bolso pequeño marrón: €19,50
corbata azul: €21,00
corbata roja: €35,00
gafas de sol rojas: €18,95
gafas de sol negras: €25,75
botas negras: €50,80
botas amarillas: €65,25

Unidad seis

Esteban: ¡Tengo mucho tiempo libre!

1

Lee y escucha el texto. Copia las frases y rellena los huecos. ¿Qué piensa Esteban?

1 _____ hasta mediodía.
2 _____ con el café con leche.
3 _____ al fútbol.
4 _____ a casa.
5 _____ la puerta.
6 _____ la luz.
7 _____ trabajar.
8 No _____ trabajo.
9 _____ mucho vivir.

Gramática

The verbs you have practised in exercise 1 have something in common, even though some are -ar verbs, some -er and some -ir. They are called radical-changing verbs, because the spelling of the main part or stem changes, as well as the endings. You already know *poder* (*puedo*) and *querer* (*quiero*) but there are four kinds of spelling change.

e changes to **ie** – p**e**nsar, p**ie**nso; qu**e**rer, qu**ie**ro
o changes to **ue** – p**o**der, p**ue**do
u changes to **ue** – j**u**gar, j**ue**go
e changes to **i** – p**e**dir, p**i**do (a much smaller group)

You will always be able to identify a radical-changing verb in the vocabulary or in some dictionaries, because it will have the spelling change in brackets after the infinitive:

pensar (ie) – to think; volver (ue) – to return; dormir (ue) – to sleep.

2

Lee la descripción de la rutina diaria de Esteban, y empareja las frases con las horas.

Ejemplo: 12.00 – g)

a) Juega al fútbol a las dos y media.
b) Cierra la puerta a las siete menos veinticinco.
c) Duerme otra vez a la una.
d) Enciende la luz a las ocho y veinte.
e) Vuelve a casa a las seis y diez.
f) Empieza con el café con leche a las doce y cuarto.
g) Duerme hasta mediodía.

12.00   12.15   2.30   6.10   6.35   8.20   1.00

UNIDAD SEIS

3

Escribe unas frases sobre tu rutina diaria. Apunta la hora y lo que haces.

Ejemplo:

> Los lunes duermo hasta las siete. Tomo el desayuno a las siete y media. Salgo de casa a las ocho y cuarto. Llego al cole a las nueve menos diez.

4

Escucha el programa en la radio. Empareja los jóvenes con las opiniones.

Ejemplo: Iñaki – fenomenal

Iñaki   Merche
Inma
Mikel   Raúl
Encarna

horrible
aburrida
fenomenal
no está mal

Mi casete personal

Mi rutina diaria 1

Graba unas frases sobre tu rutina diaria. Puedes utilizar las frases del ejercicio 3. Mira el ejemplo del ejercicio 3, y escribe las frases antes de grabarlas.

5 Poema

Lee el poema y pon los dibujos en el orden correcto.

a   b   c
d   e   f
g   h   i

En paro

Estoy en paro, y la vida es fatal.
No tengo dinero, no hay nada especial.
Duermo todo el día, ¡ay, qué maravilla!
No puedo ir al cine ni salir en pandilla.
Los fines de semana juego al fútbol.
O paseo por el parque cuando hace sol.
Vuelvo a mi casa, no hay nada que hacer.
Después cierro la puerta, tomo algo de beber.
Siempre estoy solo, me gustaría charlar.
O a la discoteca me encantaría bailar.
No tengo dinero, ni amigos, ni animal.
Estoy en paro, y la vida es fatal.

Para ayudarte

Vocabulario

animal (nm) – pet, animal
cerrar (ie) (v) – to close
charlar (v) – to chat
diario (adv) – daily
dormir (ue) (v) – to sleep
empezar (ie) (v) – to begin
en paro – unemployed
encender (ie) (v) – to switch on
me encantaría … – I would love …
  [from encantar (v)]
parque (nm) – park
pasear (v) – to go for a stroll
pon – put [singular, informal imperative, from poner (v) – to put]
rutina (nf) – routine
salir (v) en pandilla (nf) – to go out with a group of friends
solo (adj) – alone
vida (nf) – life
volver (ue) (v) – to return

ochenta y tres 83

UNIDAD SEIS

(Comic strip dialogue:)

¡Hola, Esteban! ¿Qué tal, hombre?

Pues, regular.

Hace calor, ¿no?

¡Claro! Por lo menos allí no hace frío.

¡Sí, y tampoco está lloviendo!

Mira, hace sol ahora, y ya no estamos jugando.

No, estamos comiendo bocadillos y bebiendo café caliente. Y así está bien.

Sí, pero ¡mira las nubes! ¿Empezamos?

Pues, aquí estoy esperando.

¡No es posible! Hace frío ahora. Estoy tiritando.

¡Basta ya, Esteban! Está lloviendo, hace viento y nuestro equipo pierde. ¿Terminamos?

¡Qué tonto eres, Suso! ¿Estás nadando allí? Sí, vámonos. ¿Volvemos a mi piso?

6

Lee y escucha el diálogo. Mira los símbolos. ¿Quién habla? Apunta S (Suso) o E (Esteban).

Ejemplo: **1 E**

1 ¡Mira las nubes!
2 Hace frío.
3 Está lloviendo.
4 Hace calor.
5 Hace sol.
6 Hace viento.

Gramática

Using *hacer* to describe the weather

Hacer usually means 'to do' or 'to make'. It is slightly irregular in the first person – *hago* – 'I do', 'I make' (*Hago mis deberes* – *I do my homework*), otherwise it behaves like a normal, regular *-er* verb. (Look back at page 34 in Unit 3 to revise *hacer*.)

The third person singular, *hace*, is used in phrases to describe the weather.

hace sol	it is sunny
hace frío	it is cold
hace calor	it is hot
hace viento	it is windy
hace buen tiempo	the weather is nice
hace mal tiempo	the weather is bad

Describing what is happening – the present tense

The present tense of a verb tells us what is happening, or what usually happens.

Tomo *el desayuno a las ocho.* I have breakfast at 8 o'clock (every day).

To say what you are doing at this very moment, you use the present continuous tense. For this tense, *estar* is used with the 'gerund' form of the relevant verb.

-ar verbs: replace the **ar** of the infinitive, with **ando**.

habl**ar**   habl**ando** ('speaking')

-er and *-ir* verbs: replace the **er** or the **ir** with **iendo**.

com**er**   com**iendo** ('eating')
escrib**ir**   escrib**iendo** ('writing')

Revise the present tense of *estar* (see page 26 in Unit 2) and you will be able to form the present continuous tense of any verb.

Estoy comiendo un bocadillo.   I am eating a sandwich.
Está trabajando en el ordenador.   He/she is working on the computer.

How many present continuous verbs can you find in the dialogue?

UNIDAD SEIS

7

Lee el pronóstico del tiempo y empareja el texto con los símbolos.

Ejemplo: Alicante = *e*

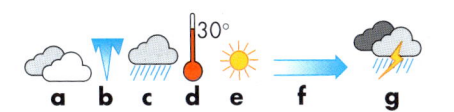

Alicante – sol
Ávila – frío
Barcelona – niebla
Granada – calor
La Coruña – viento, lluvia
Madrid – nublado, más tarde sol
Oviedo – lluvia
Pamplona – calor
Salamanca – viento
Sevilla – sol, calor

8

Escucha el pronóstico del tiempo en la radio. Cada grupo apunta el tiempo que hace en una región solamente.

Mi casete personal

Un pronóstico

Lee otra vez el ejercicio 8. Prepara un pronóstico del tiempo para la radio. Grábalo en tu casete personal.

Ejemplo: En Madrid está nublado.

9

Escucha la grabación. Empareja las conversaciones con las ilustraciones. *Ejemplo: **1 d***

Para ayudarte

Vocabulario

equipo (nm) – team
esperar (v) – to wait (for)
nadar (v) – to swim
niebla (nf) – fog
perder (ie) (v) – to lose
pronóstico del tiempo (nm) –
    weather forecast/bulletin
tiritar (v) – to shiver
tonto (adj) – stupid, silly
tormenta (nf) – storm
vámonos – let's go

Cómo aprender el vocabulario

Try recording new words on a cassette. After each word, leave a gap, then record its English meaning. Play the tape back, and try to say the English word before you hear it.

10

Mira las ilustraciones del ejercicio 9 otra vez. Túrnate.

Ejemplo:

A — ¿Qué estás haciendo?
B — Estoy escuchando la radio.
A — ¿Dibujo c?
B — Sí.

11

Escribe la agenda de Esteban para el lunes.

ochenta y cinco **85**

UNIDAD SEIS

— Oye, Esteban, ¿qué hay en la televisión?
— A ver, hay un documental a las siete...
— No me gustan los documentales. ¿Y esa serie policíaca americana?
— Esta noche, no. La ponen los jueves.
— Hay un concurso a las siete y media...
— ...una telenovela australiana a las ocho...
— ...las noticias a las ocho y media...
— ...y una película de ciencia-ficción a las nueve. Sabes, me chifla la ciencia-ficción.
— ¡Qué aburrido! No me gustan nada esas películas. ¿No hay un programa de deportes?
— Tú quieres ver programas de deportes todo el tiempo y yo no tengo antena parabólica. Yo no tengo dinero para eso, Suso. Yo voy a ver la telenovela. ¿Tú prefieres los dibujos animados?
— Yo prefiero los programas de deportes, pero tú ves las telenovelas. Yo voy a la cafetería.
— ¡Suso, espera...!

12

Lee y escucha el diálogo. Empareja las frases con los dibujos.

Ejemplo: 1 f

1 los dibujos animados
2 los concursos
3 las series policíacas
4 las noticias
5 los documentales
6 los programas de deportes
7 la ciencia-ficción

UNIDAD SEIS

Gramática

When to use subject pronouns

In general, in Spanish you can tell who is being talked about by the verb ending. For example, when you say *prefiero* or *tengo* people know you are talking about yourself because of the *-o* ending. So subject pronouns – the words for 'I', 'you', 'he', 'she', etc. – are not used very often. However, subject pronouns are used when the verb ending wouldn't be enough to make it clear who is being talked about.

Él es español, pero **él** es mejicano.

He is Spanish but **he** (someone else) is Mexican.

The pronouns are sometimes used to emphasise a point or make a contrast.

Yo prefiero las telenovelas, pero **tú** prefieres los programas de deportes.

Para ayudarte

Vocabulario

antena (nf) parabólica (adj) – satellite dish
canal (nm) – TV channel
divertido (adj) – funny
emisión (nf) – broadcast
emocionante (adj) – exciting
inútil (adj) – useless
se pone ... = it's on ... (TV programme or film)
tipo (nm) – type, sort

13

Copia los globos y rellena los huecos.

1. ...... soy español, pero ...... es inglés.
2. ...... quiero ver deportes, pero ...... prefieres las películas de ciencia-ficción.
3. ...... queremos ir a la piscina, pero ...... queréis ir al cine.
4. ...... quiere ir a la bolera, pero ...... quiere ir al restaurante.
5. ...... quieren ir a la playa, pero ...... quieren ir al parque.

14

Escribe tres o cuatro frases sobre los programas que te gustan, y los que no te gustan. Utiliza las frases y las palabras de las casillas.

| Me gustan   No me gustan |
| Me encantan   Odio |

| las series policíacas |
| las telenovelas   los documentales |
| las noticias   las películas |
| los dibujos animados |
| los concursos |
| los programas de deportes |

| porque son |

| interesantes   aburridos   aburridas |
| emocionantes   divertidos |
| divertidas   fatales   fenomenales |
| inútiles   ridículos   ridículas |

Ejemplo: Odio las telenovelas porque son ridículas.

UNIDAD SEIS

DOMINGO 1 marzo

TVE1

- **06.00** Astrid Lindgren para los niños
- **07.00** Guillermo Tell
  - «Denegación».
  - «La celada».
- **08.00** ¡Domingo fiesta!
  Incluye: «El retorno de D'Artacan», «Viento», «Dog Tracer», «Pinky y cerebro», «Flash Gordon».
- **11.00** (R) La llamada de la suerte
- **14.00** Cartelera TVE
  Entrevistas y reportajes con los protagonistas de los últimos estrenos en las pantallas de nuestros cines.
- **14.30** Corazón, corazón
  Presentadora: Cristina García Ramos. Programa en el que los protagonistas son los mismos que ocupan las revistas del corazón.
- **15.00** Telediario-1
- **15.35** Sesión de tarde
  (Título no facilitado)
- **18.00** Cine de oro
  (Título no facilitado)
- **20.15** Waku-Waku (Concurso)
  Presentadora: Núria Roca. Invitados: Paula Vázquez, Joaquín Kremel, Carmen Morales y Juan Tamarit.

Carmen Morales

Los invitados intentarán contestar a diversas preguntas sobre los animales, su hábitat y su modo de vida, después de ver unas imágenes alusivas a las cuestiones formuladas.

- **21.00** Telediario-2
  Presentadores: Pedro Sánchez Quintana y Ana Blanco.
- **21.30** Sólo goles
  Presentador: Matías Prats. Selección de los mejores goles de la jornada de Liga.
- **22.00** La película de la semana
  (Título no facilitado)
- **24.00** Especial cine
  (Título no facilitado)
- **01.30** Sombras de Nueva York
  «Religiones satánicas»
  J. C. y Eddie descubren el lado siniestro del ocultismo cuando una secta es investigada tras el asesinato de uno de sus miembros. Los primeros sospechosos son el líder del culto y la celosa amante de la víctima, pero el caso da un quiebro inesperado cuando J. C. descubre una importante operación de tráfico de heroína camuflada en artículos de culto.
- **02.15** Noticias
- **02.20** Cine de madrugada
  (Título no facilitado)

La 2

- **06.00** Euronews
- **06.45** That's English
- **07.30** U. N. E. D.
- **08.00** Concierto
- **08.45** Tiempo de creer
- **09.00** Documental
- **09.30** (R) Pueblo de Dios
- **10.00** Últimas preguntas
- **10.25** Testimonio
- **10.30** El día del Señor
- **11.30** Estadio-2
  Presentadora: Montserrat Falfegó.
  • Atletismo: Campeonato de Europa pista cubierta. Sesión matinal. Desde el Palacio Luis Puig (Valencia).
  • Atletismo: Campeonato de Europa pista cubierta. Sesión de tarde.
  • 11.45h Fútbol Sala: Liga. Desde el Pabellón Ciudad de Castellón: Playas Castellón-Yumas Valencia.
  • Zona ACB.
  • Fútbol Sala (Reportaje)
- **20.00** Tocao del ala
  «La vida es sueño»
  Teresa se ha ido a Madrid para ver la academia y acabar de tomar una decisión sobre su futuro familiar y profesional.
- **20.30** Línea 900
- **21.00** Documental
- **21.30** Índico
  «Java, Bali, Celebes»
  Java, Bali y Celebes, las islas han permanecido en cierta manera aisladas en sus ancestros y costumbres, aflorando como su volcán no sólo como metáfora de cara al turismo.
- **22.30** Estudio estadio
- **00.15** El cine de la 2 (D)
  «ALEGRÍAS DE UN VIUDO» ★★★
  Comedia
  (Ver páginas de películas)
- **01.50** Cine club. Ciclo: cine español I
  «NOSOTROS EN PARTICULAR» ★★
  Comedia
  (Ver páginas de películas)
- **03.20** Cine club. Ciclo: cine español II
  «LA MEMORIA DEL AGUA» ★★
  Drama
  (Ver páginas de películas)
  (Sólo para Catalunya):
- **10.30** Missa
- **11.15** Santuaris Catalunya
- **20.00** Tocat de l'ala
- **22.30** Gol nord
- **23.30** Estudio estadio
- **01.15** Alatul

TELE 5

- **06.30** Viaje al centro de la tierra
- **07.00** Las aventuras de Silvia
- **07.30** Dos en el aire
- **07.50** Mi amigo el mapache
- **08.20** Las aventuras del joven d'Artagnan
- **08.50** Hurricanes
- **09.15** Teknoman
- **09.40** Space Strikers
- **10.10** Power Rangers (Serie)
- **10.30** VR. Trooper (Serie)
- **11.00** (R) El nuevo juego de la oca
  Presentadores: Andrés Caparrós, Elsa Anka y Paloma Marín. Además de las pruebas para los cuatro concursantes habrá espectaculares números visuales, la colaboración del ballet de las ocho chicas Oquets, seis azafatos y diez especialistas para intervenir en las acciones más arriesgadas.
- **14.00** Bricomanía
- **14.30** Las noticias fin de semana
- **15.15** Caiga quien Caiga
  Presentadores: El Gran Wyoming, Juanjo de la Iglesia, Javier Martín Antón.
- **16.15** Cine fin de semana
  (Título no facilitado)
- **18.15** De domingo a domingo
  Presentadora: Belinda Washington. Magazine dinámico pensado para toda la familia y para ello se han conjugado numerosas secciones, entre las que destacan las entrevistas, actuaciones musicales, ballet, concursos, humor y la información puntual sobre la jornada futbolística.
- **20.00** Las Noticias (Avance)
- **20.10** De domingo a domingo (Continuación)
- **21.30** Gala de Miss España
  Presentadores: Josema Yuste, Luis Fernando Alvés y Tito Valverde. En directo, desde Roquetas de Mar (Almería), final de la gala de Miss España. Contará con las actuaciones de artistas como Sandra Morey, Mónica Naranjo, J. L. Encina, La Unión, Paul Carat.

Mónica Naranjo

- **01.10** Cine clásico
  «LA CUADRILLA DE LOS ONCE» ★★
  Comedia
  (Ver páginas de películas)
- **03.00** Avance noticias
- **03.10** Infocomerciales
- **03.30** Primeros besos (Serie)
- **04.00** (R) Pelota Vasca

ANTENA 3

- **06.00** Christy (Serie)
- **07.00** Enciclopedia (Serie infantil)
- **07.20** Club Megatrix
  Presentadora: Ingrid Asensio. «El bosque de Tallac», «Batman», «Máximo», «Street Sharks», «Los Cuatro fantásticos», «Super Campeones», «La Bola del dragón», «Johnny Quest», «Elliot Mouse», «Mortadelo y Filemón».
- **12.00** Los Simpsons (Serie)
- **12.30** (R) Lluvia de estrellas
  Presentador: Bertín Osborne.
- **14.00** (R) Impacto TV
- **15.00** Noticias
  Presentadora: Rosa Mª. Mateo.
- **15.30** Cine
  (Título no facilitado)
- **17.30** Cine
  (Título no facilitado)
- **19.30** Calor tropical (Serie)
- **20.30** Espejo público
  Presentador: Pedro Piqueras. Programa en el que se ofrecen varios reportajes de actualidad. Reportajes que a modo de espejo reflejan la realidad de la sociedad española.
- **21.30** La casa de los líos
  «La bomba Sara»
  Intérpretes: Arturo Fernández, Lola Herrera, Míriam Díaz Aroca, Natalia Menéndez, Emma Ozores.

Marta Belenguer

Llega por sorpresa Sara con el tan bien guardado «secreto»: un bebé mulato hijo suyo y de un desconocido. Todos acogen emocionados a Sara y a su hijo. Mª. Luz sospecha que el padre del hijo de Sara puede ser Pandoro, por el color. Se siente muy celosa y decide tirarse por la ventana de la oficina de Inmobiliaria Guanaco». Será Arturo, el héroe anónimo que consiga rescatarla.

- **23.00** Lo que necesitas es amor
  Presentador: Jesús Puente. El presentador continúa cautivando con sus historias de amor y desamor. Continuará recorriendo con su caravana los pueblos de España y tratando de solucionar los problemas.
- **01.00** Programa de investigación
- **01.45** Cine de madrugada
  «EN ANDALUCÍA NACIÓ EL AMOR» ★
  Comedia
  (Ver páginas de películas)
- **03.30** Televenta
- **05.00** Cine de madrugada
  «MUERTES DE INVIERNO» ★★★
  Comedia
  (Ver páginas de películas)

UNIDAD SEIS

15

Lee las informaciones sobre los programas de televisión. Apunta la hora y el canal de un ejemplo solamente de:

a   b   c   d   e

Ejemplo: a La 2, 11.30

16

Escucha la radio y empareja el tipo de programa con la hora de emisión.

Ejemplo: a 3

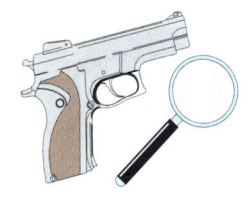

a   b   c   d   e   f

1 6.00
2 6.30
3 7.00
4 7.30
5 8.30

17

Escucha la canción. Dibuja un símbolo para cada tipo de programa mencionado.

Mi casete personal

Los programas de televisión

Graba tres o cuatro frases sobre los programas de televisión que te gustan, los que no te gustan, y por qué.

Para ayudarte

Cómo aprender el vocabulario

Write each new word on a sheet of paper. On the other side, draw a symbol or a picture to help you remember what that word means. Later, try to remember the words simply by looking at the pictures.

TELE INDISCRETA

Apoteósico final de «ESMERALDA»

ENTREVISTA ÍNTIMA
Martí Galindo: «Mi madre espera despierta a que llegue a casa»

Forrest Gump
El especialista
«Cine 5 estrellas» Todas las películas que veremos

El terrible drama de las mujeres **DESFIGURADAS CON ÁCIDO**
Habla el autor del reportaje emitido por «INFORME SEMANAL»

Una periodista de TVE, madre de dos adictas a la heroína, cuenta su lucha contra la droga

UNIDAD SEIS

Oye, Suso, no te pongas así, hombre. Mira – hay un partido de baloncesto.

Pues, no me interesa mucho el baloncesto. Me chifla el fútbol.

A mí también, y me encanta el tenis.

Mmm, pues me gusta mucho el rugby, pero no me gusta nada el golf – es aburrido.

Me gusta el atletismo – es emocionante, pero la natación, ¡qué rollo!

Sí, es verdad. No me gusta el hockey – es peligroso. Pero me gusta el bádminton. Es divertido.

Y la equitación, Suso, ¿te gusta o no?

¡Claro! Es el deporte preferido de los millonarios como nosotros.

Gramática

Remember there are several ways of saying whether you like something or not:

✗✗✗	✗✗	✗	✓	✓✓	✓✓✓	✓✓✓✓
Odio	No me gusta nada	No me gusta	Me gusta	Me gusta mucho	Me encanta	Me chifla

18

Lee y escucha el diálogo. Copia y completa la tabla. Dibuja un símbolo para cada deporte.

	☺	☹
Esteban		
Suso		

19

Utiliza un diccionario. Busca las palabras para otros deportes. Clasifica todos los deportes en seis columnas, como en la tabla aquí.

Ejemplo:

Equipo	Individual	Acuático	De invierno	Con balón	Con raqueta
el fútbol	el golf	la natación	el esquí	el balonmano	el tenis

UNIDAD SEIS

20

Túrnate con tu pareja.

A — ¿Qué deportes te gustan?

B — Me gustan el tenis y el bádminton.

A — ¿Qué deportes no te gustan?

B — No me gustan ni el rugby ni el atletismo.

21

Lee el artículo. Empareja las frases con los símbolos.

Ejemplo: **1 c**

Diez consejos para mantenerse en forma

1 Va al cole a pie o en bici dos o tres veces por semana.
2 Utiliza la escalera y no el ascensor.
3 Come fruta y verduras.
4 Lleva al perro de paseo de vez en cuando.
5 Duerme ocho horas al día – desde las diez hasta las seis de la mañana.
6 Toma un desayuno bastante grande, un almuerzo más pequeño, y una cena pequeña.
7 Baja del autobús una o dos paradas antes de lo normal y anda.
8 Bebe dos litros de agua cada día.
9 Practica algún deporte. Con amigos si es posible – es más fácil en pandilla.
10 No bebas demasiado café.

22

Escucha la entrevista con Manolito, joven futbolista. Escribe V (verdadero) o F (falso) para cada frase.

Ejemplo: **1 F**

1 Manolito tiene diecisiete años.
2 En el desayuno come tostadas.
3 Va al estadio a las diez.
4 El entrenamiento comienza a las once.
5 Hay dos horas de entrenamiento.
6 Toma el almuerzo a las dos.
7 Come filete con patatas fritas.
8 Por la tarde ve la televisión.
9 No bebe vino.
10 Duerme ocho horas al día.

23

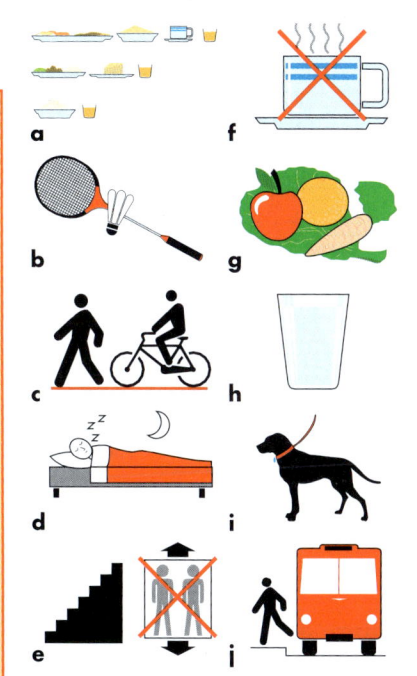

Escoge un/una deportista famoso/a. Escribe unas frases sobre él/ella – el deporte que practica, el régimen, el entrenamiento, la rutina diaria, etcetera. Haz un póster con una foto.

Para ayudarte

Vocabulario

acuático (adj) – aquatic, of water
andar (v) – to walk
ascensor (nm) – lift
balón (nm) – ball
balonmano (nm) – handball
clasificar (v) – to sort
como nosotros – like us
entrenamiento (nm) – training
escalera (nf) – stairs
millonario (nm) – millionaire
no te pongas así – don't be like that
partido (nm) – match
peligroso (adj) – dangerous
rollo (nm) – bore
tiros directos (nmpl) – free kicks
vaso (nm) – glass (for drink)

Cómo aprender el vocabulario

To learn words to do with sport, try grouping them like this:

Deporte: el fútbol
Jugador: el futbolista
Qué necesita: el balón, las botas, la camiseta
Dónde: el estadio, el parque
General: marcar, el gol, el árbitro

Mi casete personal

Los deportes que me gustan

Graba unas frases sobre los deportes que te gustan y los que no te gustan. ¿Eres miembro de un equipo? ¿Cuándo juegas?

noventa y uno 91

UNIDAD SEIS

24

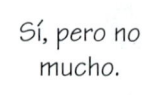

Lee y escucha el diálogo. ¿Quién es? Apunta E (Esteban) o S (Suso).

1 Cuando hace sol le gusta jugar al tenis.
2 Cuando está lloviendo le gusta ver la televisión.
3 Cuando hace frío le gusta ir a la tienda de discos.
4 Cuando hace sol le gusta ir a la playa.
5 Cuando hace frío le gusta leer un libro.
6 Cuando está lloviendo le gusta ir al cine.
7 Cuando hace frío le gusta ir a la cafetería.
8 Cuando hace sol le gusta ir a la piscina.

Oye, Suso, acabo de planchar la ropa. ¡Por favor! ¿Quieres jugar al fútbol otra vez?

Me gustan los deportes, pero ¿está lloviendo?

Sí, pero no mucho.

No, cuando está lloviendo, me gusta ver la televisión. ¿Y tú, qué haces cuando está lloviendo?

Pues, a mí no me importa. Me gusta jugar al fútbol o ir al cine. Y cuando hace sol, ¿qué te gusta hacer?

Cuando hace sol me gusta ir a la playa. Me acabo de comprar un bañador nuevo.

A mí me gusta jugar al tenis o ir a la piscina.

Y cuando hace frío, me gusta ir a la cafetería o a la tienda de discos.

¿Un libro? ¡Vaya profesor! Yo prefiero la televisión.

Prefiero leer un libro.

¡Acabas de decir que te gustan los deportes!

Sí... ¡verlos en la televisión!

Gramática

Acabar de

This is a useful verb that means 'to have just done' something. It is always followed by another verb in the infinitive.

Acabo de hacer mis deberes.   I've just done my homework.
Acaba de llegar.   He/She has just arrived.
Acaban de lavar los platos.   They've just washed the dishes.

Find examples of *acabar de* in the dialogue.

92   noventa y dos

UNIDAD SEIS

25

Túrnate con tu pareja.

A: ¿Quieres jugar al fútbol?
B: No, gracias, está lloviendo.
A: ¿Quieres ir al polideportivo entonces?
B: Sí, de acuerdo. Buena idea.

26

Escucha lo que dice Suso. ¿Qué le gusta hacer cuando está lloviendo, cuando hace sol, y cuando hace frío? Dibuja símbolos para el tiempo y para las actividades.

27

Escribe dos listas de lo que haces tú.

Cuando hace buen tiempo ...	Cuando hace mal tiempo ...

28

Lee la carta de Enrique. Después escríbele una respuesta para contestar sus preguntas.

Querido Paul:

Gracias por tu última carta. A mí me gustan los deportes. Cuando hace frío me gusta jugar al fútbol. También me gusta ir al polideportivo y jugar al bádminton. Cuando hace sol, me gusta jugar al tenis, o ir a la playa – me gusta nadar en el mar. Voy al polideportivo cuando está lloviendo. Juego al baloncesto.

Y tú, ¿qué haces cuando hace sol? ¿Y cuando hace frío, o está lloviendo?

Escríbeme pronto,

Enrique

29

Escucha la canción. Empareja el tiempo con las actividades.

1 Hace frío _____
2 Hace sol _____
3 Está lloviendo _____

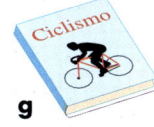

a b c d
e f g h

Mi casete personal

Buen tiempo, mal tiempo, tiempo libre

Graba tres o cuatro frases sobre lo que haces cuando hace buen tiempo y cuando hace mal tiempo.

Para ayudarte

Vocabulario

a mí no me importa – I'm not bothered
cuando – when
de acuerdo – OK
escríbeme – write to me
lo que hago – what I do
nuevo (adj) – new
otra vez – again
pronto (adv) – soon
último (adj) – last
¡vaya …! – what a …!

Cómo aprender el vocabulario

Write out new nouns on slips of paper, leaving off *el* or *la*. Try sorting the words into two sets, one for *el* and one for *la*. Check the genders in the dictionary. Next time, just do the ones you got wrong first time.

noventa y tres 93

UNIDAD SEIS

¡Qué aburrido! Pienso en salir con una chica, bailar, ir de vacaciones …

Hombre, ¿qué dices? Ya sabes que no tenemos dinero para todo eso.

Sí, sí, vamos a ver.

Suso, basta ya. Tranquilo. Deja de hablar así. Eso no sirve para nada. ¿Quedamos en eso?

Sí, pero sueño con coches grandes, restaurantes de lujo, vacaciones en Méjico …

Oye, hombre, vuelves a vivir de pura fantasía. No es posible.

Cuento con obtener mucho dinero, y no me importa como.

Suso, deja de decir tonterías. Y no hagas nada estúpido. Te ayudo a pasar el día. Jugamos al fútbol, vemos la televisión …

¡Para mí no es suficiente! ¡Quisiera viajar, me gustaría tener un empleo, comprar cosas buenas! ¡No es justo!

30

Lee y escucha el diálogo. Empareja las frases de las dos columnas.

Ejemplo: **1 f)**

1 Pienso en …
2 Sueño con …
3 Vuelves a …
4 Cuento con …
5 Deja de …
6 Te ayudo a …
7 Cesa de …
8 Eso no sirve para …
9 Quedamos en …

a) … eso.
b) … coches grandes.
c) … hablar así.
d) … nada.
e) … vivir de pura fantasía.
f) … salir.
g) … decir tonterías.
h) … obtener mucho dinero.
i) … pasar el día.

31

Escucha los sueños de los personajes de *¡Captado!*. ¿Quién habla: Marisol, Ana, Felipe, Miguel o Esteban?

Ejemplo: **1 Felipe**

32

Túrnate con los miembros de tu grupo. Utiliza un diccionario si es necesario.

A ¿Cuáles son tus ambiciones?

B Sueño con …

C Quisiera …

D Me gustaría …

Gramática

Using verbs with prepositions

Some verbs in Spanish are always used with other words called 'prepositions'. These small words act as links between the verb and the rest of the sentence. When you learn the verb make sure you learn the preposition that goes with it. You already know *acabar de* (see page 92). There are more examples of verbs used with prepositions in the dialogue on this page. NB The prepositions in Spanish are not always the ones you would expect.

pensar (ie) **en**	to think about
ayudar **a**	to help to
cesar **de**	to stop
soñar (ue) **con**	to dream about
servir (i) **para**	to be good for
dejar **de**	to stop

UNIDAD SEIS

33

Escoge una persona famosa. ¿Con qué sueña? Corta una foto de una revista, y añade una frase.

Sueño con ganar el premio.

34

Lee los sueños de los personajes famosos de la historia. Empareja los sueños con los personajes.

Ejemplo: **1** *Napoleón*

Juana de Arco    Guillermo el Conquistador    Napoleón

Julio César    Cristóbal Colón    Hernán Cortés

1 Quisiera conquistar Rusia.
2 Sueño con encontrar el oro de los aztecas.
3 Quisiera vencer a los ingleses.
4 Sueño con descubrir una ruta a la India.
5 Me gustaría ser Rey de Inglaterra.
6 Sueño con ser emperador de Roma.

35

Utiliza un diccionario. ¿Qué son estas palabras? ¿Qué significan? (Consejo – busca las vocales.)

sñr cn   mprdr   dscbrr
cnqstr   vncr   ztcs
mbcns   brrd   ncntrr
vccns   tntrs   sfcnt

Mi casete personal

Mis sueños

Graba tres frases sobre tus ambiciones. Utiliza estas frases:

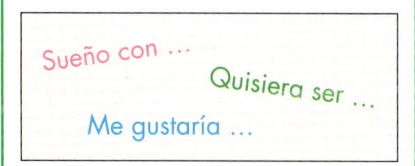

Sueño con …
Quisiera ser …
Me gustaría …

Busca en el diccionario si es necesario.

Para ayudarte

Vocabulario
basta ya – enough's enough
conquistar (v) – to conquer
de lujo – luxury
descubrir (v) – to discover
emperador (nm) – emperor
fantasía (nf) – fantasy
ganar (v) – to win
no es justo – it's not fair
no sirve para nada – it does no good, it doesn't help
puro (adj) – pure
suficiente (adj) – enough
todo eso – all that
tonterías (nfpl) – nonsense
vencer (v) – to beat
viajar (v) – to travel
vocal (nf) – vowel

Cómo aprender el vocabulario
Work with a partner and set each other Spanish anagrams to solve. Set yourselves a time limit to make it more of a challenge. Try these: upor, crevne, jaravi, stoju, ranga.

UNIDAD SEIS

Ya lo sé

A Una encuesta

Haz una encuesta en tu clase sobre los deportes:

A — ¿Qué deportes te gustan?

B — Me gustan el fútbol, el rugby y el baloncesto.

Ejemplo:

	🏸	🏀	⚽	⛳	🏉	🎾
Craig	✓	✗	✗	✗	✓	✓
Becky	✗	✓	✗	✗	✓	✓
Scott	✓	✓	✓	✓	✗	✗

B ¿Qué tiempo hace?

Apunta el tiempo que hace cada día durante una semana.

Ejemplo:

lunes 6	hace sol
martes 7	está lloviendo
miércoles 8	hace sol
jueves 9	hace viento, está nublado
viernes 10	hace calor
sábado 11	está lloviendo
domingo 12	hace viento

C La rutina de las estrellas

Escoge una persona famosa y escribe su rutina diaria, real o imaginaria. Utiliza una foto recortada de una revista, y añade el texto.

D La televisión

Inventa una lista de programas de televisión. Describe los programas ingleses en español.

Ejemplo:

7.30	Coronation Street	Telenovela
8.00	The Bill	Serie policíaca
8.30	You Bet	Concurso
9.00	Lions of the Serengeti	Documental
10.00	News at Ten	Noticias
10.40	Sleepless in Seattle	Película

Inventa un canal (por ejemplo: TeleBrum) e inventa otros programas.

96   noventa y seis

E Un folleto

Diseña un folleto para tu pueblo/ciudad. ¿Qué se puede hacer cuando está lloviendo?

Ejemplo:

¿Qué hacer en … … BROMSGROVE?

¿Está lloviendo …?   … Visita el museo o el polideportivo

¿Hace sol …?   … Visita el museo de edificios "Avoncroft"

¿Hace frío …?   … Ve al partido de fútbol de los Rovers

F La vida es sueño

¿Con qué sueñas? ¿Cuáles son tus ambiciones?
Diseña un póster de tus sueños más extravagantes.

Ejemplo:

Sueño con … … jugar al fútbol en la selección inglesa.

G Un poema

Escribe un poema sobre tus sueños, y los problemas que tienes.
Utiliza estas frases:
Sueño con …
Pero no tengo …
Utiliza un diccionario si quieres.

Sueño con visitar la luna
Pero no tengo cohete
Sueño con ser estrella de película
Pero no tengo cine
Sueño con ganar la Vuelta a España
Pero no tengo bici
Sueño con ser detective
Pero no tengo lápiz

Unidad siete
Marisol vuelve a Pamplona

Susana, ¿qué haces hoy? ¿Quieres ir al Corte Inglés conmigo para comprar un regalo para mi hermano?

¿Por qué quieres comprar un regalo para él?

Primero porque es mi hermano y segundo porque es su cumpleaños pronto.

Vale, vamos.

Pues primero miramos el plano del almacén – puedes comprarle gafas alemanas especiales en la sección de deportes en la séptima planta.

Quizás... pero también una camiseta de marca francesa le gustaría.

¿Cuál es su talla?

Pues... no sé exactamente.

¡Ay qué difícil! Quizás un libro sobre ciclismo en la planta baja.

O un vídeo de la 'Vuelta a España'... en la sección audiovisual en la séptima planta.

Bueno primero vamos a tomar un café en la cafetería de la planta novena, así podemos pensar en qué comprar.

Regalo de cumpleaños

1

Lee y escucha el diálogo. Copia y completa la guía con las letras que convengan.

a b c d e

La guía del almacén

planta	
novena	
octava	
séptima	
sexta	
quinta	
cuarta	
tercera	
segunda	*Ejemplo: a*
primera	
planta baja	
sótano	

Gramática

Ordinal numbers

You already know numbers 1–1000 (the cardinal numbers), but to say 'the first', the 'second' and so on, you need a different set of words. These are called ordinal numbers – they give the order of things. Ordinal numbers are 'masculine' or 'feminine', depending on the noun to which they refer: **la** prime**ra** clase; **el** segund**o** coche

cardinal number	ordinal number: masculine	ordinal number: feminine
uno	*primero	primera
dos	segundo	segunda
tres	*tercero	tercera
cuatro	cuarto	cuarta
cinco	quinto	quinta
seis	sexto	sexta
siete	séptimo	séptima
ocho	octavo	octava
nueve	noveno	novena
diez	décimo	décima

* *primero* and *tercero* shorten to *primer* and *tercer* with a masculine noun.

98   noventa y ocho

UNIDAD SIETE

2

Mira estos dibujos y escribe una lista de regalos apropiados para cada persona.

*Ejemplo: **a** walkman, …*

a   b   c   d   e   f

3

Lee la guía del almacén. Lee lo que dice Marisol. ¿En qué planta puede comprar los siguientes artículos?

Ejemplo: 1 En la segunda planta

1. Me gustaría una bufanda para mi padre.
2. Quisiera un bolso para mi madre.
3. Me gustaría comprar maquillaje para Susana.
4. Quisiera un videojuego para mi primo.
5. Quisiera una planta para mi profesora.
6. Me gustaría una taza de té con leche.
7. Quisiera comprar un libro.
8. Quisiera botas nuevas para mi cumpleaños.

El Corte Inglés

PLANTA	DEPARTAMENTOS
9	CAFETERIA. RESTAURANTE "Las Trébedes". AUTOSERVICIO. "La Rotonda". TERRAZA.
8	OPORTUNIDADES Y PROMOCIONES.
7	DEPORTES. IMAGEN Y SONIDO. INFORMATICA. Canal Plus.
6	HOGAR TEXTIL. Muebles. Cuadros. Galería de Arte. Lámparas. Mercería. Tejidos. CREAR HOGAR. Decoración.
5	HOGAR MENAJE. Regalos. Electrodomésticos. Plásticos. Saneamiento. Listas de Boda. Departamento Servicio al Cliente.
4	JUVENTUD. Todo para los jóvenes. Territorio vaquero.
3	INFANTIL. Todo para los niños, niñas y bebés. ZAPATERIAS. JUGUETES. Videojuegos.
2	CABALLEROS. Todo para el hombre. Artículos viaje. Agencia de viajes. Centro de Seguros. Peluquería de caballeros.
1	SEÑORAS. Todo para la mujer. Peletería. "Pronovias". Peluquería.
B	COMPLEMENTOS DE MODA. DISCOS. PERFUMERIA Y COSMETICA. LIBRERIA. Cambio de moneda extranjera.
S	SUPERMERCADO. Papelería. Accesorios Automóvil. Limpieza. Ferretería y Bricolage. Golosinas. Animales y Plantas. Óptica 2000. Caja Parking.
P	APARCAMIENTO. Carta de Compras. Envíos nacionales e internacionales.

Para ayudarte

Vocabulario

cuadro (nm) – picture
planta (nf) baja (adj) – ground floor
sótano (nm) – basement
zapatería (nf) – shoe shop, shoe department

Shortened words

Some words in Spanish have short forms in front of masculine nouns. A few of these shortened words are cardinal numbers (*uno/un, ciento/cien*) or ordinal numbers (*primero/primer, tercero/tercer*).

el primer nivel
el tercer hombre

Some very common adjectives are also shortened in front of a masculine noun.

un buen libro
un mal accidente

grande shortens to *gran* in front of both feminine and masculine nouns.

un gran accidente
una gran sorpresa

4

Escucha la canción. Copia y completa la guía de la tienda.

Quinto piso	*Ejemplo: servicio de posventa, la moda de los años sesenta*
Cuarto piso	
Tercer piso	
Segundo piso	
Primer piso	
Planta baja	

noventa y nueve **99**

UNIDAD SIETE

Entrevista con Marisol

Entrevistador: Buenos días. Hoy quiero entrevistar a nuestra campeona regional de natación que estudia en Salamanca también. Se llama Marisol Muñoz. Buenos días, Marisol.
Marisol: Buenos días.

Entrevistador: ¿Puedes hablar de tu rutina diaria?
Marisol: Pues, me despierto a las seis y media, me levanto normalmente a las siete. Me visto rápidamente, y voy a la piscina. Nado una hora, después me ducho, me lavo el pelo y después tomo el desayuno.
Entrevistador: Y ¿qué suele comer una campeona?
Marisol: Suelo desayunar bien: tres tostadas con mantequilla y miel, café con leche, un yogur y un plátano o cereales con leche caliente. Después voy a la universidad.
Entrevistador: ¿Qué horario tienes en la universidad?
Marisol: Tengo clases de las nueve y media de la mañana a las dos de la tarde. Luego voy a comer a la cantina, suelo tomar ensalada y fruta, después voy a la piscina toda la tarde para entrenarme. Suelo nadar hasta las seis de la tarde.
Entrevistador: Y ¿después qué sueles hacer?
Marisol: Después regreso a casa. A las nueve ceno, suelo comer pasta, pescado o carne y un postre, un helado o un pastel, y bebo mucha agua. Miro un poco la televisión o escucho música y me acuesto a eso de las once de la noche.
Entrevistador: Veo que tienes una vida muy sana, Marisol, muchas gracias y adiós.
Marisol: Adiós.

5

Lee y escucha el diálogo y pon las frases en el orden correcto.
Ejemplo: **d)**, …

a) Marisol come bastante por la noche.
b) Marisol tiene clases de 9.30 a 14.00.
c) El entrevistador decide que Marisol tiene una vida sana.
d) Marisol se despierta a las seis y media.
e) Marisol se acuesta a las once.
f) Marisol se lava el pelo.
g) Marisol mira la televisión.
h) Marisol suele comer cereales o tostadas.

Gramática

Reflexive verbs

These are verbs that refer to actions done by yourself, to yourself, for instance 'to get dressed' (= 'to dress yourself'). You can recognise them in Spanish by the fact that the infinitive has an additional *-se* on the end. *Se* is a pronoun that means 'oneself'/'himself'/'herself'/'itself'. Every time you use a reflexive verb, you need to make sure you also use the right pronoun.

lavarse	to wash yourself
me lavo	I wash myself
te lavas	you (singular, informal) wash yourself
se lava	he/she/it washes himself/herself/itself
	you (singular, formal) wash yourself
nos lavamos	we wash ourselves
os laváis	you (plural, informal) wash yourselves
se lavan	they wash themselves
	you (plural, formal) wash yourselves

Spanish has far more reflexive verbs than English. It is important to use them correctly or the meaning may not be clear.

lavar = to wash something or someone else (the car, the dog, etc.)
lavarse = to wash yourself, i.e. to get washed

- Find eight reflexive verbs in the interview with Marisol.

100 cien

UNIDAD SIETE

6

Lee la entrevista con Marisol y la rutina de Esteban en la página 82 de la Unidad 6. Mira los dibujos y escribe frases como en el ejemplo.

Ejemplo: **1** *Marisol se despierta a las seis y media, pero Esteban se despierta a las doce.*

7

Escucha a Xavier. ¿Cuál es correcto? Escribe **a** o **b**.

Ejemplo: **1 b**

Mi casete personal

Mi rutina diaria 2

Añade a tu casete tres o cuatro frases describiendo tu rutina diaria.

Ejemplo: Suelo levantarme pronto por la mañana, me lavo, me cepillo el pelo, y desayuno mirando la tele …

8 Encuesta

En grupos de 6 a 8 personas, preguntad a qué hora se despiertan, se levantan y se acuestan vuestros amigos.

Ejemplo:

A — ¿A qué hora te despiertas?

B — Me despierto a las siete.

B — ¿A qué hora te levantas?

C — Me levanto a …

Cuando termináis la encuesta, presentad la información para todo vuestro grupo en una tabla.

9

Escribe una carta describiendo tu rutina, de la mañana o de la tarde.

Para ayudarte

Vocabulario

a eso de – around …
carne (nf) – meat
cepillarse los dientes – to brush your teeth
cereales (nmpl) – cereals
diente (nm) – tooth
miel (nf) – honey
pasta (nf) – pasta
pescado (nm) – fish
plátano (nm) – banana
preguntad – ask (you pl.)
regresar (v) – to come back
sano (adj) – healthy
suelo levantarme – I normally get up

ciento uno **101**

UNIDAD SIETE

La competición de natación

> Buenas tardes a todos. Hoy es el día de nuestra gran competición entre varias regiones españolas. Ahora llegan nuestras campeonas regionales. En el tercer podio vemos a la campeona valenciana, María Ibáñez, en el quinto podio está ahora la representante castellana, Marisol Muñoz, estudiante en Salamanca. La chica vasca, que se llama Lleire Zunzunegui, ya está lista en la segunda posición. En el cuarto podio tenemos a Nuria Pujol, la chica catalana, y en primera posición, la gallega Juana Moraes.

> Ah... pero ahora hay un aviso para Marisol Muñoz. Tiene que presentarse urgentemente en la oficina. Hay una llamada telefónica muy urgente para Muñoz, por favor...

10

Empareja las posiciones, los nombres, y las regiones de cada representante.

Ejemplo: Primera, Juana, de Galicia

cuarta	Nuria Pujol	Valencia
quinta	María Ibáñez	Castilla
primera	Marisol Muñoz	Galicia
tercera	Lleire Zunzunegui	Cataluña
segunda	Juana Moraes	País Vasco

Gramática

Talking about where you're from

To tell someone where you are from, you use the verb *ser* + *de*.

Soy de Pamplona, en Navarra.
Tú eres de Madrid, en Castilla.
Manuel es de Asturias.
Nosotros somos de Galicia.
Vosotros sois de Málaga, en Andalucía.
Ellas son de Cataluña, de Barcelona.

You can add more detail by saying where your region or town is situated.

Madrid está en el centro de España.	Madrid is in the centre of Spain.
Barcelona está en el este de España.	Barcelona is in the east of Spain.
Málaga está en Andalucía, en el sur de España.	Malaga is in Andalucia, in the south of Spain.
Salamanca está en el oeste de España.	Salamanca is in the west of Spain.

11

¿De dónde son? Empareja cada persona con una provincia y una región.

Ejemplo: Jordi, Cataluña, noreste

Cataluña   Galicia   País Vasco
Andalucía   Extremadura
Valencia   noreste   sureste   sur
norte   noroeste   oeste

102   ciento dos

UNIDAD SIETE

El resultado de la competición

12

Lee el artículo y pon los números adecuados en cada región según el resultado de cada nadadora.

Ejemplo: Valencia – primera

Resultado de la competición nacional de natación del viernes 13 de mayo:

En primera posición llega la valenciana María Ibáñez que va a representar nuestro país en la competición europea en París en agosto. En segundo lugar, la vasca Lleire Zunzunegui que nada con estilo perfecto. La tercera campeona es la catalana Nuria Pujol y la cuarta posición se la lleva la gallega Juana Moraes. No ha podido participar en esa competición la castellana Marisol Muñoz.

13 ¿De dónde es?

Escucha la grabación. Decide si las frases son verdaderas o falsas. Escribe V o F.

1 Nuria es de Valencia.
2 Juana es de Pamplona. 
3 Marisol es de Salamanca.
4 María es de Barcelona.
5 Lleire es del País Vasco.
6 Isabel es de Galicia.

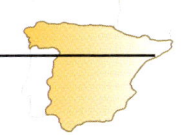

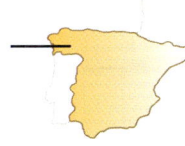

14 *Tu ciudad*

Ahora escribe un pequeño párrafo sobre tu ciudad o tu pueblo.

Ejemplo: Vivo en un pequeño pueblo muy bonito, al sur de Manchester. Manchester está en el norte de Inglaterra.

15

Elige una ciudad en secreto, y describe dónde está. Identifica la ciudad de tu amigo con las direcciones que te da.

Ejemplo:

A: Mi ciudad está en el norte de España, al norte de Barcelona.

B: Eres de Pamplona.

Para ayudarte

Vocabulario
aviso (nm) – message
entre (prep) – amongst
llamada (nf) – (phone) call
podio (nm) – podium
varios (adj pl) – various

Mi casete personal

Soy de ...
Graba en tu casete de dónde eres y dónde exactamente está situado tu pueblo o tu ciudad y en qué región.

UNIDAD SIETE

Cuando Marisol contesta al teléfono, se informa del accidente de su hermano. Al oír las malas noticias, Marisol vuelve al piso, hace rápidamente su maleta y toma un taxi a la estación de tren.

Allí compra un billete de ida y vuelta de Salamanca a Pamplona. Tiene mucho tiempo porque son las dos y media y su tren sale a las cuatro.

Va a una tienda para ver si se venden bocadillos. Marisol nota que se venden revistas y compra una para su hermano. Compra también una revista sobre Salamanca. Está muy triste porque no puede competir hoy y su hermano no está bien.

Gramática

Se vende/se venden

The verb *vender* means to sell, but it is often used in a reflexive form, to mean 'to be sold, to be for sale'.

En esa tienda se venden casetes.

Look again at page 100 to remind yourself how reflexive verbs work. Remember to choose either the singular form or the plural form of the verb, depending on what you are referring to.

Aquí se vende queso.
Se venden tomates en el mercado.

Using a verb in this reflexive way is a common pattern in Spanish.

Aquí se habla francés.   We speak French./French is spoken here.
No se permite fumar.   No smoking allowed.

16

Lee y escucha la historia y empareja las frases de las dos columnas.

Ejemplo: **1 c)**

1 Va a	a) al teléfono.
2 Está	b) vuelve al piso.
3 Contesta	c) una tienda.
4 Compra	d) revistas.
5 Al oír eso	e) dos revistas.
6 Se venden	f) muy triste.

17

Túrnate con tu pareja

Ejemplo:

A: Perdone, ¿se vende la radio?

B: Sí, se vende la radio.

No, no se vende la radio.

18

Estas frases se han mezclado. Identifica el orden lógico.

a) Me ducho a las siete y media.
b) Me acuesto a las diez de la noche.
c) Al levantarme tomo mi desayuno.
d) Ceno a las ocho de la noche.
e) Me llamo Roberto y suelo despertarme a las siete cada mañana.
f) Al terminar mi ducha, me seco el pelo y me peino.
g) Como en la cantina a mediodía.
h) Tomo el tren a las ocho.
i) En la estación compro un periódico o una revista para leer en el tren.
j) Llego a la oficina a las nueve.
k) Vuelvo a casa a las cuatro de la tarde.

UNIDAD SIETE

19 En la estación de ferrocarril

Escucha las conversaciones y copia y completa la tabla.

	el precio	el destino	de ida/de ida y vuelta	¿primera o segunda clase?
1 Ejemplo:	€16,50	Madrid	de ida y vuelta	primera
2				
3				
4				

20

Mira el horario y decide qué tren necesita tomar cada persona.

1. Tengo que volver a Salamanca antes de las diez de la noche.

2. Quiero ir de Pamplona a Salamanca, ida solamente, quiero viajar lo más rápidamente posible.

3. No puedo levantarme muy pronto pero necesito llegar a Pamplona antes de las cinco de la tarde.

4. Nos gustaría hacer una visita turística a Pamplona. Queremos volver el mismo día. Nos encantan los viajes en tren.

Tren	Salida de Salamanca	Llegada a Pamplona	Salida de Pamplona	Llegada a Salamanca
Talgo	6.30 andén 3	10.00	18.30 andén 4	22.00
Ter	7.00 andén 1	11.00	19.00 andén 2	23.00
Ferrobús	9.30 andén 2	16.30	14.00 andén 1	21.00
Express	8.00 andén 4	14.00	16.00 andén 3	22.00

TARIFA DE PRECIOS		
Ida y vuelta	(Salamanca – Pamplona) (Pamplona – Salamanca)	€22,50
Ida sólo	(Salamanca – Pamplona) (Pamplona – Salamanca)	€12,25

21

Prepara un diálogo con tu pareja según el ejemplo.

Ejemplo:

A: Quisiera un billete de ida y vuelta de Salamanca a Pamplona por Talgo por favor.

B: ¿De primera o segunda clase?

A: De segunda clase. ¿Cuánto vale?

B: Son €22,50.

A: Aquí tiene, y ¿de qué andén sale el tren?

B: Del andén número dos.

A: Gracias, adiós.

Mi casete personal

En la estación de tren
Tienes que comprar los billetes de tren. Graba las frases en tu casete personal.

Para ayudarte

Vocabulario
andén (nm) – railway platform
destino (nm) – destination
de ida y vuelta – return (ticket)

ciento cinco 105

UNIDAD SIETE

Ahora llega el tren para Pamplona. Marisol se instala en su asiento y empieza a leer su revista sobre la ciudad de Salamanca …

22

Lee el texto. ¿En qué orden se mencionan estas cosas?

Ciudad famosa ya en el siglo trece por su universidad, Salamanca es una ciudad muy antigua y muy bonita. Mejor visitar la ciudad a pie.

Primero visite el Puente Romano situado sobre el río Tormes, después suba a ver las catedrales – la nueva y la antigua. Muchos turistas suelen pasearse por este sitio para admirar estos magníficos monumentos. Ande un poco, ahora vea la plaza Anaya, allí coja el pequeño tren que suele recorrer el centro de la ciudad.

Al lado de las catedrales puede ver la universidad edificada en 1215. Ahora camine hacia la Plaza Mayor. Va a pasar delante de la famosa Casa de las Conchas, un edificio muy interesante. Al llegar a la Plaza Mayor, es buena idea sentarse en unos de los cafés y admirar la maravillosa arquitectura.

¿Le gusta el arte moderno? ¿Por qué no pasar unas horas en Casa Lys, el nuevo museo de "Art Nouveau" de los años 1900–1930? Finalmente, vaya a una confitería para comer unos buenos pasteles, especialidad de Salamanca.

Gramática

Soler – talking about when something usually happens

This is a very useful verb which indicates that something happens on a regular basis. It is used with the infinitive of the chosen verb.

Suelo cepillarme los dientes dos veces al día.	I usually brush my teeth twice a day.
Sueles comer cereales, ¿no?	You normally have cereal, don't you?
Suele levantarse a las ocho.	He/she normally gets up at eight.
Solemos viajar en el autobús.	We usually travel by bus.
Soléis llegar pronto.	You normally arrive early.
Suelen comer sopa por la noche.	They normally have soup in the evening.

Find some examples of this verb in the above text about Salamanca.
NB *Soler* is a stem-changing verb following the same pattern as *poder* –(ue); look again at page 82 to revise these patterns.

- Write three sentences using *soler*, and three using *poder*.

Para ayudarte

Cómo aprender el vocabulario

To practise an important structure such as saying you like or dislike something, try this. Start with a simple sentence, such as Me gusta el tenis.

Change one part.
Carry on, changing one part at a time.

Me gusta **el fútbol**.
Me chifla el fútbol.
Me chifla **el badmintón**.
Odio el badminton, etc.

Take it in turns with a partner – who can keep going longest?

UNIDAD SIETE

23

Escucha la entrevista. Para cada dibujo decide si hay o no hay esta facilidad en Salamanca. Escribe 'Hay' o 'No hay'.

1, 2, 3, 4, 5, 6, 7, 8, 9, 10, 11, 12

24

Mira los símbolos del ejercicio 23 y pregunta a tu pareja si hay estas facilidades en vuestra ciudad o pueblo.

Ejemplo:

A: ¿Hay una discoteca en tu ciudad?
   ¿Se puede bailar en tu ciudad?

B: Sí, se puede bailar en la discoteca 'Moonlight'.
   No, no se puede bailar.

25

Escucha la canción. Escribe las letras de las ilustraciones (página 106) en el orden correcto.

26

Escribe lo que hay para los jóvenes y los turistas en tu ciudad y tu región.

Ejemplo: En mi ciudad hay muchas cosas para los turistas. Hay museos, se puede visitar monumentos y cuevas …

Mi casete personal

En mi ciudad …

¿Qué sueles hacer en tu tiempo libre? Y ¿qué hay que hacer en tu ciudad? Graba cinco frases en tu casete personal.

Para ayudarte

Vocabulario

a pie (adv) – on foot
ambiente (nm) – atmosphere
antiguo (adj) – old
callejuela (nf) – alleyway
cueva (nf) – cave
estrecho (adj) – narrow
famoso (adj) – famous
hacia (prep) – towards
hay mucha marcha – there's a lot going on
pasearse (v) – to go for a walk, to stroll
recorrer (v) – to go round
río (nm) – river
silla (nf) de ruedas – wheelchair
turista (nmf) – tourist

Para ayudarte a leer

When faced with long text, don't panic. Look for similarities between Spanish and English words. See how many of the following words you can understand without using a dictionary:

aspecto, pianista, arte, tragedia, labor, reservar, decorar, fotografía, catedral, completamente, furioso, acción, violencia, óptico, correspondiente, anunciar, sociedad, canadiense, senador, estadio.

¡Ojo! It doesn't always work. Check the following words in your dictionary:
largo, sensible, actual.

UNIDAD SIETE

Marisol llega al hospital para ver a su hermano que está en la cama.

¡Hola, hermana! ¡Qué gran sorpresa!

Pero ¿qué te pasa? ¡Qué accidente, tú y tu famosa bicicleta!

Sí, horrible. Imagina, estoy en la carretera muy contento porque vuelvo a casa y de repente un coche viene a cien kilómetros por hora y no me ve. No se para, me manda contra un árbol y mira el resultado ahora. Tengo como cien puntos en la pierna.

¡Pobrecito! ¿Te duele mucho?

Bueno, no me siento bien. Y la bici, pues la tengo en el garaje, destrozada.

Bueno, veo que tienes unas cartas ... aha, 'Muchos besos, Carmen'. ¿Quién es esta chica? ¿Una nueva amiga?

Gramática

Object pronouns

You already know some Spanish pronouns: *yo, tú, él, ella, nosotros(as), vosotros(as), ellos/ellas.* (Look back at page 18.) These words are called subject pronouns – they indicate who or what is doing, having or being something. There are two more sets of pronouns you need to be able to use. The first set indicates who or what is having something done to them. These are called direct object pronouns (English examples are 'him', 'us', and 'them'.)

Direct object pronouns

me	me
te	you (singular, informal)
le	him, you (singular, formal)
la	her/it
lo	it
nos	us
os	you (plural, informal)
les	them (for people, masc.)
las	them (for people and objects, fem.)
los	them (for objects, masc.)

¿Tienes tu revista? Sí, **la** tengo.
Have you got your magazine? Yes, I've got it.

¿Te gustan los pasteles? No, **los** odio, son asquerosos.
Do you like the cakes? No, I hate them, they're disgusting.

The second set of pronouns is used to indicate who is having something given to them or done for them – these are called indirect object pronouns (in English we use 'to me' or 'for me', 'to/for you', 'to her', etc.).

Indirect object pronouns

me	to/for me
te	to/for you (singular)
le	to/for him/her/it
nos	to/for us
os	to/for you (plural)
les	to/for them

¿Qué **me** dices? — What are you telling me?
¿**Les** estás comprando un regalo? — Are you buying a present for them?

The pronouns used with *gustar* are indirect object pronouns.

¿Te gusta el nuevo profesor? Sí, **me** encanta, pero a mi hermano no **le** gusta. — Do you like the new teacher? Yes, I like him a lot, but my brother doesn't like him.

108 ciento ocho

UNIDAD SIETE

27

Lee y escucha el texto. Apunta V (verdadero) o F (falso) para cada frase.

1 Miguel sabe que hoy Marisol viene a verle.
2 Miguel está en una silla de ruedas.
3 El otro vehículo es un camión.
4 Es un accidente bastante grave.
5 Tiene las dos piernas rotas.
6 Tiene cien puntos en la pierna.
7 Miguel no se siente muy bien.
8 Marisol pregunta a Miguel sobre una carta de un chico.

28

Trabaja con tu pareja.

Ejemplo:

A ¿Tienes el diccionario?

B No, no lo tengo. o Sí, lo tengo.

29

Contesta las preguntas.

Ejemplo: 1 Las compro en el Corte Inglés.

1 ¿Dónde compras tus gafas?
2 ¿Cuándo tomas la cena?
3 ¿Me escuchas?
4 ¿Habláis a los vecinos?
5 ¿Me escribes?
6 ¿A qué hora haces tus deberes?
7 ¡Ojo! ¿No ves a la ciclista?
8 ¿Prefieres las películas de terror?

30

Escribe sí o no, para indicar si Miguel tiene o no estas cosas.

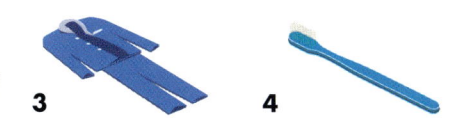

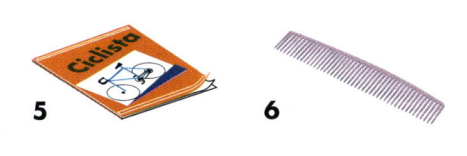

Para ayudarte

Vocabulario
árbol (nm) – tree
roto (adj) – broken
mandar (v) – to send
punto (nm) – a stitch (also a point)
vehículo (nm) – vehicle

Cómo aprender el vocabulario
Draw a grid on a piece of paper. Write a sentence or a phrase using a separate square for each word. Cut up the sentence into individual words.

| me | duele | la | cabeza |

Shuffle the pieces and place them face down. Your partner should turn over one piece at a time, to see how soon he/she can work out what your sentence is. Take turns.

UNIDAD SIETE

31

Lee la nota de Miguel. Sustituye los números con 'lo', 'la', 'los' o 'las'.

Ejemplo: **1** lo

> Mamá
> Me gustaría tener mi walkman. [1] puedo escuchar por la tarde cuando no hay nada en la televisión. Y mis gafas de sol también. El sol entra por la ventana casi todo el día. [2] tengo en mi chaqueta de cuero. ¿Y puedes traer mi carpeta de geografía? [3] necesito para repasar unos apuntes. Y mis libros también. [4] tengo que leer para los exámenes.
> Un abrazo muy fuerte,
> Miguel

32 *Poema*

Elige el dibujo que convenga.

Ejemplo: **1 d)**

1 Las tomo
2 La beso
3 Lo beso
4 Los miro
5 Las guardo
6 La saco
7 Las miro

a
b
c
d

Cada día me das un regalo
Tu corazón
Lo tomo
Lo guardo
Lo beso
Lo pongo en mi caja de secretos
Y cada mañana
Lo saco
Y lo miro

Cada día me das un regalo
Tu sonrisa
La tomo
La guardo
La beso
La pongo en mi caja de misterios
Y cada tarde
La saco
Y la miro

Cada día me das un regalo
Tus ojos
Los tomo
Los guardo
Los beso
Los pongo en mi caja de sueños
Y cada noche
Los saco
Y los miro

Cada día me das un regalo
Tus penas
Las tomo
Las guardo
Las beso
Las pongo en mi caja de fantasías
Y cada madrugada
Las saco
Y las miro

110   ciento diez

Ya lo sé

A Plano de la tienda

Busca un plano de un gran almacén en tu ciudad y diséñalo en español para el uso de turistas españoles.

B La estación de tren

Ahora prepara con tu pareja y la ayuda de un diccionario el plano de una gran estación de tren con todas las tiendas y facilidades que necesitan los viajeros.

C Tu barrio

Prepara ahora el plano de tu barrio. ¿Qué hay de interés allí? Tienes que usar símbolos y una explicación en español de todos esos símbolos. Si no hay mucho en tu barrio para los jóvenes, puedes imaginar, o ¡puedes vivir en otro planeta!

UNIDAD SIETE

D Una carta

Escribe una carta a tu corresponsal explicando tu rutina diaria, lo que sueles hacer por la noche y en los fines de semana, y las actividades que hay para los jóvenes y los turistas en tu ciudad.

E Un póster

Con vuestro grupo diseñad un póster sobre vuestro barrio, ciudad o pueblo, explicando su situación geográfica, quizás con un mapa y lista de lo que hay de interés allí.

F Deportes

En un pequeño grupo de tres o cuatro, diseñad un listado de los resultados españoles de campeonatos de golf, tenis, fútbol o carreras de automóvil, ilustrando vuestro trabajo con fotos o dibujos. Podéis usar Teletext o Internet o revistas especializadas para esta tarea.

ciento once 111

Unidad ocho
Un día de alegría termina mal

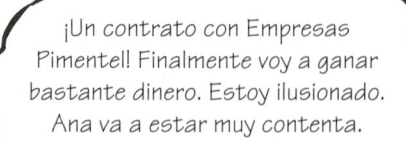

¡Un contrato con Empresas Pimentel! Finalmente voy a ganar bastante dinero. Estoy ilusionado. Ana va a estar muy contenta.

Pobrecita, yo tengo que trabajar tanto, estoy estresado, y ella va al colegio y se ocupa de la casa. De vez en cuando está cansada y decepcionada. Si su madre no... ¡ay!, no vale la pena. Estamos solos ahora, y ella está triste.

Necesito pasar más tiempo con Ana. Ella está deprimida, y yo estoy harto de trabajar. Normalmente me llevo bien con ella, pero necesitamos estar juntos. ¿Unas vacaciones? ¿Cómo no? Pero ¿dónde?

¿Madrid? ¿Andalucía? ¿Las Canarias? ¿La Costa Cantábrica? ¿Las Islas Baleares?

Madrid es más caro que las Baleares, la Costa Cantábrica es más montañosa que Andalucía, las Canarias están más lejos que Madrid...

¿Y por qué no Méjico? ¡Con el contrato de Empresas Pimentel, Méjico es el mejor de todos! Pero, tengo que hablar con Ana primero...

1

¿Cuál es la palabra española para …? Busca en el diccionario si es necesario.

tired   excited   disappointed
fed up
        sad   happy
depressed   stressed

2

Túrnate con tu pareja.

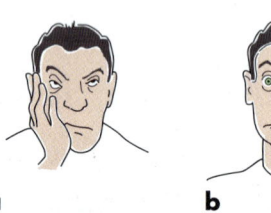

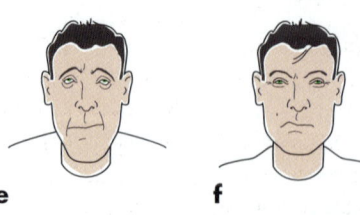

a   b   c   d

e   f   g   h

A: ¿Qué tal estás?
B: Estoy ilusionado.

A: ¿Dibujo **d**?
B: Sí.

Gramática

Ser and estar

In Spanish there are two verbs which mean 'to be', *ser* and *estar*. You use *ser* to talk about the permanent features of a person or thing.

Ana es una chica. (This will not change from day to day.)

Estar is used when you want to talk about temporary characteristics of a person or thing.

Ana está contenta. (She is happy today – tomorrow her mood could change, and she might be sad.)

It is also used for talking about where someone or something is.

Las Canarias están en el Océano Atlántico.

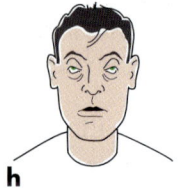

UNIDAD OCHO

3
Escucha la canción. Apunta las letras de las ilustraciones del ejercicio 2 en el orden en que son mencionadas.

Ejemplo: **d**, …

4
Lee la carta y escribe una respuesta. Contesta las preguntas de Alicia.

> En mi familia somos cinco, mi madre, mi padre, mi hermana mayor y mi hermano menor. Me llevo bien con mis padres. Son muy simpáticos, y mi padre es muy divertido. Siempre está haciendo bromas. También me llevo bien con mi hermana. Somos amigas, salimos juntas, intercambiamos ropa y maquillaje y todo eso. Pero no me llevo bien con mi hermano. Es horrible y me fastidia mucho. Es muy perezoso, mal organizado y muy pesado. Y tú, ¿cuántos sois en tu familia? ¿Te llevas bien con tus padres y tus hermanos? Escríbeme pronto.
> Un abrazo muy fuerte,
> *Alicia*

5
Lee el artículo y escribe V (verdadera) o F (falsa) para cada frase.

Ejemplo: **1** F

La familia en España

La familia es muy importante en España. Generalmente, los miembros de una familia pasan mucho tiempo juntos, sobre todo a la hora de comer. Los abuelos, los padres y los niños quedan en la mesa, comiendo, bebiendo y charlando. En España se llama 'la sobremesa'. Desde los años cincuenta y sesenta todo está cambiando. El divorcio, la separación y los padres sin pareja son más frecuentes hoy en día que antes. Sin embargo, para la mayoría de los españoles, la familia todavía es un símbolo de una vida tradicional.

1. En España la familia no es muy importante.
2. Los miembros de la familia pasan mucho tiempo juntos.
3. No pasan mucho tiempo comiendo.
4. Es lo mismo hoy que en los años cincuenta y sesenta.
5. El divorcio es más frecuente hoy en día que antes.
6. Muchos españoles creen que la familia es importante.

Para ayudarte

Vocabulario
broma (nf) – joke
contento (adj) – happy
contrato (nm) – contract
fastidiar (v) – to pester, bother
intercambiar (v) – to swap
llevarse bien con – to get on well with
maquillaje (nm) – make-up
mayoría (nf) – the majority
padres sin pareja (nmpl) – single parent families
perezoso (adj) – lazy
pesado (adj) – annoying
sobre todo – especially, above all

Mi casete personal

Mi familia
Escribe dos o tres frases sobre tu familia. ¿Cuántos sois? ¿Te llevas bien con tus padres y tus hermanos? Ahora grábalas en tu casete personal.

ciento trece 113

UNIDAD OCHO

6

Escribe una frase para cada ilustración.

Ejemplo: Pedro es más alto que Carlos.

1 alto **2** delgada **3** viejo **4** caro **5** grande

7

Copia las frases y rellena los huecos.

Ejemplo: 1 Javi es el más grande de los chicos.

1 Javi es _____ de los chicos.
2 Pilar es _____ de las chicas.
3 Everest es la montaña _____ del mundo.
4 Montse es _____ de la clase.
5 La bici verde es _____ de todas.

Gramática

Comparing

To compare one thing with another in Spanish you use the phrases
más … que and
menos … que, putting the adjective in the gap.

Marisol es **más** alta **que** Ana.	Marisol is taller than Ana.
Madrid es **más** caro **que** Las Baleares.	Madrid is more expensive than the Balearic Islands.
Portugal es **menos** grande **que** España.	Portugal is smaller than Spain.

To say 'the tallest', 'the most beautiful', etc. you use *el más* (masculine) and *la más* (feminine) before the adjective.

Esteban es **el más** guapo.	Esteban is the best looking.
La Costa Cantábrica es **la más** bella.	The Costa Cantábrica is the most beautiful.

(In the plural, this becomes **los más** and **las más**.)

To say 'the best of' or 'the best in' you use *de*.

Méjico es el mejor **de** todo.	Mexico is the best of all.
Ana es la más guapa **de** la clase.	Ana is the prettiest girl in the class.

Watch out for some irregular forms:

bueno	good	mejor	better	el mejor	(the) best
malo	bad	peor	worse	el peor	(the) worst
grande	big	mayor	bigger, greater, older	el mayor	(the) biggest, greatest, oldest
pequeño	small	menor	smaller, less	el menor	(the) smallest, least

UNIDAD OCHO

8

Lee las cartas y las respuestas. Empareja cada carta con su repuesta.

Carta uno

Estoy triste. Mi padre y yo vivimos juntos en un piso en el centro de la ciudad. Mi padre es un hombre de negocios, y trabaja muchas horas. Yo tengo que hacer todas las tareas domésticas – preparo la comida, paso la aspiradora, lavo la ropa, pongo la mesa, lavo los platos, saco la basura, todo. Tengo que estudiar mucho, y no tengo bastante tiempo para hacer todo. Mi padre no tiene tiempo para ir al cine o a la cafetería. Estoy harta. ¿Qué puedo hacer?

Encarna

Carta dos

Mi amiga Pilar es más guapa que yo, es más inteligente que yo, es más popular que yo, y es la mejor estudiante de la clase. Yo estoy deprimida porque no puedo competir con ella. Escríbeme pronto con tus consejos.

Clara

Carta tres

No me llevo bien con mi hermano menor. Me fastidia todo el tiempo. No hace nada en casa, duerme hasta mediodía, deja sus cosas por todas partes. Estoy harto. Mis padres no hacen nada porque le adoran – es el bebé de la familia. Estoy muy decepcionado. ¿Qué voy a hacer?

Eduardo.

Para ayudarte

Vocabulario
competir (i) (v) – to compete
huelga (f) – to strike

Respuesta A

Tienes que hablar con tus padres del trabajo que haces en casa a causa del hermanito y de lo perezoso que es. Si no quieren escuchar, ¡hay que declarar la huelga!

Respuesta B

Prepara una comida especial. Mientras que estáis comiendo habla sinceramente con tu padre de los estudios y del trabajo en casa. El no puede, y no debe, trabajar todo el tiempo. No es bueno para la salud. Podéis empezar por mirar vuestro programa favorito en la tele, por ejemplo, para pasar una hora juntos.

Respuesta C

No necesitas competir. Tienes tus propios talentos. ¿En qué estás fuerte? Tienes que concentrarte en estos talentos.

UNIDAD OCHO

9

Lee las frases. ¿Quién habla? Apunta F (Felipe) o A (Ana).

Ejemplo: **1** A

1 Me gustaría ir a las tiendas.
2 Me gustaría ir a Andalucía.
3 Me gustaría pedir unos folletos.
4 Me gustaría ir al cine.
5 Me gustaría hablarte de las vacaciones.
6 Me gustaría celebrarlo.
7 Me gustaría dar un paseo en el parque.
8 Me gustaría ir a Madrid.

10

Escucha los diálogos. ¿Adónde van de vacaciones? Apunta los destinos: M (Madrid), IB (Islas Baleares), LC (las Canarias), CC (Costa Cantábrica), A (Andalucía), B (Barcelona).

Ejemplo: **1** IB

11

Escucha la canción. Apunta las actividades mencionadas.

Ejemplo: **c**, …

a b
c d
e f
g

Comic dialogue

¿Vas a tomar un café, Ana?

No, gracias, para mí un zumo de naranja. El café no es bueno para la salud.

Se parece tanto a su madre …

Oye, Ana, tengo el contrato de Empresas Pimentel por fin, así que hoy no voy a trabajar. Me gustaría celebrarlo. Vamos a pasar el día juntos.

¡Fenomenal! ¿Qué vamos a hacer? Me gustaría ir al cine, me gustaría ir a las tiendas, me gustaría dar un paseo en el parque

Un momento, un momento … me gustaría hablarte primero de las vacaciones.

¿Las vacaciones? ¡Papá, qué ilusión! ¿Adónde vamos? Me gustaría ir a las tiendas en Madrid, o ir a la playa en las Canarias, o hacer windsurf en la Costa Brava, o dar una caminata por la montaña en la Costa Cantábrica, o montar a caballo en Andalucía.

Voy a la agencia de viajes a las diez. Me gustaría pedir unos folletos. Está cerrada ahora. Después, vamos a comer en un restaurante en el centro. ¿De acuerdo?

Oh, papá, sí, sí, ¡qué guay!

Gramática

The past participle

This is the part of the verb which in English means 'done', 'eaten', 'gone', 'said', etc. It is formed by taking the *-ar*, *-er* and *-ir* ending off the infinitive, and adding *-ado* for *-ar* verbs and *-ido* for *-er* and *-ir* verbs:

infinitive	stem	past participle	
termin**ar**	termin	termin**ado**	finished
com**er**	com	com**ido**	eaten
viv**ir**	viv	viv**ido**	lived

Some past participles can be used as adjectives.

Está cerrado.   It's closed.   *Está abierto.*   It's open.

116 ciento dieciséis

UNIDAD OCHO

12

Lee el anuncio.

Dibuja unos símbolos para explicar lo que hay para los turistas en España.

Ejemplo:

Vinos finos y comida buena

13

¿Adónde te gustaría ir de vacaciones? ¿Qué te gustaría hacer? Mira la tabla y haz una lista en orden de prioridad. Comienza con la actividad que más te gusta.

Ejemplo: **1** Me gustaría tomar el sol en las Islas Baleares.

ESPAÑA
EL MEJOR DESTINO TURÍSTICO DEL MUNDO.

★ Un poco de todo – playas, montañas, paisaje, monumentos, museos.
★ Ciudades antiguas, pueblos bonitos.
★ Arte, historia, música, cultura.
★ Vinos finos y comida buena.
★ Llame a su agencia de viajes y descubra las maravillas de España, el destino favorito de todo el mundo.

14

Túrnate con los miembros de tu grupo. Utiliza un diccionario si es necesario.

A — ¿Adónde te gustaría ir de vacaciones?

B — Me gustaría ir a Grecia.

B — ¿Qué te gustaría hacer?

C — Me gustaría tomar el sol en la playa.

Apunta las respuestas, y luego pregunta a otros amigos de clase.

Actividad		Destino
esquiar		Andalucía
montar a caballo		los Pirineos
tomar el sol en la playa		la Costa Brava
hacer windsurf		las Islas Baleares
dar una caminata por la montaña		las Canarias
ir a las tiendas		Madrid
nadar en el mar		la Costa Cantábrica

Mi casete personal

Las vacaciones

Escribe dos o tres frases sobre las vacaciones. ¿Adónde te gustaría ir? ¿Qué te gustaría hacer? Ahora grábalas en tu casete personal.

Para ayudarte

Vocabulario
abrir (v) – to open
agencia (nf) de viajes – travel agency
así que – so, therefore
cerrar (ie) (v) – to close
dar (v) una caminata – to go for a hike
montar (v) a caballo – to go horseriding [caballo (nm) = horse]
paisaje (nm) – landscape
parecer (v) – to resemble, be like
tanto – so much

Cómo aprender el vocabulario
Some Spanish words are less difficult than they look, if you break them down into smaller units of meaning. For example, *abrebotellas* breaks down into *abre* (opens) and *botellas* (bottles) – which makes it easier to see that it means 'bottle opener'.

ciento diecisiete **117**

UNIDAD OCHO

15

Escucha la conversación y lee las frases. ¿Qué sitio es?

Ejemplo: **1** Andalucía

1 más cerca que las Canarias
2 menos cara que Madrid
3 más interesante que la Costa Cantábrica
4 tan bellas como la Costa Cantábrica

16

Lee las frases y apunta V (verdadero) o F (falso).

Ejemplo: **1** F

1 El Océano Atlántico es el más grande del mundo.
2 El Salto Angel en Venezuela es la cascada más alta del mundo.
3 El río Amazonas es el más largo del mundo.
4 Chimborazo, en Ecuador, es la montaña más alta del mundo.
5 Cerro Aconcagua en la Argentina es el volcán más alto del mundo.
6 El cañón de Colca en el Perú es el más profundo del mundo.

17

Escucha los diálogos. Empareja cada persona con su destino de vacaciones y la razón.

Ejemplo: Mariluz – Islas Baleares – bailar en las discotecas.

Nombre	Destino de vacación	Razón
Mariluz	Costa Cantábrica	montar a caballo
Pepa	Madrid	bailar en las discotecas
Ignacio	Andalucía	ir a las tiendas
Mikel	Islas Baleares	tomar el sol en la playa
Mila	las Canarias	dar una caminata por las montañas
Juan Carlos	Costa Brava	hacer windsurf

Gramática

Comparing

más … que   menos … que
Remember these expressions?

To say 'as … as', for example 'as pretty as you', 'as interesting as Madrid', you use *tan … como*.

*Juan es **tan** alto **como** Jorge.*
Juan is as tall as Jorge.

It can also be used negatively:

La señora Juárez no es tan guapa como Ana.
Señora Juárez is not as pretty as Ana.

Speech bubbles (comic):

Papá, Madrid es más interesante que la Costa Cantábrica. Hay tiendas, teatros, cines, restaurantes …

Sí, pero la Costa Cantábrica es menos cara que Madrid.

Y es más bella que Madrid también.

Papá, las Canarias son tan bellas como la Costa Cantábrica.

Ya lo sé, querida, pero Andalucía está más cerca que las Canarias.

Papá, es imposible.
¡Ay, cariño! ¿Qué vamos a hacer?

No tenemos que decidir ahora. La señora Juárez de las Empresas Pimentel va a visitar Pamplona a fin de mes. Voy a enseñarle la ciudad. ¿Vienes?

Claro, papá. Oye, lo de las vacaciones, pues, me da igual. Podemos quedarnos aquí en Pamplona si quieres. Lo mejor de todo es estar contigo.

UNIDAD OCHO

Mi casete personal

Una presentación sobre las vacaciones

Prepara una presentación oral sobre las vacaciones. ¿Adónde vas? ¿Por qué? ¿Qué haces allí? La presentación debe durar un minuto, nada más.

Graba tu presentación en tu casete personal.

18

Escribe una carta a tu corresponsal sobre las vacaciones. Debes mencionar adónde te gustaría ir, lo que te gustaría hacer allí, y por qué.

Ejemplo:

> Querido amigo:
> Me gustaría ir de vacaciones a las Islas Baleares. Son más bellas que las ciudades, y me gusta el mar. Me gustaría hacer windsurf o tomar el sol en la playa. Me gustaría también bailar en las discotecas. Es más divertido que visitar los museos y los monumentos. ¡Qué latazo! Las Islas Baleares son más interesantes que Madrid o Barcelona, y Mallorca es la mejor de las islas.
> Saludos
> John

19

Lee el artículo. ¿Qué deportes se pueden practicar en Pamplona? Escoge los símbolos que convengan.

a b c d e f g
h i j k l m n
o p q r s

Mi casete personal

¿Más o menos?

Graba dos o tres frases en tu casete personal sobre lo que te gusta hacer y lo que no te gusta hacer, explicando por qué.

Frases a utilizar:
me gusta; no me gusta; más … que; menos … que; tan … como; el/la más … de todo

Para ayudarte

Vocabulario
al fin – at the end
bello (adj) – beautiful
caro (adj) – expensive
enseñar (v) – to show
extinto (adj) – extinct
mes (nm) – month
partido (nm) – match, game
profundo (adj) – deep
¡qué latazo! – what a bore!
ruta (nf) – route
sitio (nm) – place
volcán (nm) – volcano

Pamplona deportiva

EN PAMPLONA hay muchos polideportivos y piscinas municipales distribuidos por toda la ciudad. Se puede hacer jogging en los parques, o hay muchos gimnasios donde se puede practicar aeróbic, squash o artes marciales. Se puede ver un partido profesional de pelota, el juego típico de la región, en el frontón de Huarte, a unos 5 km de Pamplona. La región de Pamplona también ofrece muchas rutas atractivas para los aficionados de la bicicleta, y para los amantes del golf hay el Club Ulzama, a unos 21 km por la carretera de Irún. En la laguna La Morea en Beriaín, a unos 8 km, se puede practicar vela, windsurf o equitación, y se puede asistir a un partido de fútbol durante la temporada en el Estadio de El Sadar, donde juega el equipo del Club Atlético Osasuna.

Un partido de pelota

UNIDAD OCHO

Speech bubbles (comic):
¿Adónde vamos con la señora Juárez, papá?
Pues, no sé. ¿Qué opinas tú?

La ciudad antigua, por cierto. Está la Plaza del Castillo, que es muy animada…

… o se puede dar un paseo por el Parque de la Media Luna. Me gusta mucho, porque es un parque que tiene muchas flores y pérgolas.

Se puede visitar la catedral, que es muy impresionante.

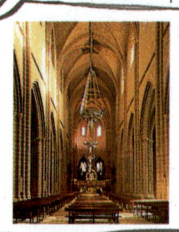

… y también está la Ciudadela, que es muy interesante.

… o se puede visitar el Palacio de Navarra. Se puede ver el Salón del Trono, que es magnífico.

Se pueden hacer muchas cosas y hay mucho que ver, ¿no?

20

Lee el texto y escucha la conversación. ¿De qué se trata? Empareja los sitios con las descripciones.

Ejemplo: **1 d)**

1 Es el sitio que tiene flores.
2 Es el edificio que es muy impresionante.
3 Es el sitio que es magnífico.
4 Es el sitio que es muy interesante.
5 Es el sitio que es muy animado.

a) El Salón del Trono
b) La Ciudadela
c) La Plaza del Castillo
d) El Parque de la Media Luna
e) La Catedral

Gramática

To talk about local attractions or things to do and places to go in your area, you can use:
- *hay* … for a straightforward list
- *se puede* + infinitive for things to do or see.

Hay un polideportivo, restaurantes …
Se puede visitar el castillo.
Se puede dar un paseo en el parque.

Write more things to do, using *hay* and *se puede*. Use your dictionary if necessary.

21

Escucha la grabación. Escribe los sitios en el orden de la cinta.

Ejemplo: **1 la Ciudadela**

Parque de la Taconera
Ronda del Obispo Barbazán
Museo de Navarra
la Ciudadela   Museo Diocesano
la Iglesia de San Lorenzo

120   ciento veinte

UNIDAD OCHO

22

Túrnate con tu pareja. Mira los dibujos de abajo y los de la página 120.

Ejemplo:

A: ¿Qué hay que ver en Pamplona?

B: Se puede ir de compras.

23

Escribe un artículo o un poema sobre tu pueblo o ciudad. ¿Qué hay que ver? ¿Qué hay de interés para los turistas? ¿Qué se puede hacer? Utiliza fotos o dibujos para ilustrar el artículo o el poema.

Para ayudarte

Vocabulario

animado (adj) – busy
cierto (adj) – certain (por cierto = certainly)
¿de qué se trata? – what's it about?
edificio (nm) – building
impresionante (adj) – impressive
opinar (v) – to think

Para ayudarte a hablar

To improve your fluency, try preparing a short recording on some familiar topics. Prepare a few sentences and record them, trying to speak without long pauses. Another way to help you get used to speaking fluently in Spanish is to record yourself reading a piece of text – for example, one of the letters in this unit, or the text on families in Spain on page 113. Ask your teacher to listen to the recording and give you advice on how to improve your performance.

Gramática

Using *que* to say 'which' or 'that'

You can use the word *que* to link two short sentences to make a longer one. It is called a 'relative' pronoun because it 'relates' one part of the sentence to the other.

Hay la catedral. Es impresionante.
Hay la catedral que es impresionante.

Compro pan en el pueblo. Es bueno.
El pan que compro en el pueblo es bueno.

So *que* means 'which' or 'that'. We often miss these words out in English, but *que* is never omitted in Spanish.

UNIDAD OCHO

24

Lee el texto y escucha la conversación. Empareja las frases con las ilustraciones.

Ejemplo: **1 d**

1 He terminado mis deberes.
2 He quitado la mesa.
3 He dejado la puerta abierta.
4 He perdido mi monedero.
5 He sacado la basura.
6 He cerrado la ventana.

a   b   c

d   e   f

Gramática

The perfect tense

This tense is used to describe an action which has been finished. You use it to talk about things you have done. It has two parts to it:

The present tense of *haber* tells you who has done the action. It means 'have' or 'has'.

+

the past participle of the action verb. This part of the verb tells you what action has taken place, e.g. 'closed', 'eaten', etc – see page 116.

You will need to know all the parts of the verb *haber*:

he – I have
has – you (singular, informal) have
ha – he/she/it has, you (singular, formal) have
hemos – we have
habéis – you (plural, informal) have
han – they have, you (plural, formal) have

Now put the two parts of the tense together.

He sacado la basura. I have taken the rubbish out.
Hemos comido todo el queso. We have eaten all the cheese.
¿Has venido en coche? Have you come by car?

It is important to note that the two parts of the tense can never be separated by other words, so the negative goes in at the beginning of the expression.
No *he hecho mis deberes.* I haven't done my homework.

25

Túrnate con tu pareja.

A: ¿Has pasado la aspiradora?

B: Sí, he pasado la aspiradora.

No, no he pasado la aspiradora.

Comic dialogue:

¿Estás lista?
Un momento, papá. He perdido mi monedero. Ah, aquí está.

Yo tengo dinero. ¿Has cerrado la ventana de tu dormitorio?
Sí, papá, he cerrado la ventana.

¿Y has quitado la mesa?
Sí, papá, he quitado la mesa.

¿Y has sacado la basura?
Sí, papá, he sacado la basura.

¿Y has terminado los deberes?
Sí, papá, he terminado los deberes.

Bueno, vamos. Tengo hambre.
Pero papá, ¡has dejado la puerta abierta!

122 ciento veintidós

UNIDAD OCHO

26

Tu corresponsal ha salido para comprar regalos para su familia, y deja este recado. ¿Qué ha hecho antes de salir? Escribe el recado en inglés.

> He salido para comprar regalos para mi familia. He quitado la mesa y he lavado los platos. He arreglado mi dormitorio y he hecho mi cama. No he pasado la aspiradora - no he tenido tiempo. He terminado el zumo de naranja de la nevera. Voy a comprar otro paquete en el supermercado. Hasta pronto,
>
> Javier.

27

Estás en casa de tu corresponsal en España. Has hecho unas tareas domésticas. Escribe una nota en español para decir qué has hecho. Para el vocabulario mira la Unidad 2.

28

¿Has hecho algo especial en la vida? ¿Has visto a algún actor de cine, o un cantante muy famoso? ¿Has visitado un país exótico de vacaciones? ¿Quieres fanfarronear un poco? Haz un póster con una descripción y unas ilustraciones. Utiliza un diccionario si es necesario.

He visitado la luna de vacaciones.

29

Escucha el mensaje de Ana en el contestador automático. ¿Qué ha hecho antes de salir con Maite? Escoge las ilustraciones que convengan.

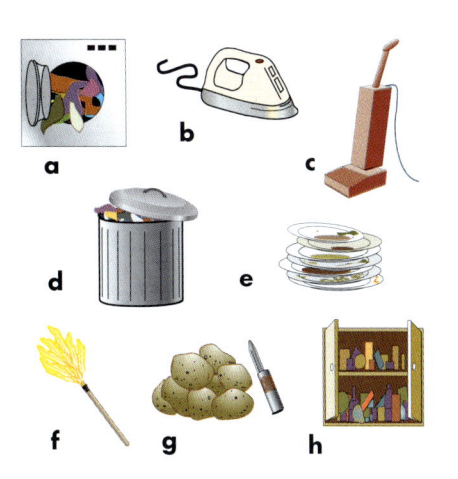

Para ayudarte

Vocabulario
contestador (nm) automático (adj) – answerphone
extranjero (nm) – other countries (ir al extranjero = to go abroad)
fanfarronear (v) – to boast
recado (nm) – message

Para ayudarte a hablar
If you forget the name of an object, say something about it which will give a clue. Can you say what size, colour, material it is, or what it is used for or where? See if you can work out what these objects are.

1 Es una cosa que está en la mesa. Se utiliza para cortar la carne.
2 Es pequeño. Se utiliza para beber el café.
3 Es de plástico. Puede ser azul, rojo, negro o verde. Se utiliza para escribir.
4 Es una cosa que está en el cuarto de baño. Sirve para secar las manos.
5 Es una pequeña parte del uniforme escolar. Se lleva con la camisa.

Mi casete personal

He ido a ...
¿Has ido al extranjero? ¿Has comido paella? ¿Has visitado una ciudad española? ¿Has pasado las vacaciones en las Islas Canarias? ¿Has tomado el sol en una playa española? Prepara y graba unas frases para contestar las preguntas.

ciento veintitrés 123

UNIDAD OCHO

Gramática

Using adjectives to describe people
Remember, adjectives need to match the nouns they are describing – masculine with masculine, plural with plural, etc.

un vestid**o** roj**o**	a red dress
una chaquet**a** negr**a**	a black jacket
los oj**os** verd**es**	green eyes
unas zapatill**as** blanc**as**	white trainers

Remember also that adjectives usually come after the noun they are describing.

Some important past participles
Look again at the information about past participles on page 116. Some of the most useful verbs have irregular past participles. It is worth learning this list by heart so that you can use these verbs in the perfect tense.

abrir	to open	abierto	opened
decir	to say	dicho	said
escribir	to write	escrito	written
hacer	to do	hecho	done
morir	to die	muerto	died
poner	to put	puesto	put
romper	to break	roto	broken
ver	to see	visto	seen
volver	to return	vuelto	returned

30

Empareja las frases con las ilustraciones.

Ejemplo: **1 b**

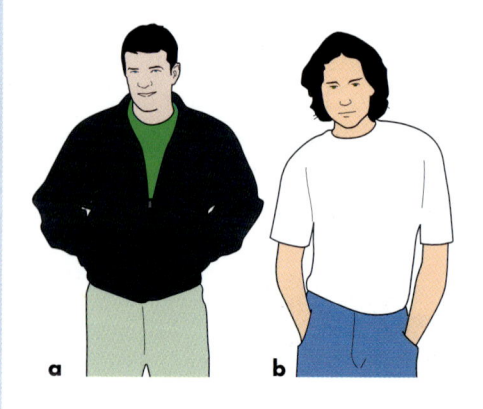

1 los ojos azules
2 el pelo corto y negro
3 unos vaqueros azules
4 los ojos verdes
5 el pelo largo y negro
6 una camiseta verde
7 una camiseta blanca
8 una chaqueta de cuero negro

UNIDAD OCHO

31

Túrnate con tu pareja.

a) €17,95
b) €19,75
c) €27,20
d) €21,50
e) €11,75
f) €28,35

Ejemplo:

A: ¡Oiga, camarero! La cuenta, por favor. ¿Cuánto es en total?

B: Once euros 75, por favor.

A: ¿Letra **e**?

B: ¡Correcto!

Para ayudarte

Vocabulario
blusa (nf) – blouse
chaqueta (nf) – jacket
delgado (adj) – thin, slim
en seguida – immediately
espaguetis (nmpl) – spaghetti
flan (nm) – caramel pudding
gamberro (nm) – hooligan, lout
gaseosa (nf) – lemonade
gordo (adj) – stocky, fat
ladrón (nm) – thief
parar (v) – to stop
¡perdón! – sorry!
pollo (nm) – chicken
trucha (nf) – trout
vaqueros (nmpl) – jeans

32

Escucha las descripciones. ¿Quién es? Empareja las descripciones con las fotos. ¡Atención! Hay una descripción que sobra.

Ejemplo: **1c**

a   b   c   d

33

Empareja las descripciones con las ilustraciones.

Ejemplo: **1 c**

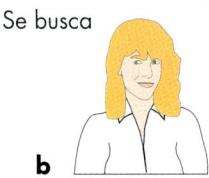

Se busca   Se busca   Se busca   Se busca

a   b   c   d

1 Tiene el pelo largo y castaño, con los ojos marrones, bastante delgado. Lleva una camisa roja y una chaqueta negra.
2 Tiene el pelo largo y rubio, con los ojos verdes, bastante delgada. Lleva una blusa blanca.
3 Tiene el pelo corto y negro, con los ojos azules, bastante gordo. Lleva una camiseta azul.
4 Tiene el pelo corto y castaño, con los ojos negros, bastante gorda. Lleva un vestido verde.

34

Escoge o inventa un personaje. Utiliza una foto o dibuja la persona. Escribe una descripción debajo de la foto o el dibujo.

Mi casete personal

Una descripción
Escribe dos o tres frases para describir un miembro de tu familia, o un amigo. Grábalas en tu casete personal. Mira los ejercicios 32, 33 y 34 antes de empezar.

ciento veinticinco **125**

UNIDAD OCHO

Ya lo sé

A Poema

Lee el poema. Escribe las letras de las fotos en el orden del poema.

PAMPLONA
Visita la Ciudadela que es muy interesante,
Un partido de Osasuna, ¡ay, qué emocionante!
Hay parques, hay tiendas, restaurantes, bares, cines,
Y el día siete de julio los famosos Sanfermines.
Un ambiente acogedor, donde puedes relajarte,
Con el vino y la comida, la historia y el arte.
Se puede ir de compras o ver los monumentos.
Hay algo para todos –¡Pamplona es tremendo!

Ejemplo: e, …

B Una carta

Escribe una carta a la Oficina de Turismo de Pamplona. Quieres obtener información sobre:

- los monumentos
- los sitios de interés
- los deportes
- las fiestas
- las tiendas
- los restaurantes
- la región en general

Dirección:
Duque de Ahumada
Pamplona

C Un póster

Haz un póster turístico de Pamplona. Utiliza la información en este libro, o los folletos sobre la ciudad.

D Un diálogo

Escribe un diálogo en un restaurante. Escoge una de estas escenas:

- El camarero es muy descortés, indiferente o sordo.
- El camarero se equivoca, y trae platos incorrectos.
- Hay un error en la cuenta, pero el camarero no lo cree.
- Hay una disputa entre dos clientes – el padre que trabaja muchas horas, y el niño que nunca pasa tiempo con él, por ejemplo.
- Es el cumpleaños de un amigo. ¿Qué regalos recibe en el restaurante?

Utiliza un diccionario. Con un amigo, graba el diálogo.

UNIDAD OCHO

E Las Fiestas de San Fermín

1 Lee este artículo sobre las Fiestas de San Fermín en Pamplona. Utiliza un diccionario para buscar las palabras nuevas. Apunta lo que significan en inglés.
2 Escribe una descripción de las fiestas en inglés para un amigo que no habla español.

Las Fiestas de San Fermín

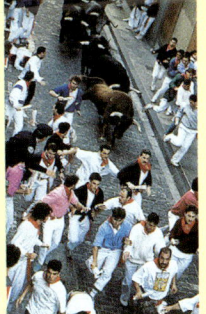

A las doce en punto del día seis de julio, hay una explosión en el cielo encima de Pamplona. Es el cohete que anuncia el comienzo de una de las fiestas más populares del mundo, las Fiestas de San Fermín. Las fiestas duran nueve días, y hay mucho que ver y hacer en Pamplona durante estos días. Hay mucha movida en las calles, y se puede oír música, se puede cantar y bailar, beber y comer, y las calles están llenas de alegría y de buen humor.

Es una fiesta del toro también, y cada mañana hay un 'encierro de toros'. Durante el encierro los toros corren por las calles hacia la Plaza de Toros. Los hombres jóvenes de Pamplona, todos vestidos en los colores tradicionales, camisa, pantalón, y zapatos blancos con un cinturón de material rojo y un pañuelo rojo al cuello, corren delante de los toros. Llevan un periódico en la mano, y cuando un toro está demasiado cerca, golpean* el toro en el hocico. Es muy peligroso, y de vez en cuando hay accidentes cuando un joven cae* en la calle y puede resultar herido o muerto, embestido por los toros.

Hay una canción tradicional que se canta sobre Los Sanfermínes. ¡Aprende la canción y cántala!

Uno de enero
Dos de febrero
Tres de marzo
Cuatro de abril
Cinco de mayo
Seis de junio
Siete de julio San Fermín
A Pamplona hemos de ir, con una media, con una media,
A Pamplona hemos de ir con una media y un calcetín.

* ¡Atención – verbo!

F Se busca

Haz un póster de un personaje famoso, un profesor, un hermano, o un amigo, como en el ejemplo. Escribe la descripción de la persona. Utiliza un diccionario si es necesario.

SE BUSCA

Tiene cuarenta y dos años. Mide un metro ochenta y nueve. Tiene el pelo corto y marrón, sin barba ni bigote, y los ojos marrones. Lleva un jersey azul.

G Una encuesta

Haz una encuesta en tu clase.
Busca una persona que:
… ha visitado España.
… ha comido paella.
… ha escrito a un corresponsal español.
… ha encontrado a una persona española en Inglaterra.
… ha visitado las Islas Baleares.
… ha visitado las Canarias.
… ha comido churros.
… ha bebido chocolate caliente.
… ha montado en caballo.
… ha esquiado.
… ha hecho windsurf.
… ha nadado en el mar en España.
… ha tomado el sol en la playa en España.
… ha hecho camping en España.

Utiliza un diccionario si es necesario. Apunta los resultados.

H Una fiesta

Escribe unas frases sobre una fiesta en la que participas, por ejemplo Navidad, Diwali, Eid, Hanukah. ¿Qué se come de especial? ¿Hay ceremonias especiales? ¿Se dan regalos? ¿Hay fuegos artificiales o algo así? ¿Se viste un traje tradicional?

Graba las frases en tu casete personal, y luego habla a la clase sobre la fiesta. Utiliza fotos, dibujos o objetos típicos para ilustrar la presentación.

ciento veintisiete **127**

Unidad nueve

El cumpleaños de Miguel

Háblame sobre lo que pasó el día del accidente. No sé cómo ese coche no te vio.

Pues el coche llegó de repente a toda velocidad. No pudo pararse. Era demasiado tarde cuando lo vi. ¡Qué susto!

¡Ay madre mía! ¿Y qué te pasó después?

Alguien llamó la ambulancia pero tardó casi 50 minutos en llegar. ¡Qué horror! Alguien me puso una manta encima. Al llegar la ambulancia, me llevaron al hospital. Vi al médico. Allí se dieron cuenta de que tenía una pierna rota.

¿Qué hicieron entonces?

Me operaron, me pusieron unos puntos y después me escayolaron la pierna como la ves hoy.

Pero ¿estás bien ahora?

Pues bastante bien, pero me duele un poco la cabeza.

1

Lee y escucha el diálogo y empareja las frases de las dos columnas.

Ejemplo: **1 e)**

1 Me llevaron
2 Alguien me puso
3 Alguien llamó
4 La ambulancia
5 Me pusieron
6 El coche

a) la ambulancia.
b) llegó a toda velocidad.
c) unos puntos.
d) una manta encima.
e) al hospital.
f) tardó casi una hora.

2

El texto de los dibujos se ha mezclado. Identifica el orden lógico.

Ejemplo: **b)**, …

a) Llevaron a Miguel al hospital.
b) Un coche le causó un accidente.
c) Escayolaron la pierna.
d) Vió al médico.
e) Una ambulancia llegó 50 minutos después del accidente.
f) Le operaron.

Gramática

Talking about the past – using the preterite tense

There are different tenses you can use to talk about what happened in the past. In Spanish the preterite tense is the one used most often. There are only two patterns that you need to know for regular verbs, because -er and -ir verbs have the same endings in the preterite. Here are the patterns:

cantar

cant**é** – I sang
cant**aste** – you sang
cant**ó** – he/she/it sang, you sang
cant**amos** – we sang
cant**asteis** – you sang
cant**aron** – they sang, you sang

comer

com**í** – I ate
com**iste** – you ate
com**ió** – he/she/it ate, you ate
com**imos** – we ate
com**isteis** – you ate
com**ieron** – they ate, you ate

vivir

viv**í** – I lived
viv**iste** – you lived
viv**ió** – he/she/it lived, you lived
viv**imos** – we lived
viv**isteis** – you lived
viv**ieron** – they lived, you lived

Some common verbs have irregular preterite forms, for example *hacer* and *poner*:

¿Qué hiciste ayer?
Alguien me puso una manta encima.

Some more irregular preterites of useful verbs are given in Unit 10.

UNIDAD NUEVE

3
Escribe lo que hiciste ayer.

Ejemplo: Ayer visité a mi amiga, comimos en casa pollo y patatas fritas, después tomamos un café en el centro. Después bailamos en una discoteca.

4
Empareja los dibujos con lo que oyes.

Ejemplo: **1 c**

a   b   c   d   e   f

5
Utiliza los dibujos para hablar en grupos.

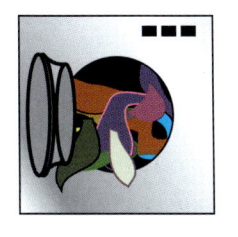

Ejemplo:

A — ¿Qué hiciste ayer?

B — Ayer lavé la ropa. ¿Qué hiciste ayer?

C — Ayer estudié.

6
Escucha el texto y rellena los huecos con los verbos que faltan.

Ejemplo: **(a)** decidimos

Ayer mi padre y yo **(a)** _____ ir a un restaurante. **(b)** _____ de los planes para las vacaciones. Nos **(c)** _____ la idea de estar juntos en Pamplona para descansar. **(d)** _____ y **(e)** _____ mucho. Mi padre **(f)** _____ la cuenta. De repente un chico **(g)** _____ su cartera. Mi padre **(h)** _____ a la policía inmediatamente.

Mi casete personal

Lo que hiciste ayer

Graba unas frases sobre lo que hiciste ayer por la tarde.

Ejemplo: Ayer comí tortilla y patatas fritas. Miré la televisión. Leí un libro. Estudié y me acosté temprano.

Para ayudarte

Vocabulario

a toda velocidad – at full speed/flat out
allí (adv) – there
darse (v) cuenta de – to realise (something)/be aware of
de repente (adv) – suddenly
descansar (v) – to rest
encima (adj) – on top
era – it was
escayolar (v) – to put in plaster
manta (nf) – blanket
pararse (v) – to stop
¡qué susto! – what a fright!

UNIDAD NUEVE

1. ¿Sabéis que el miércoles es el cumpleaños de Miguel, y está en el hospital? ¿Qué sorpresa podemos organizar para él?

2. Lo malo es que de momento se siente cansado. Sería mejor quizás organizar algo después de su salida, ¿no te parece?

3. No, lo mejor para mí es ir al hospital, así no se lo espera. Le causa más alegría, y vamos a ayudar a Miguel a ponerse mejor pronto.

4. Sí, lo bueno de ese hospital es que dejan entrar a seis personas a la vez para ver a los enfermos, así podemos ir todos.

5. Lo difícil es que no hay mucho tiempo para hacer todas las compras.

7

Escucha el texto y empareja las expresiones con los dibujos a–d abajo.

1. lo bueno
2. lo difícil
3. lo malo
4. lo mejor

Gramática

lo + adjective = the ... thing ...

A good way of giving an opinion about something is to use *lo* followed by an adjective. This is particularly useful when you want to talk about pros and cons.

*¿El uniforme escolar? Pues, **lo bueno es que** no hay que pensar en la ropa para el instituto, **lo malo es que** no es ni cómodo ni práctico.*

The personal *a*

Whenever the object of a verb is a person, the 'personal a' goes in front:

*Visité **a** Miguel en el hospital ayer. Conozco **al** médico.*

8

Clasifica las opiniones. Para cada opinión escoge B (Lo bueno es que …) o M (Lo malo es que …).

Opiniones

1. Hay parques y monumentos.
2. Tengo muchos amigos.
3. Es muy divertido.
4. Es bueno para la salud.
5. Cuesta dinero.
6. Hay mucho tráfico.
7. Se puede relajar.
8. Es un poco aburrido.
9. Hay muchos deberes.
10. Hay mucha diversión.

130 ciento treinta

UNIDAD NUEVE

9

Escucha la canción. Copia y completa la tabla.

	Ventajas	Inconvenientes
Vivir en el campo		
Llevar uniforme escolar		
Vacaciones en la montaña		

10

Mira el catálogo de regalos de abajo y completa las frases.

1 …lo bueno es _____
2 …lo malo es _____
3 …lo peor _____
4 …lo mejor _____
5 …lo fenomenal _____
6 …lo fantástico _____

€21,50
€1,20
€2,30
€1,50
€4,50
€4300

Ejemplo: Me gusta mucho el ordenador pero lo malo es que es muy caro.

verde caras barato amarilla
azules   roja
     caro
verdes caros negra rojos

11

Lee la carta. Después escribe una carta a tu corresponsal sobre tu último cumpleaños.
¿Qué regalos recibiste?
¿De quién?

> Querida Juana:
> La semana pasada fue mi cumpleaños. ¡Qué alegría y qué bien lo pasé! Recibí muchos regalos de mi familia y mis amigos. Mi madre me dio una bicicleta azul estupenda. Mis abuelos me dieron dinero, mis tíos me regalaron ropa, y mis amigos me dieron unos CDs, chocolates, perfume…

12

Escucha la grabación y empareja los diálogos con los dibujos.

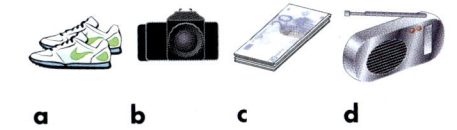

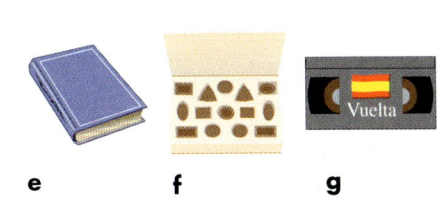

a   b   c   d

e   f   g

Mi casete personal

Regalos

Graba unas frases sobre los regalos que recibiste para tu último cumpleaños. Mira la carta que escribiste sobre este tema para el ejercicio 11.

Para ayudarte

Vocabulario

alegría (nf) – joy
cansado (adj) – tired
enfermo (nm) – patient
peor (adj) – worse/worst
último (adj) – last
a la vez (adv) – all together, at the same time

Para ayudarte a escribir

How do you check that what you have written is correct? It helps if you have a system. Try using the checklist below – copy it out and use it next time you write a piece in Spanish.

Nouns – correct gender?
Adjectives – correct ending to match the noun? Correct position?
Verbs – correct tense? Is it regular or irregular? Correct ending for the person?
Spelling – double letters? Accents?

UNIDAD NUEVE

> Marisol visita a la señora Ortega.
>
> Buenos días, Señora Ortega. ¿Cómo van las cosas?
>
> Bien, pero sin Miguel el trabajo me es más difícil. ¿Cómo está Miguel ahora?
>
> Está un poco mejor. Justamente quería saber si usted quiere ir conmigo al hospital para darle una sorpresa.
>
> ¡Claro, me gustaría mucho ir contigo! Voy a comprar un regalo para él. Creo que le va a gustar muchísimo...
>
> Mi hermano está un poco triste en el hospital. Tiene muchos amigos pero sin ellos se siente muy solo.
>
> Lo comprendo muy bien. No veo mucho a mis hijas ahora y también me siento muy sola sin ellas.

13

Escoge el pronombre adecuado de la casilla para rellenar los huecos.

Ejemplo: **1** *él*

| ella | ellos | él | ellas | él |

1 ¿La señora Ortega va a comprar un regalo para Miguel? Sí, va a comprar un regalo para _____.
2 ¿La señora Ortega quiere ir al hospital con Marisol? Sí, quiere ir con _____.
3 ¿Sin Miguel el trabajo es más difícil? Sí, sin _____ es más difícil.
4 ¿Sin sus amigos Miguel se siente muy solo? Sí, sin _____ Miguel se siente muy solo.
5 ¿La señora Ortega se siente sola sin sus hijas? Sí, se siente sola sin _____.

14

Túrnate con tu pareja.

A – Invita a tu pareja.
B – Acepta o rechaza la invitación y da una razón.

Ejemplo:

A: ¿Quieres venir conmigo al polideportivo hoy?

B: Sí, quiero ir contigo. Podemos jugar al tenis o al squash.

No gracias, hoy no puedo ir contigo, tengo muchos deberes y tengo que ayudar a mi padre.

Gramática

Using pronouns with prepositions

Look back at page 18 in Unit 2, to revise pronouns. Remember that in Spanish pronouns are normally used only for emphasis or if you need to clarify who you are talking about. However, they are also often used after prepositions such as:

sin – without
con – with
a – to

para – for
detrás de – behind
de – from

sin ti	without you (singular, informal)
detrás de mí	behind me (the accent on *í* shows it is not *mi* = 'my')
sin él	without him/it (the accent shows it is not *el* = 'the')
con ella	with her/it
para nosotros	for us
con vosotros	with you (plural, informal)
a ellos	to them

NB with *con* the first and second persons singular become **conmigo** ('with me') and **contigo** ('with you').

¿Te gustaría venir **conmigo**?
Quisiera bailar **contigo**.

UNIDAD NUEVE

15

Lee la invitación y decide si las frases son verdaderas o falsas. Escribe V o F.

> Querida Alicia:
> Quisiera invitarte a mi cumpleaños la semana que viene. Mis padres dicen que puedo organizar una fiesta en casa con quince de mis amigos. Te quiero invitar a ti primero porque eres mi mejor amiga y si quieres puedes ayudarme con la organización. ¿Puedes ocuparte de la música? Si vienes conmigo de compras el jueves, vamos a comprar toda la comida y las bebidas. Me gustaría ir contigo también a comprar un vestido nuevo para la fiesta. ¡Qué bien! Me encantan los cumpleaños. A ti también ¿verdad?
> Escríbeme pronto. Besos.
> Luisa

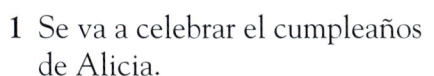

1. Se va a celebrar el cumpleaños de Alicia.
2. El cumpleaños es esta semana.
3. A Alicia le gustan las fiestas.
4. Luisa puede invitar a 50 de sus amigos.
5. Luisa quiere ir sola a comprar su vestido.

16

Escribe una nota a tu amigo/a español/española: invítale a salir contigo o a venir a una fiesta. Mira la carta de Luisa para ayudarte.

17

Escucha los mensajes en el contestador automático. Copia y completa la tabla de abajo.

	¿quién?	¿adónde?	otros detalles
Ejemplo: 1	Juan	patinar	ir al centro en autobús

18

Un fin de semana: actividades

viernes
- Visita del museo de cerámica a partir de las 10.30 horas.
- Merienda en el campo. Llevar cada uno sus bocadillos.
- Discoteca Barbarela a partir de las 23.00 horas.

sábado
- Playa y natación.
- Tarde libre.
- Concierto de música pop y baile a las 21.00 horas.

domingo
- Visita del castillo antiguo con guía.
- Restaurante "La pesca" a las 14.00 horas.
- Excursión a la playa. Natación y concurso de voleibol.

Lee el programa para los jóvenes y decide si las frases son verdaderas (V) o falsas (F).

1. Puedes ir dos veces a bañarte.
2. El concierto de música pop empieza a las ocho de la tarde.
3. La visita del castillo va a ser con comentarios.
4. La comida está incluida en la merienda.
5. Hay tiempo libre incluido en el programa.

Mi casete personal

Invitaciones

Graba en tu casete personal frases para:

1. Invitar a tu amigo a salir contigo.
2. Aceptar una invitación.
3. Rechazar con cortesía una invitación y dar una razón por qué no puedes salir.

Para ayudarte

Vocabulario

comentario (nm) – commentary
cortesía (nf) – politeness
justamente (adv) – precisely/just
mensaje (nm) – message
merienda (nf) en el campo (nm) – picnic
patinar (v) sobre hielo (nm) – ice-skating
polideportivo (nm) – sports centre
rechazar (v) – to reject

Cómo aprender el vocabulario

Write out new words on slips of paper. Turn them face down and remove one slip without looking at it. Turn over the rest of the slips and see if you can remember which one is missing. Gradually increase the number of slips you remove.

ciento treinta y tres 133

UNIDAD NUEVE

19

Empareja las frases de las dos columnas.

Ejemplo: **1 d)**

1 Hoy es el cumpleaños de Miguel
2 Está triste porque
3 Nadie más
4 Su hermana
5 Marisol se acordó
6 El año pasado

a) se ha acordado de su cumpleaños.
b) le ha traído un regalo.
c) Miguel bailó mucho en la fiesta.
d) pero está en el hospital.
e) sus padres no han venido a verle.
f) del nombre de su grupo favorito.

Gramática

You know that the preterite tense is used to talk about actions or events which were completed some time ago.

The perfect tense (look back at page 122) is used, as in English, to talk about a more recent action or event.

Sí, mamá, **he arreglado** mi dormitorio.

20

Con tu pareja haz preguntas y respuestas según el ejemplo.

Ejemplo: **1**

A ¿Has hecho tus deberes?

B No, pero he lavado el coche.

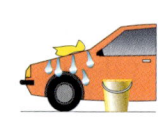

21

¿Qué pasó?
Escribe una frase para cada imagen para describir lo que pasó la semana pasada.

Ejemplo: **1** *Vi la televisión*.

Comic speech bubbles:

- Ahora hermano, ¿cómo te sientes el día de tu cumpleaños?
- Regular, me duele la cabeza y también me duele la pierna. ¿Me has traído un regalo?
- Pues sí, creo que va a gustarte, mira . . .
- ¡Qué bien! Un CD de 'Los Lobos Rojos', te acordaste de que es mi grupo favorito.
- Pero ¿nadie más de la familia se ha acordado de mi cumpleaños?
- Pues sí . . . ¡Qué lástima! ¿No te han llamado por teléfono?
- ¡Qué va! Ni siquiera una postal . . . todos me han olvidado. Dieciocho años y en el hospital en vez de hacer una fiesta . . . ¿Te acuerdas de la fiesta que hicimos el año pasado?
- Sí, bailaste mucho y todos tus amigos cantaron una canción muy divertida que inventaron ellos.
- Sí, lo pasamos bomba. Claro que no voy a bailar este año.

UNIDAD NUEVE

22

Escucha la grabación. Copia la tabla y apunta los detalles del robo.

Día	Hora	Tiempo	¿Qué pasó exactamente?

23 El botiquín

Para ayudarte

Vocabulario
acordarse (ue) (v) de – to remember
algodón (nm) – cotton wool, cotton
botiquín (nm) – first aid box
en vez de – instead of
herida (nf) – injury
ni siquiera – not even
olvidar (v) – to forget
¡qué lástima! – what a shame
¡qué va! – of course not!

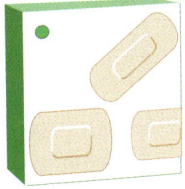

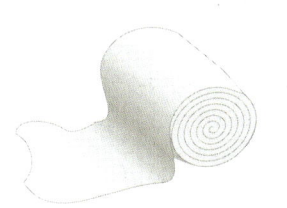

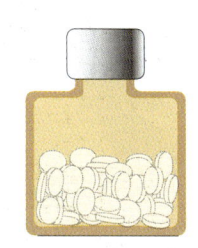

1 Empareja las palabras con los dibujos. Utiliza un diccionario.

Ejemplo: a las tiritas

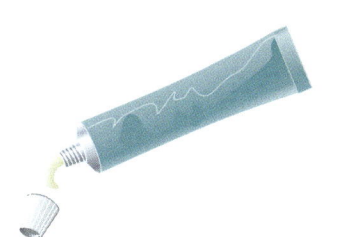

a   b   c   d
e   f   g   h
                 i

el jarabe   las tijeras   las aspirinas   el algodón   el tubo de crema
el termómetro   la venda   las tiritas   las pastillas

2 Copia y completa las frases. Utiliza las palabras de la casilla de arriba.

a) Cuando te has cortado el dedo, se utiliza …
b) Cuando tienes tos, se utiliza …
c) Cuando tienes una herida grave, se utiliza …
d) Cuando tienes fiebre, se utiliza …
e) Cuando tienes que limpiar una herida, se utiliza …
f) Cuando tienes una quemadura o picadura de insecto, se utiliza …
g) Cuando hay que cortar una venda, se utiliza …
h) Cuando te duele la garganta, se utiliza …
i) Cuando te duele la cabeza, se utiliza …

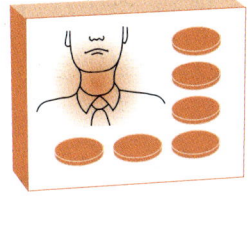

UNIDAD NUEVE

Gramática

Adding *lo, la* etc. to infinitives

When two verbs go together, the second verb is always an infinitive.

Quisiera **comprar** una bici.	I'd like to buy a bike.
No puedo **comer** los churros.	I can't eat churros.
Voy a **escribir** a mi abuela.	I'm going to write to my gran.

When an object pronoun is also used, it is often added to the end of the infinitive.

Quisiera **comprarla**.	I'd like to buy it.
No puedo **comerlos**.	I can't eat them.
Voy a **escribirle**.	I'm going to write to her.

Expressing your reactions

There is a range of useful expressions in Spanish which you can use to show your reaction to something. The pattern is simple:

¡qué ...! + noun or adjective

¡Qué tonto!	How silly!
¡Qué sorpresa!	What a surprise!
¡Qué triste!	How sad!
¡Qué maravilla!	How wonderful!
¡Qué susto!	How scary!
¡Qué aburrido!	How boring!

24

Empareja los dibujos con las expresiones.

1
2
3
4
5

a) ¡Qué maravilla!
b) ¡Qué susto!
c) ¡Qué aburrido!
d) ¡Qué tonto!
e) ¡Qué sorpresa!

Comic strip

¡Qué aburrido! Estoy harto de todo esto.

Miguel, ¿quieres ir al salón para ver un poco la tele? Creo que hay una carrera ciclista . . . ¿Quieres verla?

¡Qué buena idea! Llévame ahora en la silla de ruedas!

Vale, vamos ahora.

¡Feliz cumpleaños, Miguel!

Pero . . . ¡qué sorpresa! . . . No puedo hablar – ¡No me habéis olvidado!

Te hemos traído una sorpresa. Mira . . .

¡Una bicicleta nueva! ¡Qué maravilla!

¡Qué bonita! ¿Te gusta, Miguel?

Me encanta . . . Pero ¡qué frustración! ¡Quisiera probarla inmediatamente! ¡Mil gracias! Éste es el mejor cumpleaños de mi vida. Nunca voy a olvidarlo.

UNIDAD NUEVE

25

Con tu pareja da tu opinión sobre estas actividades.

Ejemplo:

A: ¿Te gustaría ir al cine hoy?

B: Sí, ¡qué interesante! Hoy ponen una película excelente.

¡Qué lástima! No puedo ir contigo, tengo muchos deberes.

28 *Un poema*

Lee el poema. Dibuja los regalos que recibió esta persona para su cumpleaños. ¿Puedes ilustrar los regalos que no recibió?

Ayer fue mi cumpleaños.
Me compraron
Ropa
Unos CDs
Casetes vídeo
Chocolate
Pósters
Libros
Una máquina fotográfica
Un walkman
Un reloj de oro
¡Qué suerte!
¡Qué ilusión!
No me compraron
Comida para los hambrientos
Trabajo para los parados
Medicamentos para los enfermos
Abrigo para los sin hogar
Paz para las víctimas de guerra
Esperanza para un mundo contaminado
¿Qué suerte?
¿Qué ilusión?

29

Escucha la conversación y empareja las personas con sus regalos.

Ejemplo: María – 1, 10

26 *Trabajo con diccionario*

Escribe una lista de regalos para personas famosas. Utiliza tu diccionario.

Ejemplo: Para la reina voy a comprar un nuevo perro.

27

Busca y escribe las palabras españolas.

a birthday cake   saint's day
   celebrations
candle   calendar

A los españoles les gustan muchísimo las fiestas. Como en Inglaterra los españoles celebran un cumpleaños con una tarta de cumpleaños y velas encima. Pero no solamente se celebra el cumpleaños, sino que se celebra también otro día especial durante el año. Ese día se llama el día del santo. Los españoles suelen escoger nombres de santos para sus hijos. Es una tradición católica de buscar un nombre en el calendario, donde figuran los nombres de todos los santos católicos. Por ejemplo, el día de San Miguel es el 29 de septiembre.

Mi casete personal

Un cumpleaños ideal
Imagina y describe un cumpleaños fantástico.
¿Qué regalos te regalaron?
¿Quién invitaste a la fiesta?
¿Qué pasó?

ciento treinta y siete 137

UNIDAD NUEVE

Esteban visita a Miguel en el hospital.

1. ¡Esteban! ¡Hola, primo! ¡Qué sorpresa tan fabulosa!

2. Tus padres me contaron tu accidente. ¡Qué horrible!

¡Qué tonto fui! La próxima vez voy a mirar muy bien lo que pasa en la calle.

3. Pero lo terrible es que ahora no puedo trabajar y mi jefa, la señora Ortega, que está aquí, necesita a alguien. Señora Ortega . . . quisiera presentarle a mi primo y gran amigo Esteban.

4. Encantada, Esteban.

Y yo encantado de conocerla a usted.

5. Miguel te ha explicado lo complicado de la situación. Tengo muchos problemas sin él – ¡Qué calamidad!

6. Tengo una idea . . . lo malo es que no puedo moverme de momento pero lo bueno es que otra persona puede ayudarla en seguida. Esteban no trabaja de momento. Es un chico serio que puedo recomendarle, Señora Ortega.

7. ¡Qué buena idea, Miguel! Bueno, Esteban, si quieres un trabajo tienes que presentarte mañana en la tienda con tu curriculum vitae para hablar un poco más conmigo.

8. De acuerdo, Señora. Estaré allí a las nueve en punto.

30

Mira los dibujos y emparéjalos con estos títulos:

a) La señora Ortega está desesperada
b) Miguel es un genio
c) Todos están muy contentos
d) Visita inesperada
e) Esteban tiene una entrevista
f) Se acabaron los accidentes
g) Primeros contactos
h) Miguel no puede trabajar

31

Escucha la canción. Pon las ilustraciones en el orden de los versos.

a   b   c
d   e   f
h   i   j
k   l   m

32

Con tu grupo habla de un trabajo que haces los fines de semana (real o imaginario). Di lo que te gusta y lo que no te gusta.

*Ejemplo: Los sábados trabajo en una tienda, **lo bueno** es que veo a mucha gente pero **lo malo** es que termino muy cansado/a a las seis de la tarde.*

Gramática

If you read the dialogue again, you will see some further examples of:

- **lo + adjective**. Find three examples.
- **¡qué …! + noun or adjective** used to express emotions. Try and find phrases expressing: fright; surprise; happiness; sadness. Look up adjectives or nouns in the dictionary if necessary.
- the **preterite** and the **perfect tense** – identify one example of each.

UNIDAD NUEVE

33

Primero, lee el CV de Esteban. Después lee las frases sobre Esteban y corrige los errores.

1 Nació en Pamplona.
2 Asistió a un instituto en Madrid.
3 En el instituto estudió dos idiomas: francés e italiano.
4 Trabajó en una carnicería.
5 Trabajó durante las vacaciones de Navidad.
6 Le gustan el badmintón y la música clásica.

CURRICULUM VITAE

Nombre: Esteban
Apellidos: Muñoz Torres
Fecha de nacimiento: 18 de noviembre de 1983
Lugar de nacimiento: Madrid
Dirección: C/del Valle, 45, Pamplona
Estudios: COU en el Colegio San José, Pamplona
Asignaturas: Económicas, negocios, matemáticas, inglés, alemán, historia, geografía, lengua.
Experiencia laboral: Dependiente en una zapatería durante las vacaciones de verano, canguro para la familia.
Hobbies: fútbol, cine, música pop, ciencia-ficción

34

Escribe ahora tu propio curriculum vitae. Copia el modelo de Esteban.

35

Escucha a tres jóvenes que hablan de sus empleos.

Escucha la grabación y elige **a** o **b**.

Ejemplo: 1 b)

1 María es   a) peluquera   b) dependiente
2 María gana   a) poco   b) mucho
3 ¿María está contenta con su trabajo?   a) sí   b) no
4 Manuel es   a) dependiente   b) camarero
5 ¿A Manuel le gusta su trabajo?   a) sí   b) no
6 Manuel piensa que trabaja   a) mucho   b) poco
7 Ramona piensa que sus padres son   a) estrictos   b) liberales
8 ¿A Ramona le encanta su trabajo?   a) sí   b) no
9 Su trabajo es   a) penoso   b) fácil

UNIDAD NUEVE

36

Lee los anuncios y contesta las preguntas. Escribe 'sí' o 'no'.

> Buscamos a un joven inteligente entre 20 y 35 años de edad para trabajar en una oficina. Buen conocimiento del inglés útil. Dominio de informática esencial.
> Tel: 923 86 78

> Buscamos a chica o chico para ayudar los sábados en peluquería en el centro. Buen salario y excelentes propinas. No fumador y cortesía esencial. Edad 16–19 máximo.
> Tel: 943 45 23

> Queremos un canguro urgentemente para 3 noches a la semana. Buena remuneración para la persona ideal y posibilidad de dormir en casa si vive lejos del centro. Debe cuidar de 3 niños adorables entre 2 y 8 años. Sólo persona seria y paciente considerada.
> tel: 979 21 12

1 Tienes dieciocho años. ¿Es posible trabajar en la oficina?
2 Para trabajar de peluquero/a, ¿debes trabajar durante la semana?
3 Para ser canguro, ¿es necesario vivir en el centro?
4 Para trabajar en la peluquería, ¿es esencial ser fumador?
5 El sueldo de peluquero, ¿es bueno?

Mi casete personal

Mi empleo

¿Tienes un empleo? Si no tienes, inventa un empleo que quisieras hacer. Graba dos o tres frases sobre el empleo.
¿Qué días trabajas? ¿Para cuántas horas? ¿Cuánto ganas? ¿Qué haces exactamente?

Para ayudarte

Vocabulario
cuidar de (v) – to look after
peluquero (nm) – hairdresser
peluquería (nf) – hairdresser's
propina (nf) – tip (for service)

140　ciento cuarenta

UNIDAD NUEVE

Ya lo sé

A Invitaciones

Es tu cumpleaños. Diseña y escribe tu propia invitación para invitar a tus amigos.

B Una comida muy especial

Para tu cumpleaños fuiste a un restaurante. Escribe en detalle lo que pasó allí, lo que comiste y bebiste y con quién fuiste.

C Tu agenda

Diseña una tarjeta para el cumpleaños de un amigo, con el texto en español.

Felicidades

D Un accidente

Ayer viste un accidente en la calle. Escribe una descripción del accidente para la policía.

Frases útiles:

demasiado rápido *too quickly*
torció *he/she turned*
no vio *he/she didn't see*
pararse *to stop*
llamé *I called*

E Vivir en una ciudad

Escribe frases sobre las ventajas y los inconvenientes de vivir en una ciudad:
Lo bueno es que …
Lo malo es que …

¿Cuáles son las ventajas y los inconvenientes de vivir en el campo?

Unidad diez: La vida de Esteban se mejora

Bueno, hombre, el primer día. ¿Qué tal lo pasaste? ¿Qué hiciste?

Pues, muy bien. Empecé a las siete. Fue un poco duro, ya lo sabes, pero hice un esfuerzo.

Primero fui a ver a la señora Ortega a las siete y cuarto. Es muy simpática, ¿no?

Luego, a las ocho descargué un camión con Juanjo.

Después, a las once, llené los estantes durante una hora. Fue un poco aburrido.

Luego, a mediodía encontré a Juanjo en la cantina. Tomamos un café.

Después, tuve que barrer el suelo del depósito. No fue muy emocionante.

Terminé a las seis y media y fui a casa para tomar una ducha, y aquí estoy.

¿Y qué tal lo pasaste?

Pues lo pasé bastante bien. Es un poco aburrido, pero al fin y al cabo es un empleo, y necesito el dinero.

1

Lee y escucha el diálogo. Escoge la respuesta que convenga.

1. ¿A qué hora empezó Esteban?
   a) Empezó a las seis.
   b) Empezó a las siete.
   c) Empezó a las siete y cuarto.
2. ¿Dónde estuvo a las siete y cuarto?
   a) Estuvo en el depósito.
   b) Estuvo en la tienda.
   c) Estuvo en la oficina de la señora Ortega.
3. ¿Quién descargó el camión con Esteban?
   a) Juanjo descargó el camión.
   b) Suso descargó el camión.
   c) Miguel descargó el camión.
4. ¿Cuántas horas pasó Esteban llenando los estantes?
   a) Pasó media hora.
   b) Pasó una hora.
   c) Pasó una hora y media.
5. ¿Qué hizo con Juanjo a mediodía?
   a) Descargó un camión.
   b) Llenó los estantes.
   c) Tomó un café.
6. ¿Cómo fue el día para Esteban?
   a) Fue un poco aburrido.
   b) Fue muy interesante.
   c) Fue muy emocionante.

Gramática

The preterite tense deals with single completed actions in the past. You have already seen how to form the preterite tense of regular verbs. However, some verbs do not follow the regular pattern. You will often need to use these irregular verbs, both in writing and speaking. There are some examples in the dialogue. The most important are:

hacer	ser	estar	tener	ir
hice	fui	estuve	tuve	fui
hiciste	fuiste	estuviste	tuviste	fuiste
hizo	fue	estuvo	tuvo	fue
hicimos	fuimos	estuvimos	tuvimos	fuimos
hicisteis	fuisteis	estuvisteis	tuvisteis	fuisteis
hicieron	fueron	estuvieron	tuvieron	fueron

Notice that both *ser* and *ir* have the same preterite form. You can tell which is being used from the context:

Fue a Barcelona. He/she went to Barcelona.
Fue muy simpático. He was very nice.

UNIDAD DIEZ

2
Escucha la canción. Escoge una ilustración para cada verso.

Ejemplo: **1 i**

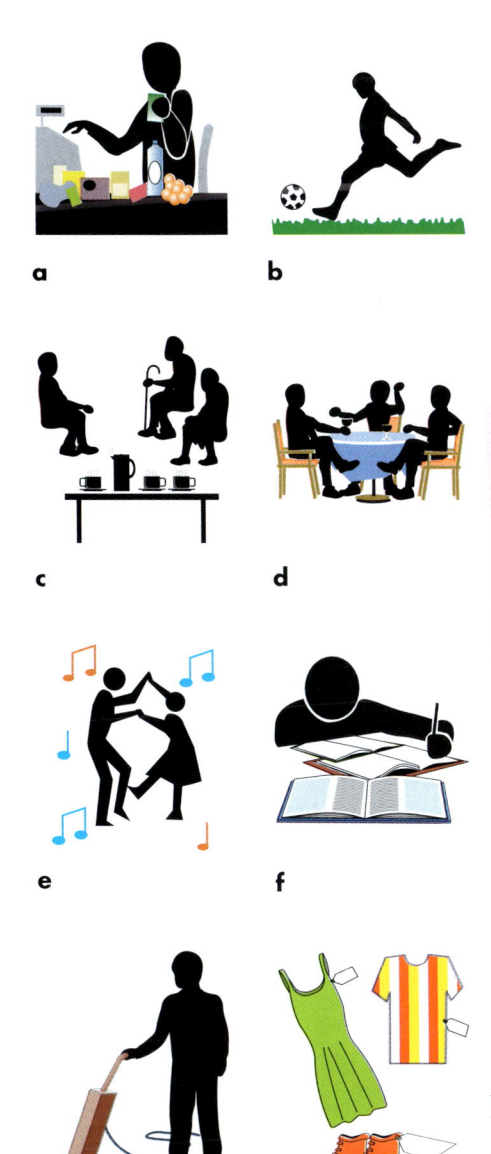

a b c d e f g h i j

3
¿Qué hizo Carmen el lunes pasado? Lee su carta.

Para ayudarte

Vocabulario
barrer (v) – to sweep
ducha (nf) – shower
en punto – exactly
encargo (nm) – order
enviar (v) – to send
esfuerzo (nm) – effort
guapo (adj) – good-looking

El lunes pasado salí de casa a las seis y media. Fui al trabajo en autobús. Empecé a las siete en punto. Estuve en la oficina de la señora Ortega. Escribí unas cartas a máquina. Hice unas llamadas y tuve que enviar unos encargos por fax. A mediodía fui a la casa de una amiga para comer. A las dos estuve en la oficina otra vez. Escribí una carta a Miguel también. Está en el hospital después de su accidente cuando cayó de la bici. Se está recuperando, pero fue muy difícil para él. Es muy simpático, y es muy guapo también. A las cinco y media tuve que arreglar la oficina. Vi a Juanjo en el depósito. Me dijo Juanjo que Miguel va a salir del hospital muy pronto. Espero que sí, porque hay un concierto de rock en el polideportivo la semana que viene. Salí de la oficina a las seis y fui a casa para comer con mi familia.

Empareja las frases de las dos columnas.

Ejemplo: **1 i)**

1 Salió de casa
2 Fue al trabajo
3 Empezó
4 Estuvo
5 Hizo
6 Tuvo que
7 Fue a la casa de una amiga
8 Estuvo en la oficina otra vez
9 Vio a Juanjo

a) enviar unos encargos por fax.
b) en la oficina de la señora Ortega.
c) para comer a mediodía.
d) en autobús.
e) a las dos.
f) a las siete en punto.
g) en el depósito.
h) unas llamadas.
i) a las seis y media.

ciento cuarenta y tres 143

UNIDAD DIEZ

4

Túrnate con tu pareja.

Ejemplo:

A: ¿Qué hiciste a las dos?

B: A las dos visité a mis abuelos.

5 Una carta a tu corresponsal en España

Copia la carta y mira los dibujos. Rellena los huecos con las palabras adecuadas.

El fin de semana pasado fui a la ciudad en _____ el sábado. Fui con mis amigos a _____. Comimos _____ y bebimos _____. Luego fuimos al _____. Por la tarde fuimos a _____. Bailamos hasta _____.
El domingo fui a _____ por la mañana, y por la tarde visité a _____. Después de comer, hice _____.

144 ciento cuarenta y cuatro

UNIDAD DIEZ

6

Lee la agenda y escoge el verbo que convenga. Escribe el texto completo.

martes

Saliste/Salí de la casa a las ocho y media. Fui/Fueron al colegio en autobús. Las clases empezamos/empezaron a las nueve menos cinco. Comisteis/Comí en la cantina a mediodía. La comida no fue/fuiste muy buena. Terminé/Terminaste a las cuatro menos cuarto. Llegó/Llegué a las cuatro y media. Hice/Hicieron mis deberes y vio/vi un poco la televisión.

7

Escucha los diálogos. Empareja los jóvenes con lo que hicieron el fin de semana pasado.

Ejemplo: **1 d**

1 José **2** Enrique **3** Pilar **4** Antonio **5** Amaya **6** Javi

Mi casete personal

Lo que hiciste el fin de semana

Mira los ejercicios 3, 4 y 5. Escribe unas frases sobre lo que hiciste tú el fin de semana pasado. Utiliza un diccionario si es necesario.

UNIDAD DIEZ

(Comic strip dialogue:)

— ¿Adónde vas de vacaciones este verano?
— Voy a las Canarias otra vez.

— ¿Fuiste allí el año pasado?
— Sí. Fui en junio. Lo pasé bomba.

— Fui a Tenerife en avión. Llegué a las tres de la madrugada.

— Busqué un taxi y fui al hotel.

— Empecé con la playa...

— ...y jugué al tenis.

— Saqué unas fotos maravillosas.

— Sí, fueron unas vacaciones tremendas. Y tú, ¿adónde fuiste de vacaciones?
— ¿Yo? ¿Vacaciones? No, para ir de vacaciones, se necesita dinero.

8

Lee y escucha el diálogo. Empareja las frases de las dos columnas.

Ejemplo: **1 d)**

1 Fui   a) con la playa.
2 Llegué   b) unas fotos.
3 Busqué   c) al tenis.
4 Empecé   d) en avión.
5 Jugué   e) a las tres.
6 Saqué   f) un taxi.

Gramática

There is another group of verbs which show spelling changes in the preterite tense. You will need to be aware of these changes. They affect the first person only in the following cases:

Verbs ending in *-car* (e.g. *buscar* 'to look for') change to *-qué*.
Bus**qué** un taxi.   I looked for a taxi.

Verbs ending in *-gar* (e.g. *llegar* 'to arrive') change to *-gué*.
Lle**gué** a las tres de la madrugada.   I arrived at 3.00 a.m.

Verbs ending in *-zar* (e.g. *empezar* 'to begin') change to *-cé*.
Empe**cé** con la playa.   I started with the beach.

9

Mira el anuncio. Copia y completa la lista.

Ejemplo: Las gorras de béisbol cuestan ocho euros 75.

1 _ _ _ _ 90 céntimos.
2 _ _ _ _ dos euros 75.
3 _ _ _ _ 50 céntimos.
4 _ _ _ _ 60 céntimos.
5 _ _ _ _ 12 euros.
6 _ _ _ _ 75 céntimos.
7 _ _ _ _ 70 céntimos.
8 _ _ _ _ un euro 50.

€0,50 — €0,60 — €1,50 — €0,75 — €0,90 — €0,70 — €8,75 — €12,00 — €2,75

146   ciento cuarenta y seis

UNIDAD DIEZ

10

Mira otra vez el anuncio del ejercicio 9. Túrnate con tu pareja.

Ejemplo:

A — ¿Qué desea?

B — Una gorra de béisbol y una camiseta, por favor.

A — Veinte euros 75, por favor.

13

Escucha las conversaciones. ¿Adónde fueron los jóvenes de vacaciones? ¿Con quién fueron? ¿Qué compraron como recuerdos? Escoge una palabra de cada color.

Ejemplo: Paco, Granada, familia, camiseta.

> Paco   Teresa   Beatriz   Ignacio   Lidia   Ricardo
> Granada   las Canarias   Inglaterra   Barcelona
> la Costa Cantábrica   Francia
> familia   amigos   amigas
> camiseta   gorra   llavero   postales   boli   agenda

11

Quieres comprar recuerdos de tu visita a Pamplona. Tienes quince euros para gastar. Escribe una lista de recuerdos que puedes comprar en la tienda.

14

Escribe una carta a tu corresponsal español sobre las vacaciones del año pasado. ¿Adónde fuiste? ¿Con quién fuiste? ¿Cómo fuiste? ¿Qué compraste? ¿Qué tal lo pasaste?

Mi casete personal

Las vacaciones del año pasado

Mira los ejercicios 12, 13 y 14 antes de empezar. Escribe unas frases sobre unas vacaciones imaginarias. Grábalas en tu casete personal.

12

Escucha a Carmen y escoge la respuesta que convenga.

1 Carmen fue a
 a) Inglaterra   b) Irlanda   c) Italia
2 Fueron en
 a) avión   b) barco   c) coche
3 Alquilaron
 a) bicis   b) un coche   c) un taxi
4 Llegó al hotel
 a) a las siete   b) a las seis y media   c) a las seis
5 Visitaron
 a) el teatro   b) los monumentos   c) el parque zoológico
6 Comieron
 a) en el hotel   b) en un restaurante   c) en la casa de unos amigos
7 La comida estaba
 a) muy rica   b) muy cara   c) horrible
8 Pasaron cinco días
 a) a orillas del mar   b) en las montañas   c) en la ciudad

Para ayudarte

Vocabulario

alquilar (v) – to hire
avión (nm) – plane
concha (nf) – shell
desear (v) – to want
gorra (nf) (de béisbol [nm]) – (baseball) cap
llavero (nm) – key-ring
madrugada (nf) – the early morning
recuerdo (nm) – souvenir
rico (adj) – delicious
sacar (v) una foto (nf) – to take a photo
vez (nf) – time, occasion

UNIDAD DIEZ

15

Lee el texto y escucha la grabación. Corrige los errores en estas frases.

1 Esteban prefiere la chaqueta marrón.
2 La chaqueta marrón es más cara que la negra.
3 Esteban va a comprar los vaqueros negros.
4 Va a comprar la camiseta blanca.
5 Necesita un espejo para el salón.
6 Va a comprar un espejo grande.

Viñetas:

Necesito ropa y unas cosas para el piso, y con el dinero que estoy ganando en la tienda, ahora puedo comprarlas.

El Corte Inglés

A ver, para el concierto me gustaría una chaqueta de cuero. No me gusta la chaqueta marrón, sino la negra. Sí, esta chaqueta negra. ¡Uf! Es más cara que la chaqueta marrón, pero prefiero la negra.

Y unos vaqueros nuevos también. Sí, estos vaqueros azules. ¿Los negros? No, no voy a comprar los negros, sino los azules. Son tan elegantes como los negros.

No me gusta la camiseta blanca, sino la verde. Sí, voy a comprar esa camiseta verde. Es menos cara que la camisa.

En el cuarto de baño necesito un espejo y unas toallas. No quiero este espejo grande sino uno pequeño. Es más práctico que uno grande.

Gramática

Sino

Sino means 'but' in a sentence where the second half contradicts the first. There are some examples in Esteban's thoughts as he goes shopping.

No me gusta la chaqueta marrón, sino la negra. — I don't like the brown jacket, but the black one.

Demonstrative adjectives: this, that, these, those

These adjectives are used with a noun to make it clear which person or thing you are talking about. In English we use 'this'/'these'; 'that'/'those'. In Spanish, these adjectives must be masculine or feminine and singular or plural to match the noun they go with.

this	these	that	those
este esta	estos estas	eso esa	esos esas
este jersey	this jumper	*ese abrigo*	that coat
esta chaqueta	this jacket	*esa corbata*	that tie
estos vaqueros	these jeans	*esos zapatos*	those shoes
estas camisetas	these T-shirts	*esas camisas*	those shirts

Comparisons

Use *más (adjective) que* for 'more ... than', *menos (adjective) que* for 'less ... than', and *tan (adjective) como* for 'as ... as'.

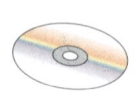

16

Escribe una frase para cada ilustración.

Ejemplo: **1** *No quiero la camiseta verde sino la amarilla.*

1   2   3   4   5   6

148   ciento cuarenta y ocho

UNIDAD DIEZ

17

Mira los dibujos y escribe las palabras que faltan.

Ejemplo: **1** *este*

1. ¿Te gustaría .... bolígrafo?
2. ¿Es mi mochila? / No, ... mochila es mía.
3. Quisiera .... libro por favor.
4. ¿Te gustan .... vestidos?
5. Mi ordenador es más barato. / .... ordenador cuesta más porque es más moderno que el tuyo. €1200
6. Quisiera 2 kilos de .... manzanas.

18

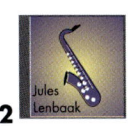

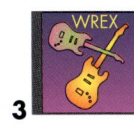

Escucha el diálogo entre Maite y Ana sobre música. Haz dos listas, escribiendo si le gusta or no le gusta a Maite y a Ana, o si no sabemos.

Ejemplo: **1** *Le gusta a Maite.*

19

Túrnate con tu pareja. Dile cuál de los dos objetos vas a comprar, y por qué.

Ejemplo:

A: Voy a comprar esa camiseta verde.
B: ¿Por qué?
A: Porque es más barata que la amarilla.

Precios:
- €9,50 / €12,25
- €125,00 / €110,00
- €23,50 / €30,75
- €37,00 / €40,00
- €33,95 / €83,25

Para ayudarte

Vocabulario
camisa (nf) – shirt
espejo (nm) – mirror
jersey (nm) – jumper
vaqueros (nmpl) – jeans
zapatos (nmpl) – shoes

Mi casete personal

La ropa que me gustar llevar

¿Qué ropa llevas para ir al instituto? ¿Qué ropa llevas el fin de semana? Graba unas frases.

Ejemplo: Para ir al insti llevo una chaqueta negra, una camisa blanca y una corbata a rayas azules y amarillas.

UNIDAD DIEZ

Comic dialogue:

— Bueno, señor, la chaqueta negra, 125 euros. ¿Se la envuelvo?
— Sí, por favor.

— Los vaqueros azules. 34 euros 75, por favor. ¿Se los envuelvo también?
— Por favor.

— Las toallas, señor, ¿se las enseño?
— Sí, por favor.

— No puede usted llevar el espejo así. ¿Se lo envuelvo?
— Sí, por favor. Es usted muy amable.

— No es posible llevar la lámpara con tantas bolsas, señor. ¿Se la llevamos a casa?
— Por favor.

— ¡Demonios!

— ¡Caramba! ¡Se me ha caído el espejo!

20

Lee y escucha el diálogo.
Busca una frase en el diálogo para cada ilustración.

Ejemplo: **1** ¡Se me ha caído el espejo!

1
2
3
4
5

Gramática

A pronoun takes the place of a noun, and saves us from having to repeat it. When two or more pronouns come together in a sentence in Spanish, the usual order is:

se → te/os → me/nos → le/les → lo/los/la/las → VERB

¿Te lo enseño?   Shall I show you?
Me la mandó.   He sent it to me.

Find five examples of this rule in the dialogue.

NB when *le* or *les* come before *lo/la/los/las* (which is usually the case) they change to *se*. The only reason for this is to make the sentence easier to pronounce.

Se lo dieron.   They gave it to him.
¿Quién se la compró?   Who bought it for him?

UNIDAD DIEZ

21

Escoge las palabras adecuadas de la casilla para rellenar los espacios.

| me | te | se | lo | la | los | las |

1 ¿No te gustan los vaqueros? _____ _____ compró tu abuela.
2 ¿Usted va a comprar esta camisa, señor? ¿_____ _____ envuelvo?
3 ¿Usted quiere unas toallas, señora? ¿_____ _____ muestro?
4 ¿Te gustan los zapatos? _____ _____ compré ayer.
5 Me gusta mucho esta camiseta. _____ _____ dio mi novia para mi cumpleaños.
6 ¿De dónde viene todo ese dinero, Suso? ¿Quién _____ _____ dio?

22

Trabajo con el diccionario. Empareja los muebles con las etiquetas.

Ejemplo: **1 c**

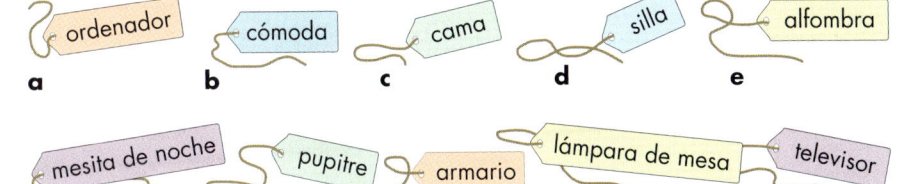

a ordenador
b cómoda
c cama
d silla
e alfombra
f mesita de noche
g pupitre
h armario
i lámpara de mesa
j televisor

23

El juego de los errores.

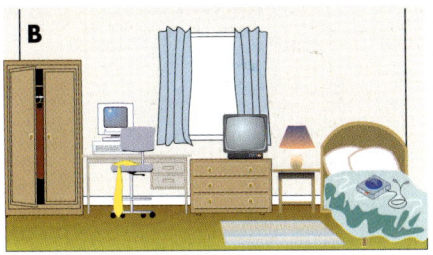

Trabaja con tu pareja. ¿Cuántas diferencias hay entre las dos ilustraciones? ¡Túrnate!

A: En el dormitorio A hay un magnetófono, pero en el dormitorio B no hay. Te toca a ti.

B: En el dormitorio… etc.

Para ayudarte

Vocabulario

caerse (v) – to fall
cortinas (nfpl) – curtains
enseñar (v) – to show
envolver (ue) (v) – to wrap
lámpara (nf) – lamp
magnetófono (nm) – cassette player

UNIDAD DIEZ

24

€37,00
€18,50
€67,80
€95,00
€1380,00
€12,25

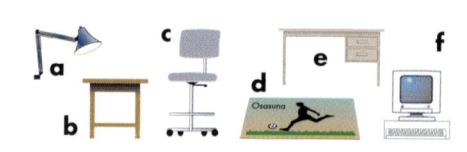

Escucha las conversaciones.
Empareja los artículos con los precios.

Ejemplo: a €18,50

27

Viste un robo en la calle ayer. Mira los dibujos y describe los ladrones para la policía.

25

Lee el poema. Rellena los espacios con las palabras de la casilla.

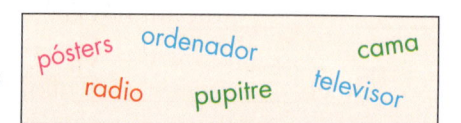

pósters   ordenador   cama
radio   pupitre   televisor

Mi dormitorio
es tranquilo
es azul
Mi _____ es una isla en el mar de sueños
Mi _____ es mi laboratorio de ideas
Mi _____ es una ventana que da a otro mundo
Mi _____ es una pandilla de buenos amigos
Mi _____ es una amiga que me cuchichea en la oscuridad de la noche
Mis _____ son mis planes para el futuro
Mi dormitorio
es tranquilo
es azul
es mi mundo

26

¡Nos han robado!
Mira el salón A – antés del robo – y el salón B, después del robo. ¿Qué han robado? Túrnate con tu pareja para decir lo que han robado.

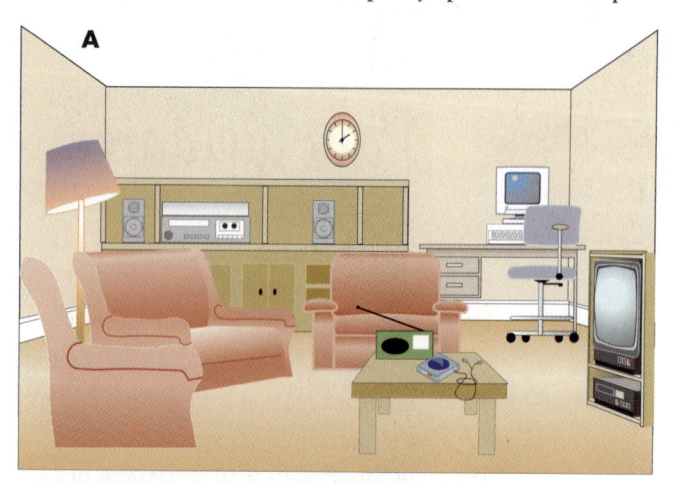

Ejemplo: ¡Nos han robado la radio!

UNIDAD DIEZ

28 Túrnate con tu pareja

A Quisiera un espejo, por favor.

B Treinta y siete euros, por favor.

€125,00   €9,25   €34,75
€37,00   €8,50   €7,95

29

Escucha la grabación. Apunta los detalles – artículo, cantidad, color y precio.

Ejemplo: **1** *vaqueros, azules, €42,50*

30

Los padres de tu amigo quieren comprar cosas para su piso en España. Mira la página del catálogo. Apunta la información que quieren.

How much is:
Office-type chair,
small bookcase,
Tall bookcase,
Lamp?

Any special offers going?

Para ayudarte

Vocabulario
alfombra (nf) – rug
cuchichear (v) – to whisper
oscuridad (nf) – darkness
mesita (nf) – bedside table, small table

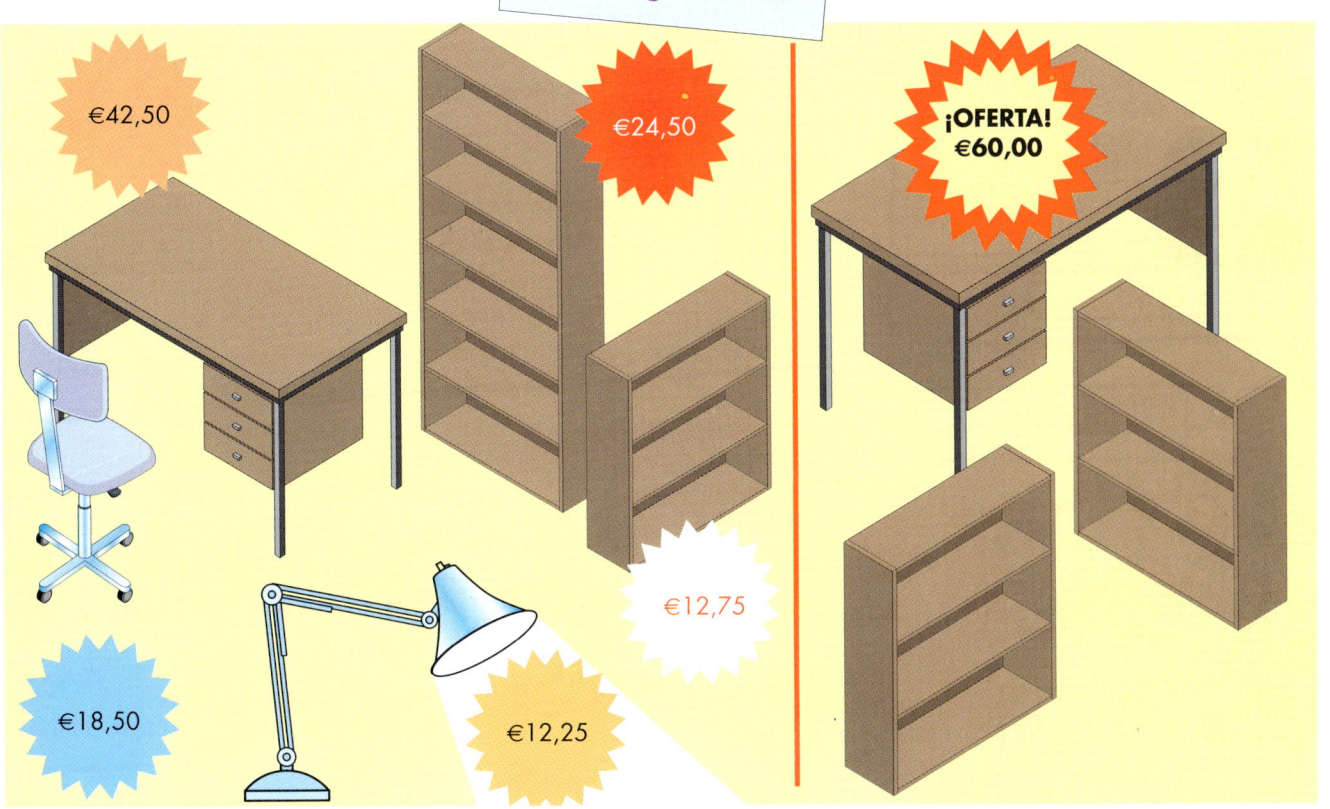

€42,50   €24,50   ¡OFERTA! €60,00
€18,50   €12,25   €12,75

ciento cincuenta y tres **153**

UNIDAD DIEZ

Esteban y su grupo Media Luna van a dar un concierto esta tarde en el polideportivo. Están haciendo los preparativos.

Unai, ¿has preparado la taquilla?

Sí, hombre, lo hice anoche con Clara. Ella va a recoger las entradas y el dinero.

Javi, ¿has invitado a los periodistas?

No te preocupes, hombre. Los invité la semana pasada.

Oye, Paco, ¿has visto el libro de música?

Tranquilo, compinche, lo traje esta mañana. Está en el vestuario.

Oye, Inma, ¿has planchado mi camisa para esta tarde?

¿Yo? ¡No seas tonto! Tuve que pegar carteles, llamé a la radio, puse un anuncio en el periódico, estuve aquí en el polideportivo. ¡No pude planchar tu camisa!

¿Has escrito el programa?

¿Has traído tu guitarra?

¿Has pedido los refrescos para el descanso?

¡Ay, madre!

31

Lee y escucha el diálogo. ¿Quién es? Escribe el nombre de la persona.

Ejemplo: **1** Inma

1 No pudo planchar la camisa de Esteban.
2 Invitó a los periodistas.
3 No trajo su guitarra.
4 Puso un anuncio en el periódico.
5 Trajo el libro de música.
6 No pidió refrescos para el descanso.
7 Llamó a la radio.
8 No escribió el programa.
9 Preparó la taquilla.

32

Lee el póster. Apunta los detalles del concierto en inglés.
¿Dónde? ¿A qué hora? ¿Cuánto es? ¿Descuentos – para quién?

Polideportivo
Un concierto de rock
con
MEDIA LUNA
sábado el 12 de mayo a las nueve
Entradas €6,00
Descuento de 10% – estudiantes y parados

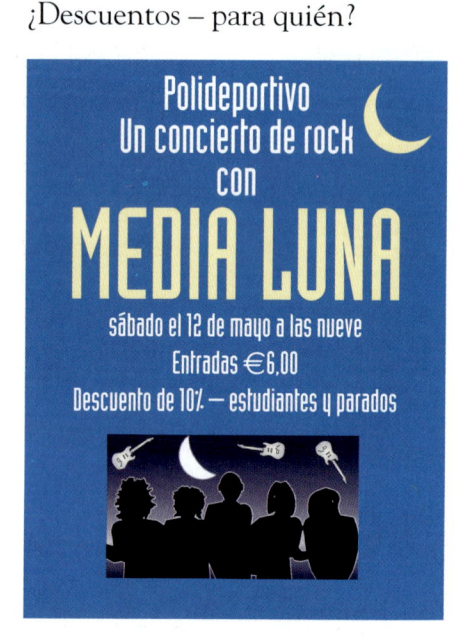

Gramática

1 The perfect and preterite tenses work together quite often in question and answer situations, usually to check that things have been done. Read the following conversation between a teenage boy and his mother. She uses the perfect tense in her questions, he replies in the preterite:

Madre – ¿Has hecho tus deberes?
Hijo – Sí, mamá. Los hice en el recreo.
Madre – ¿Has arreglado tu dormitorio?
Hijo – Sí, mamá, lo arreglé ayer.
Madre – ¿Has escrito una carta a tu abuela?
Hijo – Sí, mamá, escribí anoche.

Can you add another two exchanges to this conversation?

2 Other important verbs which have irregular preterites are:

poder – to be able	ver – to see	traer – to bring	poner – to put
pude	vi	traje	puse
pudiste	viste	trajiste	pusiste
pudo	vio	trajo	puso
pudimos	vimos	trajimos	pusimos
pudisteis	visteis	trajisteis	pusisteis
pudieron	vieron	trajeron	pusieron

UNIDAD DIEZ

33
Túrnate con tu pareja.

A: ¿Has puesto un anuncio en el periódico?

B: Sí, lo puse ayer.

34
Escucha la grabación. ¿Qué hicieron los jóvenes el fin de semana pasado?

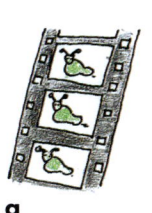

a b c d e

35
Lee el póster. Busca una actividad adecuada para Amaya y los otros.

mayo	Polideportivo		Hora y precio
3	Viridiana	Película de Luis Buñuel, 1961	8.00 €3,75
5	Tuna de la universidad de Salamanca	Concierto de música folklórica	8.30 €7,50
6	El arte del flamenco	Fiesta de baile tradicional	9.00 €6,00
9	Concurso de bádminton	Campeonato regional	10.00–5.00 €3,00
12	Media Luna	Concierto de rock	9.00 €6,00
15	Cuarteto Sarasate	Concierto de música clásica	9.00 €8,50
20	101 Dálmatas	Dibujos animados de Disney	8.00 €5,00
28	Grupo Gayarre	Baile moderno	8.30 €7,50
30	El mundo del niño	Exposición de ropa para niños	Entrada libre

Amaya: No me gustan nada las películas antiguas. Prefiero los dibujos animados.

Enrique: Me encanta el baile, pero no el baile folklórico.

Pilar: Me chifla la música, sobre todo los grupos modernos.

Antonio: Soy muy deportista. No me interesan ni la música ni el baile.

Mila: Necesito unas camisetas para el bebé.

Javi: Me encanta el baile moderno.

Mi casete personal

El fin de semana pasado
¿Qué hiciste el fin de semana pasado? Graba tres o cuatro frases en tu casete personal.

Para ayudarte

Vocabulario
anuncio (nm) – advert
campeonato (nm) – championship
cartel (nm) – advertising poster
compinche (nm) – mate, pal
concurso (nm) – competition
cuarteto (nm) – quartet
descanso (nm) – interval
descuento (nm) – discount
entrada (nf) – admission (ticket)
parados (nmpl) – unemployed
pegar (v) – to stick, put up
periodista (nm/f) – journalist
preocuparse (v) – to worry
preparativos (nmpl) – preparations
refresco (nm) – cold drink
taquilla (nf) – box office
vestuario (nm) – dressing room

¿Cuándo?
anoche – last night
esta tarde – this afternoon/evening
la semana pasada – last week
ayer – yesterday

UNIDAD DIEZ

Gramática

Giving opinions

Remember how to give opinions in Spanish? It is often just a question of using ¡Qué...! followed by a noun, so ¡Qué horror! means 'How awful!' With this simple structure you can convey a wide range of feelings and opinions. Use a dictionary to check what each of these expressions means:

¡Qué susto!	¡Qué asco!
¡Qué pena!	¡Qué ilusión!
¡Qué disgusto!	¡Qué lástima!
¡Qué sorpresa!	¡Qué suerte!
¡Qué rollo!	¡Qué amable!

Adjectives

Spanish adjectives must agree with the nouns they describe. Dictionaries give only the masculine singular form, so you have to know how to work out the other forms. There are some basic rules:

1 Adjectives ending in -o change to -a to describe one feminine noun, -os for more than one masculine noun and -as for more than one feminine noun.
2 Adjectives ending in -l or -n do not change for the feminine, and add -es for the plural.
3 Some adjectives end in -z. Again, there is no change for the feminine, and the -z changes to -ces in the plural.
4 Adjectives ending in -r add -a for the feminine singular. The masculine plural adds -es and the feminine plural -as.

36

Lee y escucha el diálogo. Mira las opiniones de cada persona. ¿Quiénes están contentos? ¿Quiénes no están contentos? ¿Cómo se sabe?

Ejemplo: Marisol está contenta. (¡Qué bien!)

37

¿Qué opinan? Escucha la grabación. Escribe 'positivo' o 'negativo' para cada persona.

Ejemplo: **1** *negativo*

UNIDAD DIEZ

38

Túrnate con tu pareja.

A — ¿Te gusta la música clásica?

B — ¿La música clásica? ¡Qué horror!

39

Lee el texto y contesta las preguntas.

¡Media Luna brilla!

Anoche en el polideportivo no fue simplemente cuestión de Media Luna sino de estrellas. El concierto del nuevo grupo pamplonés fue un éxito enorme. Con unas canciones bien conocidas y algunas escritas por miembros del conjunto, entretuvieron a unas ochocientas personas durante tres horas de música rock que fue rítmica y melodiosa. Empezamos con la guitarra estridente de Esteban Muñoz, quien ha escrito la mayoría de las canciones del grupo. El bajista, Javi Pérez y el batería, Unai Echevarría se compenetraron en un poderoso ritmo, y Paco Redondo mostró su habilidad con los teclados. En resumen, una tarde inolvidable. Y a seis euros, descuento para estudiantes y parados, no fue caro. ¡Hasta el próximo concierto de Media Luna!

Escoge la respuesta que convenga.

1. El concierto fue   a) muy bueno   b) un desastre   c) cancelado
2. El grupo entretuvo a unos   a) 1.000   b) 700   c) 800 personas
3. El concierto duró   a) cuatro   b) cinco   c) tres horas
4. Esteban toca   a) el bajo   b) la guitarra   c) la batería
5. Unai toca   a) los teclados   b) la batería   c) el bajo
6. El concierto fue   a) libre   b) caro   c) barato

Mi casete personal

He ido al cine

¿Has ido al cine recientemente? ¿Qué película viste? ¿Qué opinaste de la película? Escribe unas frases sobre tu opinión de la película. Grábalas en tu casete.

40

¿Has ido a un concierto recientemente? Escribe una reseña del concierto para el periódico. Hay que mencionar:

- el grupo o el/la cantante – ¿cómo se llama?
- el lugar – ¿dónde?
- ¿cuántas personas?
- el precio de las entradas – ¿caras o baratas?
- la música – ¿demasiado fuerte? ¿melodiosa, o no?
- el ambiente – ¿bueno o malo?

41

Escucha la canción. ¿Qué opina la gente? Para cada verso dibuja ☺ o ☹.

Ejemplo: 1 ☹

Para ayudarte

Vocabulario

amable (adj) – kind
bajista (nmf) – bass player
bajo (nm) – bass guitar
batería (nf) – drums, drum kit
estrella (nf) – star
éxito (nm) – success
¡fíjate! – imagine!
reseña (nf) – review
rítmico (adj) – rhythmic
teclados (nmpl) – keyboards
tocar (v) – to play (instrument) (also to touch)

ciento cincuenta y siete   **157**

UNIDAD DIEZ

Ya lo sé

A Una casa

Dibuja un plan de tu casa. Escribe los nombres de las habitaciones en español.

B La tienda de recuerdos

Diseña un anuncio para una tienda de recuerdos de tu pueblo. Dibuja los artículos y descríbelos en español. Escribe los precios en euros.

C Un póster

Diseña un póster para un concierto de pop. Inventa un grupo. Mira el póster de La Media Luna (página 154). Incluye las informaciones importantes:

- la fecha
- el precio de las entradas en euros
- el lugar
- la hora

D Una encuesta

Haz una encuesta en tu clase sobre los grupos preferidos.

Policía €8,50

Taxi tradicional de Londres €18,50

La Torre de Londres €24,75

Camiseta €12,00

UNIDAD DIEZ

E El año pasado

¿Qué tal el año pasado? ¿Qué hiciste? ¿Adónde fuiste? ¿Qué tal lo pasaste?

Dibuja una línea para el año con todo lo que pasó. Mira el ejemplo:

enero	febrero	marzo	abril	mayo	junio
Hizo frío. Me quedé en casa mucho. ¡Qué latazo!	Fui al cumpleaños de mi primo. Lo pasé muy bien.	Visité a mis tíos en Barcelona. Fue muy interesante.	Pasé las vacaciones de Pascuas con mi amigo Paco.	Compré una bici nueva. ¡Qué ilusión!	Tuve un examen de matemáticas. ¡Qué horror!

julio	agosto	septiembre	octubre	noviembre	diciembre
Tuve un accidente en la bici. Me rompí el brazo. Saqué malas notas en matemáticas. Mis padres se enojaron.	Pasé las vacaciones de verano en la playa, pero no pude nadar. ¡Qué aburrido!	Volví al colegio. Lo pasé fatal con el brazo.	Fui a un concierto de rock en el polideportivo. Fue fenomenal.	Comí en un restaurante en el cumpleaños de mi madre. La comida estaba muy rica.	Fui a la montaña para esquiar. Lo pasé bomba.

F Unos problemas

Anoche fuiste a un concierto de rock en el estadio. No lo pasaste bien a causa de unos problemas. Escribe una carta de reclamación a los organizadores del concierto. Hay que mencionar:

- la música – demasiado fuerte y no muy clara
- el precio de las entradas – muy caro
- descuentos para estudiantes – no hay
- las medidas de seguridad – no muy satisfactorias
- mal organizado
- porteros – muy pocos
- primeros auxilios – muy pocos

Para ayudarte

Remember *hay* means 'there is/are'. *Había* means 'there was/were' and *no había* means 'there was/wasn't'.

Unidad once 11

Viejo amigo, y ¿nueva amiga?

Después del concierto

¡Qué bien nos ha ido el concierto! Espero continuar siempre así. Me gusta tanto estar con este grupo. El concierto fue excelente. Empezamos con nuestra canción favorita y el público se volvió loco. Creo que van a querer ir a otras ciudades para cantar y bailar. ¿Quién sabe lo que puede pasar ahora? ¿Vamos a tener una entrevista en la radio? Yo canté bastante bien hoy y vi a muchas chicas bailando. Esa chica guapa dijo que fuimos el mejor grupo que tocó aquí. Un día esperamos ganar bastante dinero con este grupo – hay muchas cosas que quisiera hacer con un poco de dinero …

Quisiera comprarme una nueva guitarra pero también quisiera comprar ropa nueva o ir de vacaciones con Suso quizás …

1 Sueños

Empareja las frases de las dos columnas.

Ejemplo: 1 d)

1 Vamos a hablar en la radio
2 Vi a muchas chicas
3 Empezamos
4 En el futuro esperamos
5 Yo canté bastante

a) con nuestra canción favorita.
b) ganar mucho dinero.
c) bien hoy.
d) quizás.
e) bailando.

2

Escucha la conversación. Empareja los nombres con los dibujos.

Ejemplo: Julia – 1

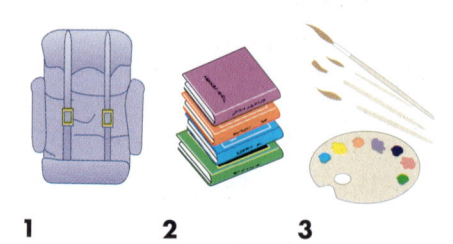

1 2 3
4 5

José   Eduarda   Pedro
   Julia   Rosana

3

Habla con tu pareja. Utiliza los dibujos del ejercicio 2.

A – Pregúntale a tu pareja sus planes para el futuro.
B – Tienes que decirle a tu pareja tus planes.
A – Tienes que identificar el dibujo correcto.

Ejemplo:

A: ¿Qué quisieras hacer en el futuro?
B: Espero ser electricista.
A: ¿Dibujo 5?
B: Correcto.

Gramática

More on irregular preterites.
As you learnt in Unit 10, some of the most useful verbs are irregular in the preterite.

Remember that *ser* ('to be') and *ir* ('to go') have the same form in the preterite – you have to use the context to work out which is meant.

fui	I was/I went
fuiste	you (singular, informal) were/you went
fue	he/she/it was, you were he/she/it went, you went
fuimos	we were/we went
fuisteis	you (plural, informal) were/you went
fueron	they were, you (plural, formal) were they went, you went

La chica **fue** una gran nadadora.
¿Adónde **fuiste** ayer?

160 ciento sesenta

UNIDAD ONCE

4

Lee la carta de Dolores y escribe V (verdadera) o F (falsa) para cada frase.

Ejemplo: **1** F

1. Dolores no quiere una carrera.
2. A Paco le gusta viajar.
3. Los padres de Dolores están muy contentos.
4. Los padres de Paco están de acuerdo con los jóvenes.
5. Paco es electricista.

> Hola Carmen:
> Mi carta de hoy es para explicarte mis planes futuros y mis problemas. Hace dos años conocí a Paco, un chico fenomenal. A Paco y a mí nos gustaría casarnos este año. Sus padres están totalmente de acuerdo con nuestros planes, pero como siempre, mis padres han decidido ser negativos. Mi madre me dice que soy una estúpida, que en vez de casarme tengo que estudiar y tener una buena carrera para mi futuro. Dicen que Paco no vale para mí, que es demasiado joven con veinte años y que no tiene carrera. Pero él es muy maduro, Carmen. Es carpintero y ya gana bien su vida, más adelante quisiera tener su propio negocio. Yo no voy a tener niños en seguida como dice mi madre. Quiero estudiar la carrera de enfermera y Paco y yo queremos viajar mucho antes de tener hijos. ¿Qué puedo hacer?
>
> *Dolores*

5

Copia la carta y rellena los espacios con las palabras adecuadas.

Ejemplo: **(a)** problemas

| todavía | tarde | poco | veo |
| problemas | siempre | quisiera |

> Querida Carmen:
> Te escribo porque tengo muchos **(a)**_____ de momento. Mis padres **(b)**_____ son muy estrictos conmigo. **(c)**_____ tener más libertad ahora que tengo 15 años, pero mi madre dice que **(d)**_____ soy muy joven y que necesito estudiar para tener una buena carrera más **(e)**_____. Ella no se da cuenta de que necesito un **(f)**_____ de descanso después de estudiar duro.
>
> *Nina*

6 *El contestador automático*

Escucha los mensajes y escribe V (verdadera) o F (falsa) para cada frase.

1. A Fernando le gustó el concierto.
2. Fernando compró un disco para su amigo.
3. La Bodega es un restaurante para vegetarianos.
4. Son las 5 de la tarde.
5. Ayer ganó el equipo de fútbol amarillo.
6. Ayer Adela fue al teatro.
7. Fue una película de terror.
8. Quiere ir otra vez al cine.

Mi casete personal

Planes futuros
Añade tres o cuatro frases sobre tus ambiciones y planes futuros.
Utiliza 'voy a …' y 'espero …'.

Para ayudarte

Vocabulario
carpintero (nm) – carpenter
carrera (nf) – career
dar la vuelta al mundo – to go around the world
descanso (nm) – rest
electricista (nmf) – electrician
ganar bien su vida – to earn a good living
negocio (nm) – business
hombre/mujer de negocios – businessman/businesswoman
todavía – yet, still
tremendo (adj) – fantastic

***Esperar* + infinitive = to hope to do something**

Espero ser médico.
I hope to be a doctor.

Espero ganar bien mi vida.
I hope to earn a good living.

UNIDAD ONCE

[Comic strip dialogue:]

— Esteban, ¡qué sorpresa! ¿Qué haces aquí?
— Tengo media hora de descanso. Trabajo en la tienda de la señora Ortega, ahora soy dependiente.
— Bueno, entonces me siento. ¡Camarero, una cerveza y un plato de albóndigas!
— Sí, es el empleo de mi primo Miguel. Ya sabes que tuvo un accidente muy grave con la bicicleta y ahora tiene la pierna rota.
— ¡Qué pena! Camarero, más cerveza y un bocadillo de jamón. ¡Qué hambre tengo! Entonces, ¿qué vas a hacer con la pasta que ganas, Esteban?
— Pues mira, primero quiero comprarme una guitarra nueva.
— ¡Qué guay! Camarero, tráigame un vino tinto y una hamburguesa.
— También quisiera viajar con Miguel después del hospital. Vamos a ir a Portugal.
— ¡Qué planes más interesantes! Pero yo tengo muchas más ideas para ganarme un dinero. Yo también tengo planes y ambiciones. Hasta luego, amigo ...
— Bueno, aquí tiene la cuenta, señor, son 12 euros exactamente.
— Pero hay un error. Sólo he tomado una coca-cola ...
— Sí, pero su amigo ...

7

Escucha el casete y escribe V (verdadera) o F (falsa) para cada frase.

Ejemplo: **1 F**

1 Suso quiere comprar una guitarra.
2 Esteban es camarero.
3 Miguel es dependiente.
4 La señora Ortega es secretaria.
5 A Suso no le gusta comer.
6 A Suso no le gusta pagar.

Gramática

Ser + professions

In the examples of words for jobs and professions on pages 160–61 and the exercise above, you will have seen that in Spanish there is no *un/una* in front of these words:

¿Cuál es su profesión? ¿Es dentista? No, es secretaria.

8

Escucha la canción. Pon las ilustraciones en el orden correcto.

Ejemplo: **e, ...**

a   b   c
d   e   f
g   h   i
j   k   l
m   n

9 *Empleos*

Empareja las descripciones con los empleos. Utiliza tu diccionario si es necesario.

Ejemplo: **1 b)**

1 profesora
2 contable
3 médica
4 dependiente
5 presidente

a) Esta persona decide cómo administrar el país que representa.
b) Esta persona debe ser muy inteligente y conocer muy bien su asignatura. También tiene que poder controlar una clase con muchos alumnos.
c) Esta persona vende cosas y tiene que ser amable con los clientes.
d) Esta persona también se ocupa de dinero, debe hacer cuentas muy largas con la ayuda de un ordenador y una calculadora.
e) Esta persona tiene que estudiar muchos años y conocer muy bien el cuerpo humano.

UNIDAD ONCE

10 ¿Qué trabajo?

Escucha la grabación y escoge el dibujo adecuado. ¡Ojo! Hay un dibujo que sobra.

Ejemplo: **1 b**

a dependiente 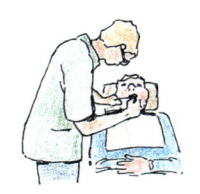 **b** dentista  **c** profesora  **d** futbolista  **e** policía  **f** carpintero

11

Con tu pareja habla de lo que hacen todos los miembros de tu familia. Utiliza los dibujos e ¡inventa unas respuestas sorpresas también! Túrnate con tu pareja.

Ejemplo:

A ¿Qué hace tu hermano?

B Mi hermano es electricista.

12

Mira esta página de una guía de carreras.

Tabla de materia	
Carreras	**página**
Educación	4
Fábrica	12
Aire Libre	18
Medicina	26
Venta	30
Turismo y viaje	38
Artes	41

¿En qué página deben buscar estas personas la información adecuada? Utiliza un diccionario si es necesario.

Ejemplo: **1** – página 12

Mi casete personal

Lo que hace mi familia

Prepara una explicación de los empleos de los miembros de tu familia: tus padres, hermanos, hermanas, abuelos o tíos.

1 Me gustaría construir coches.
2 Me gustaría ser azafata.
3 Quisiera trabajar en una granja.
4 Me gustaría ser arquitecto.
5 Quisiera ser enfermera.
6 Me gustaría trabajar en el teatro.
7 Quisiera trabajar en una tienda de ropa.
8 Me gustaría ser profesor de idiomas.

13

Escribe un párrafo sobre una familia inventada. Explica la profesión de cada uno de ellos. Utiliza un diccionario para buscar unas ideas nuevas.

Para ayudarte

Vocabulario

conductor (nm) de autobús – bus driver
fábrica (nf) – factory
jubilado (adj) – retired
pasta (nf) – cash (slang)
¡qué guay! – brilliant!
repartidor (nm) – delivery man

Words for jobs

In Spanish there are a few nouns which look feminine but which can be masculine, depending on the person described. They are often nouns describing a person's job or role.

a man	**a woman**
un dentista	una dentista
un pianista	una pianista
un turista	una turista

ciento sesenta y tres

UNIDAD ONCE

14

Lee y escucha el diálogo y completa las frases. Necesitas utilizar solamente tres verbos: fumar, hacer, llevar.

1 Suso lleva media hora _____ cigarrillos.
2 Esteban dice a Suso: '_____ horas buscándote'.
3 Suso dice que _____ demasiado tiempo en el colegio.
4 Suso lleva un día _____ este trabajo.
5 El hombre de negocios _____ muchas horas trabajando.

Gramática

To say where you work in Spanish you say:
Trabajo en un colegio.
Trabajo en una panadería.
Trabajo en una fábrica.
Trabajo en una oficina.
Trabajo en una compañía/una firma de …
(transportes, de publicidad, de bebidas, etc.).
Trabajo en un garaje.
Trabajo en una tienda.
Use a dictionary to find other workplaces.

Using *llevar* to say how long someone has been doing something
Look at the following examples.

Llevo dos años trabajando de ladrón.	I've been working as a thief for two years.
Llevan horas trabajando para mí.	They've spent hours working for me.
Llevo media hora esperando.	I've been waiting for half an hour.

To say that you have been doing something for some time, you use

the verb *llevar* in the present tense	amount of time	the *-ando* or *-iendo* part of the verb for what was being done

Llevo dos años escribiendo postales.
Llevamos dos horas lavando los platos. ¡Qué aburrido!

Más tarde Esteban encuentra a Suso en la calle. Suso lleva media hora observando a la gente que pasa y fumando cigarrillos.

Suso, llevo horas buscándote. Te fuiste sin pagar tu cuenta.

Amigo, yo no trabajo en una tienda. ¿No te acuerdas que de momento yo estoy en paro?

¿Por qué no vas a una tienda para ver si te cogen?

¿Una tienda? Ni hablar . . .

Bueno, entonces podrías trabajar en una fábrica.

Pues para los obreros, sí; para mí, no.

Si te pones a estudiar otra vez, puedes ir a trabajar en una oficina . . .

Llevo demasiado tiempo ya en el colegio. No . . . yo he encontrado un empleo mucho mejor y gano muchísimo dinero muy fácilmente . . . Llevo un día haciendo este trabajo . . .

Pero ¿de qué hablas?

Yo soy ladrón. Mira, en una hora ya he sacado esta cartera a un hombre de negocios muy rico. ¡Este hombre lleva muchas horas ganando dinero para mí!

164 ciento sesenta y cuatro

UNIDAD ONCE

15

Escucha la grabación y empareja las personas con los trabajos.

Ejemplo: **1 b)**

a) abogado/a
b) enfermero/a
c) profesor/a
d) dependiente
e) carpintero/a

16

Completa un formulario con tus detalles.

```
Nombre: ..................................................
Apellidos: ................................................
Fecha de nacimiento: ...................................
Dirección: ...............................................
Hobbies: ..................................................
Asignaturas preferidas: ................................
Ambiciones para el futuro: ............................
```

17

Con tu pareja decide en qué y dónde trabajan las personas 1–6.
Da tu opinión personal sobre los diferentes empleos.

Ejemplo:

A — ¿Qué hace esta persona?

B — Es profesora.

A — ¿Dónde trabaja?

B — Trabaja en un colegio.

A — ¿Qué piensas de esta profesión?

B — Es muy difícil.

Para ayudarte

Vocabulario
cobrar (v) – to charge (money)
ejercer (v) – to have/do (a job)
ladrón (nm) – thief
podrías – you could [from poder (v) (ue) – to be able to]

Mi casete personal

El empleo que me gustaría hacer
Explica en cuatro frases el empleo que te gustaría ejercer en el futuro y por qué.

Ejemplo: Me gustaría ser contable porque me gusta trabajar en una oficina. Se me dan bien los números y me gusta muchísimo usar el ordenador …

18

Escribe en inglés cuánto tiempo las personas llevan trabajando en su empleo.

Ejemplo: Felipe 5 months and 2 weeks

ciento sesenta y cinco **165**

UNIDAD ONCE

[Comic strip dialogue:]

— Espera un momento, Suso, y dame esa cartera.
— Ni hablar, no me des órdenes, Esteban. ¿Qué te crees tú?
— Yo soy tu amigo, así que no hagas el tonto y dame la cartera.
— No te preocupes amigo, no va a pasar nada.
— No me molestes y vuelve a casa.
— Dame la cartera ya y busca un trabajo de verdad, Suso.
— ¡Vuelve aquí con mi cartera, ladrón!
— No me grites, Suso, yo trato de ayudarte.

19

Busca las frases en español.

1 Don't worry.
2 Don't be silly.
3 Don't bother me.
4 Don't give me orders.
5 Don't shout at me.

Gramática

Negative imperatives

There are different ways of telling people in Spanish not to do something, depending on how many people you are talking to and how well you know them. For one person you know well, you use *no* and the following forms of the verb:
-*ar* verbs – the ending is -*es*.

| No des órdenes. | Don't give orders. |

-*er* and -*ir* verbs – the ending is -*as*.

| No lo comas. | Don't eat it. |
| No escribas tonterías. | Don't write rubbish. |

Some useful verbs are irregular – here are three common examples.

hacer – no hagas
poner – no pongas
volver – no vuelvas

20 Consejos – un cuestionario

Elige la respuesta más adecuada para ti.

1 Tu mejor amigo/a quiere robar algo en una tienda. Le dices:
   a) No lo hagas ahora porque te está vigilando el dependiente.
   b) No lo hagas, está mal.
   c) No lo hagas – hay una tienda más grande en la calle x.
2 Tu amigo/a quiere fugarse de casa. Tú le dices:
   a) No te vayas porque tu madre va a estar muy triste.
   b) No te vayas porque no vas a tener dinero.
   c) No te vayas porque te va a coger la policía.
3 Tu amigo/a lleva dos horas bebiendo en una fiesta. Tú le dices:
   a) No bebas tanto porque yo no te quiero acompañar a casa en ese estado.
   b) No bebas tanto porque no es tu cumpleaños.
   c) No bebas tanto porque está mal para tu salud.
4 Tu amigo/a quiere copiar tu trabajo. Tú le dices:
   a) No copies porque el profesor te va a ver.
   b) No copies porque llevo tres horas haciendo esto.
   c) No copies porque así no vas a aprender nada.

21

Copia y empareja las frases de las dos columnas.

1 Voy a hacer novillos.
2 Quiero comer tres pasteles.
3 Voy a volver a las dos de la mañana.
4 No me gusta la carne.
5 No quiero ir a ver esta película de terror.

a) No vuelvas tan tarde.
b) Entonces no vayas.
c) Pues no te la comas.
d) No comas tantos.
e) No hagas tonterías, te van a reñir los profesores.

UNIDAD ONCE

22
Utiliza los dibujos para hablar con tu pareja. Túrnate.

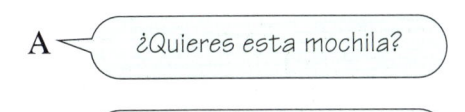

A: ¿Quieres esta mochila?
B: Sí, dámela.

23
Escucha la grabación y decide si los consejos son buenos o malos. Escribe ✓ (bueno) o ✗ (malo).

Para ayudarte

Vocabulario
fugarse (v) de casa – to run away from home
gritar (v) – to shout
hacer (v) novillos – to play truant
madrugada (nf) – early morning
pipa (nf) – pipe
pocilga (nf) – pigsty

24 Poema

¿Qué hace el chico del poema? Empareja una linea del poema con cada ilustración.

Ejemplo: **1** No dejes tu dormitorio como una pocilga.

25

Clasifica las frases según su importancia de 1 (muy importante) a 9 (menos importante). Utiliza un diccionario para buscar las palabras nuevas.

No veas tanta televisión, me dices.
Pero no tengo ganas de leer.
No comas tantas patatas fritas, me dices.
Pero yo no tengo ganas de comer fruta.
No bebas tanto café, me dices.
Pero yo no tengo ganas de beber agua mineral.
No hagas tonterías, me dices.
Pero yo no tengo ganas de ser bueno.
No dejes el dormitorio como una pocilga, me dices.
Pero yo no tengo ganas de estar bien arreglado.
No salgas en pandilla tanto, me dices.
Pero yo no tengo ganas de quedarme en casa.
No te pongas así, no me hables así, no me molestes, me dices.
¿Qué pasa? me dices.
Yo no tengo ganas de explicarte.

PARA CONSERVAR TU SALUD
♥ No bebas mucho alcohol.
♥ No comas demasiados dulces.
♥ No te quedes enfrente de la tele durante horas.
♥ No tomes ninguna droga.
♥ No te quedes sin dormir hasta las cinco de la madrugada.
♥ No seas víctima del estrés.
♥ No te pelees constantemente con tu familia.
♥ No esperes hasta las diez de la noche para hacer tus deberes.
♥ ¡No decidas dejar las cosas para mañana!

UNIDAD ONCE

> Realmente no entiendo a Suso. Llevo años explicándole que lo que hace está mal pero no me escucha. Pensar que llevo horas y horas hablándole para evitar sus tonterías y no me hace caso. Hace tiempo ya que estoy enojado con él, pero también estoy muy triste porque su situación no parece tener solución. Hace años ya que sus padres han perdido toda esperanza con él. ¡Qué pena!

26

Escucha y lee lo que dice Esteban. Después empareja las frases de las dos columnas.

1 Hace años que sus padres
2 Hace tiempo ya que
3 Llevo años explicándole
4 Hace tanto tiempo
5 Llevo horas y horas

a) que lo que hace está mal.
b) que se dedica a robar.
c) hablándole.
d) están desilusionados con él.
e) estoy enojado con él.

Gramática

You have seen above some more examples of how the verb *llevar* and the expression *hace … que* are used to describe doing something for a certain amount of time. Remember the patterns:

Llevar + [time] + **-ando/-iendo** form of appropriate verb
Llevo *dos horas* **trabajando**.
Hacer + [time] + **que + present tense** of appropriate verb
Hace *dos horas* **que trabajo/estoy trabajando**.

27

Copia y completa las frases. Utiliza las palabras de la casilla.

1 Hace cinco meses _____ Felipe está _____ en casa.
2 Marisol _____ cuatro semanas _____ en la Universidad de Salamanca.
3 _____ un _____ que Suso trabaja de ladrón.
4 Hace _____ semana que Esteban _____ en El Mundo de la Oficina.
5 Ana _____ una hora y media _____ los platos.

> hace   trabaja   lleva   estudia
> lavando   que   trabajando   una
> día   estudiando

28

Escucha la canción. ¿En qué versos son estas cosas? Escribe 1, 2 o 3.

Ejemplo: **a** 3

a
b
c
d
e
f

168   ciento sesenta y ocho

UNIDAD ONCE

29

Utiliza los dibujos para formar frases como el ejemplo.

A — ¿Cuánto tiempo llevas estudiando?

B — Llevo dos horas estudiando.

o

Hace dos horas que estudio/que estoy estudiando.

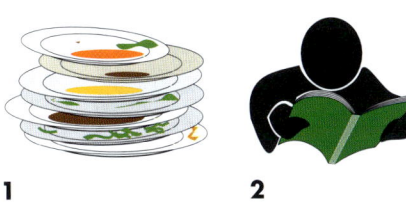

1, 2,  3,  4, 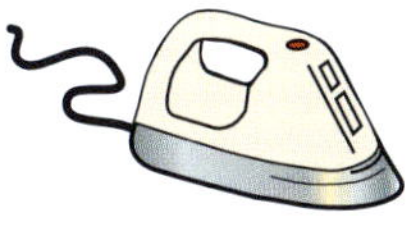 5,  6

30 Una carta

¡Hola!
Soy Carmen y llevo dos años estudiando inglés en en colegio. Tengo 15 años y hace mucho tiempo que quiero escribirte pero soy bastante perezosa – por eso escribo en español y no en inglés …
Soy muy deportista, llevo tres años y medio jugando para el equipo juvenil de baloncesto aquí en Valencia. También me gusta mucho bailar y hace dos meses que mis padres me dejan salir por la noche para ir con mis amigos a las discotecas. Hace un año que mi padre está en paro porque perdió su trabajo y no ha podido encontrar otro todavía. No le gusta estar sin trabajo, pero así es la vida. Y tú, ¿llevas mucho tiempo estudiando el español? Espero recibir una carta en español porque no entiendo nada del inglés.
Hasta pronto
Besos
Carmen

Lee la carta y contesta las preguntas.
1 ¿Cuánto tiempo lleva Carmen estudiando el inglés?
2 ¿Cuánto tiempo lleva el padre de Carmen sin trabajar?
3 ¿Hace mucho tiempo que Carmen es miembro del equipo de baloncesto?
4 ¿Hace cuánto tiempo que el padre de Carmen la deja ir a bailar?
5 Y tú, ¿cuánto tiempo hace que estudias español?

31

Escucha la grabación. Copia y completa la tabla para cada persona.

nombre	actividad	¿cuánto tiempo?
Ejemplo: Mercedes	estudia alemán	mucho tiempo

32

Escribe unas frases sobre cuánto tiempo llevas viviendo en tu casa, estudiando en tu colegio, estudiando español y haciendo un hobby o deporte.

Para ayudarte

Vocabulario
dedicarse (v) a – to spend one's time on
enojado (adj) – angry
hace tiempo ya – for some time already
no me hace caso – he doesn't take any notice (of what I say)
¡qué pena! – what a shame
sello (nm) – postage stamp

Mi casete personal

¿Hace cuánto tiempo?
Ahora graba en tu casete lo que has escrito para el ejercicio 32.

ciento sesenta y nueve 169

UNIDAD ONCE

¡Lo siento por ese señor! Menos mal que su dirección está en la cartera. Suso ha cometido un error pero su situación es muy difícil. ¡Pobre Suso! ¿Quién puede decirle lo que está bien y lo que está mal? ¿Cómo le puedo ayudar yo? Parece no querer ayuda de nadie. Lo siento mucho pero ya no sé qué hacer, aparte de devolver esta cartera, por supuesto.

Discúlpame, pero he encontrado esta cartera y he venido a devolverla. Es de tu padre o de tu hermano quizás – dice Felipe.

Sí, es de mi padre, pero no está aquí en este momento. ¿Quieres pasar a esperarle? Va a volver dentro de cinco minutos.

Pero . . . ¿no eres el chico del grupo pop que vi el otro día? Tocas la guitarra, ¿verdad?

Sí, yo también te vi durante el concierto, estabas en la primera fila. Perdóname si te molesto pero creo que es importante para tu padre tener su cartera.

Sin ningún problema, de verdad. ¿Quieres un café?

33

Lee y escucha el diálogo. ¿Quién es? ¿Esteban, Felipe, Ana o Suso? Escribe el nombre adecuado para cada frase.

Ejemplo: **1** *Felipe*

1 Tiene su dirección en la cartera.
2 Hizo algo muy mal.
3 Devuelve la cartera.
4 No está en el piso.
5 Abre la puerta.
6 Toca la guitarra.
7 Fue a ver el concierto.
8 No sabe la diferencia entre el bien y el mal.

Gramática

Apologies

There are many ways to apologise or say 'excuse me' in Spanish.

Speaking to someone you know, you say:

Lo siento
Lo lamento
Discúlpame
Perdóname
Perdona la molestia

Speaking to someone more formally, you say:

Lo siento
Lo lamento
Discúlpeme
Perdóneme
Perdone la molestia

34

Escucha la grabación y pon los dibujos en el orden correcto.

Ejemplo: **1** *a*

UNIDAD ONCE

35

Empareja los dibujos con las explicaciones.

Ejemplo: **1 b**

a Pido disculpa por no haber terminado mi ejercicio de francés pero ayer hice de canguro y el bebé no durmió en toda la noche.

b Siento mucho no haber hecho mi proyecto de historia pero ayer me dolió mucho la cabeza y no pude trabajar.

c Lamento no haber podido hacer mis deberes de español pero ayer me rompí el brazo.

d No he hecho mi tarea de matemáticas. Lo siento, pero me levanté muy tarde esta mañana.

e Lamento no haber hecho mis deberes pero ayer tuve un accidente y tuve que ir al hospital por mi rodilla.

36

Utiliza los dibujos del ejercicio 34 y los del ejercicio 35 para contestar las preguntas de tu pareja. Túrnate.

Ejemplo:

A ¿Por qué no has terminado de planchar la ropa?

B Lo siento pero no puedo – ayer me rompí el brazo.

37

Escribe una nota a tu profesor para explicar porque has llegado tarde al colegio y no has hecho tus deberes. Comienza:

Estimado profesor/Estimada profesora:

38

Escucha a dos hombres de negocio que hablan de sus empleados. Para cada empleado indica con 'sí' o 'no' si tiene buena reputación.

1 Juan
2 Francisco
3 Sonia
4 Señor Moraes
5 Manuel

Mi casete personal

Disculpas

Graba en tu casete disculpas por
– haber llegado tarde al colegio
– haber estado ausente del colegio
– no haber hecho tus deberes
– no haber hecho las tareas domésticas

Para ayudarte

Vocabulario
dentro de – within
disculpa (nf) – apology
molestar – to bother
molestia (nf) – nuisance

ciento setenta y uno 171

UNIDAD ONCE

39

¿Qué empleo …? Lee los anuncios siguientes.

empleo 1

Se necesita urgentemente un mecánico, buen sueldo, 5 años de experiencia mínima.
Tel: 987 32 45

empleo 2

Secretaria bilingüe español/francés requerida para hombre de negocios. También se exige un buen nivel de inglés. Tel: 923 34 11

empleo 3

Pintor para firma de construcción de ventanas. Presentarse con referencias rápidamente en Empresas Pérez, C/Moncloa 6, Madrid. Tel: 91 456 78 23

empleo 4

Se necesita dependiente, sección de ropa de caballeros, entre 35 y 45 años máx.
Tel: 935 67 33

empleo 5

Se necesita urgentemente profesor/a de inglés para ayudar a preparar los exámenes. Mandar C.V. Para dirección llamar a secretaria. Tel: 934 56 76

¿Qué empleo escoges si quieres …

a) trabajar en un colegio?
b) trabajar en un garaje?
c) trabajar en un taller?
d) trabajar en un almacén?
e) trabajar en una oficina?

40

Lee la descripción de un empleado ideal.

Escribe V (verdadera) o F (falsa) para cada frase.

Un buen empleado debe …
1 ser guapo
2 ser puntual
3 ser desorganizado
4 estar de mal humor
5 ser rápido en su trabajo
6 quedarse tarde después de las horas de trabajo cuando es necesario

Para ser un empleado ideal hay que

- llegar a su hora
- hablar con cortesía con el jefe
- estar bien presentado
- tener buen sentido del humor
- estar listo para trabajar horas extras si es necesario
- trabajar de prisa

41

Lee el artículo y escoge el dibujo que convenga.

Ejemplo: 1 a

LOS BARES EN ESPAÑA

Hay siempre muchos bares en todas las ciudades españolas. Es una tradición reunirse allí. En los bares se juega al dominó y a las cartas. Se habla, se bebe y se fuma mucho. Es costumbre también ir a varios bares para tomar una copa en cada uno. También se puede comer tapas variadas como ensaladilla rusa, patatas bravas, mejillones, almendras, aceitunas y cacahuetes. Allí se habla de política y se ve el fútbol en la tele con los amigos.

1 En un bar español se puede comer
2 Se puede jugar
3 Se puede
4 A los españoles no les gustan cambiar de bar
5 ¿Se puede fumar en los bares españoles?

172 ciento setenta y dos

Ya lo sé

A Encuesta

Con tu grupo haced una encuesta sobre los empleos que tus amigos quisieran hacer más tarde. Utilizad preguntas como:

¿Qué te gustaría hacer en el futuro?
¿Qué empleo quieres tener cuando seas mayor?
¿Qué quieres hacer más tarde en la vida?
¿Qué carrera quieres estudiar en el futuro?

B Diseña un póster

Con tu grupo diseñad un póster con el mensaje 'Para vivir sano'.

Ejemplo:

No comas demasiados dulces
No bebas alcohol…

C Una carta

Ahora escribe una carta a tu amigo/a español/a sobre tus ambiciones y planos futuros.

Ejemplo: Más tarde quisiera ser médico para ocuparme de los pacientes …

D Esteban y Ana

Lee otra vez el diálogo entre Esteban y Ana en la página 170. Escribe la continuación de este diálogo para un programa de radio o televisión.

E Carreras

Ahora, con vuestro grupo, diseñad una lista de carreras para los otros grupos de vuestra clase. Tenéis que incluir las ventajas y desventajas de cada profesión según vuestro grupo.

Ejemplo:

Profesor
Trabajo interesante si uno tiene paciencia y quiere estar con jóvenes para motivarles a estudiar su asignatura. Desventaja: puede ser peligroso en algunos colegios hoy en día.

F Carta de pedida de empleo

Lee la carta y después escribe una carta similar para uno de los empleos del ejercicio E.

> Muy Señor mío:
>
> Me permito escribirle para mandarle mi curriculum vitae. He visto su anuncio en el periódico local de un empleo de secretaria bilingüe inglés/español y quisiera ser considerada para el puesto. Vd verá en mi curriculum que tengo mucha experiencia ya que he trabajado en varias oficinas internacionales en Inglaterra y España. Mi dominio de las dos lenguas es excelente y mis calificaciones como secretaria impecables. También tengo varias referencias de mis empleos previos que incluyo aquí.
>
> Le saludo muy atentamente.
>
> *Lorna Smythe*

Unidad doce 12 — La historia continúa ...

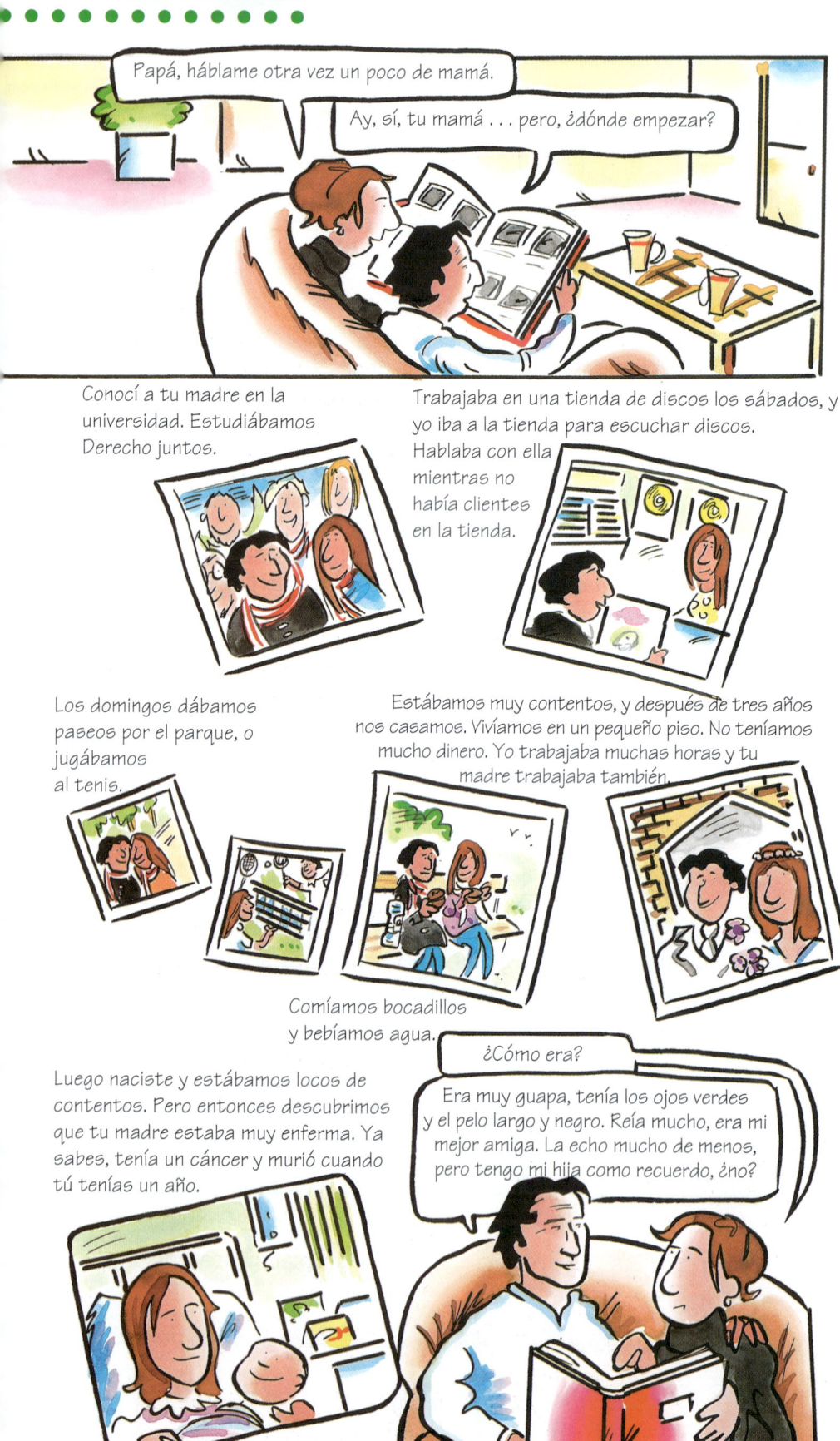

Papá, háblame otra vez un poco de mamá.

Ay, sí, tu mamá ... pero, ¿dónde empezar?

Conocí a tu madre en la universidad. Estudiábamos Derecho juntos.

Trabajaba en una tienda de discos los sábados, y yo iba a la tienda para escuchar discos. Hablaba con ella mientras no había clientes en la tienda.

Los domingos dábamos paseos por el parque, o jugábamos al tenis.

Estábamos muy contentos, y después de tres años nos casamos. Vivíamos en un pequeño piso. No teníamos mucho dinero. Yo trabajaba muchas horas y tu madre trabajaba también.

Comíamos bocadillos y bebíamos agua.

Luego naciste y estábamos locos de contentos. Pero entonces descubrimos que tu madre estaba muy enferma. Ya sabes, tenía un cáncer y murió cuando tú tenías un año.

¿Cómo era?

Era muy guapa, tenía los ojos verdes y el pelo largo y negro. Reía mucho, era mi mejor amiga. La echo mucho de menos, pero tengo mi hija como recuerdo, ¿no?

1

Lee y escucha el diálogo. Escoge la respuesta que convenga.

Ejemplo: **1 b)**

1. Felipe conoció a su mujer
   a) en el parque
   b) en la universidad
   c) en un partido de tenis.
2. Su mujer trabajaba
   a) en una tienda de discos
   b) en un supermercado
   c) en un gran almacén.
3. Felipe
   a) trabajaba en la tienda también
   b) compraba muchos discos
   c) visitaba la tienda para escuchar discos.
4. Los domingos
   a) visitaban los museos
   b) daban paseos por el parque
   c) estudiaban en la universidad.
5. Comían
   a) en el parque
   b) en un restaurante
   c) en casa.
6. Se casaron después de
   a) un año
   b) tres años
   c) dos años.
7. Vivían en
   a) una pequeña casa
   b) un piso muy grande
   c) un pequeño piso.
8. La madre de Ana murió cuando Ana tenía
   a) diez años
   b) seis años
   c) un año.

UNIDAD DOCE

Gramática

The imperfect tense

You use this tense to talk about how things used to be, or about things that happened regularly in the past. It is also used to set the scene in a story, before anything actually happens. The imperfect tense is formed by removing the infinitive endings (-*ar, -er, -ir*) and replacing them with the endings shown below. Note that -*er* and -*ir* verbs have the same endings in the imperfect.

hablar	comer	vivir
habl + **aba**	com + **ía**	viv + **ía**
abas	ías	ías
aba	ía	ía
ábamos	íamos	íamos
abais	íais	íais
aban	ían	ían

There are only three verbs that do not follow this pattern exactly:

ser – to be	ir – to go	ver – to see
era	iba	veía
eras	ibas	veías
era	iba	veía
éramos	íbamos	veíamos
erais	ibais	veíais
eran	iban	veían

To say 'there was'/'there were', you use *había*, the imperfect of *hay*.

2

Escucha la grabación. Empareja las frases con los dibujos.

Ejemplo: **1 b**

a
b
c
d
e
f

3

Lee el texto. Contesta las preguntas.

> Era medianoche. Hacía frío. Llovía a cántaros. Hacía viento. Había tormenta. La luna brillaba entre las nubes. Un perro aullaba en la distancia. Se oía un búho en un árbol en el bosque. Los murciélagos volaban sobre el cementerio. En el castillo una vela se veía en una ventana pequeña.
>
> Detrás de la ventana una chica temblaba de miedo. Miraba un espejo en la pared de la habitación. El Conde no se reflejaba en el espejo. El vampiro preparaba la cena ….

1 ¿Qué hora era?
2 ¿Qué tiempo hacía?
3 ¿Qué hacía el perro?
4 ¿Qué se oía en el árbol?
5 ¿Qué hacían los murciélagos?
6 ¿Qué se veía en la ventana?
7 ¿Qué hacía la chica?
8 ¿Qué hacía el vampiro?

4

Los personajes famosos en la historia. ¿Con quién te gustaría hablar por teléfono? ¿Por qué?

Ejemplo: *Me gustaría hablar con Elvis Presley porque era un cantante con mucho talento.*

ciento setenta y cinco 175

UNIDAD DOCE

5

Túrnate con tu pareja.
Cuando era niño/niña …
A – Escoge una ilustración en secreto y describe lo que hacías cuando eras niño/niña.
B – Indica la ilustración.

Ejemplo:

A – Cuando era niño/niña iba al cine los sábados.

B – La ilustración c.

a   b   c
d   e   f

6

Escucha la canción. Copia el texto y rellena los huecos.

Cuando _____ niño
_____ en una casa vieja.
_____ con mis padres
Los domingos por la tarde.
_____ a los abuelos.
_____ muchos pasteles
y _____ chocolate.
Me _____ cien pesetas – ¡menos mal!

Cuando _____ niño
_____ en pandilla
_____ al fútbol
E _____ al cine
_____ paseos en bici
_____ en el río.
El sol _____ siempre
Y cada día _____ calor.

Cuando _____ niño
_____ a la playa.
_____ helados.
_____ el sol.
_____ por la noche
En las discotecas
Lo _____ bomba
Me _____ las vacaciones.

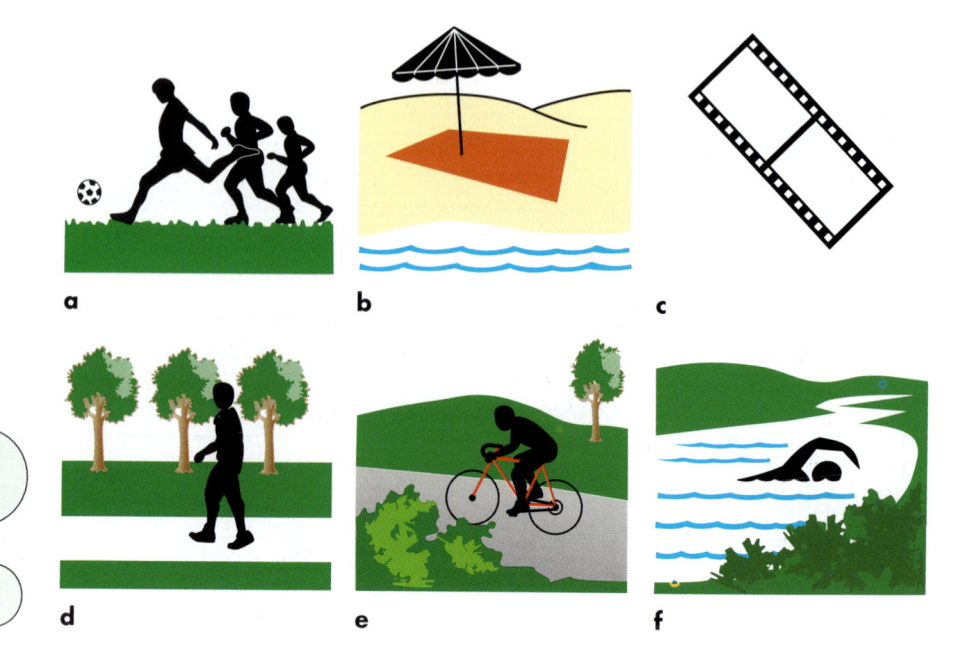

7 *Las estaciones*

Copia y completa los tres meses de cada estación.

invierno: diciembre, enero, _____
primavera: _____, _____, _____
verano: _____, _____, _____
otoño: _____, _____, _____

Gramática

Talking about the past

The preterite and the imperfect tenses are often used together. To help you remember which to use when, follow the simple rule of thumb: 'scene and sequence' – the imperfect sets the scene (nothing happens) while the preterite details a sequence of completed actions. In other words, the imperfect describes something, while the preterite moves the story along.

176   ciento setenta y seis

UNIDAD DOCE

8

Túrnate con tu pareja.
A – Habla de lo que hacías por la mañana cuando eras niño/niña.
B – Indica la ilustración adecuada.

1 2 3 4 5 6

Ejemplo:

A – Salía de casa a las ocho y diez.
B – Dibujo 6.

9

Lee el poema. Pon las ilustraciones en el orden correcto.

Ejemplo: **b**, …

Cuando era joven
El verano duraba seis meses
Las vacaciones duraban para siempre
El cielo era azul
Nunca llovía
El chocolate duraba una semana
Los juegos eran sencillos:
Una escoba era un caballo,
Una rama era una espada,
La tapa del cubo de la basura era un escudo.
Nos levantábamos cuando teníamos sueño
Y nos acostábamos cuando estábamos despiertos.
Corríamos por los campos llenos de sol,
Descubríamos las playas de los nuevos mundos,
Volábamos por galaxias lejanas,
Luchábamos contra las fuerzas del mal.
Éramos caballeros andantes, exploradores, mosqueteros.
Y luego, de repente, nos hicimos adultos.

10

Escribe una carta a tu corresponsal sobre tus vacaciones cuando eras niño/niña. ¿Qué tiempo hacía? ¿Qué hacías por la mañana? ¿Qué hacías por la tarde?

a b c d e f g h i j

Mi casete personal

Mis vacaciones cuando era niño/niña
Utiliza lo que has escrito en el ejercicio 10 para grabar tres o cuatro frases sobre tus vacaciones.

Para ayudarte

Vocabulario
búho (nm) – owl
derecho (nm) – law
echar (v) de menos a – to miss (a person)
enfermo (adj) – ill
escoba (nf) – broom
loco de contento (adj) – overjoyed
miedo (nm) – fear, fright
mientras que (adv) – while
morir (ue) (v) – to die
murciélago (nm) – bat
reír (v) – to laugh
tapa (nf) – lid
vela (nf) – candle
volar (ue) (v) – to fly

ciento setenta y siete 177

UNIDAD DOCE

Bueno, Miguel, estoy muy contenta de verte aquí en el trabajo otra vez. ¿Qué tal en el hospital?

Pues, francamente estaba un poco aburrido.

Todos los días me levantaba a las seis y media, me duchaba y me vestía.

Tomaba el desayuno a las siete y media, leía el periódico ...

... y después a las ocho y media iba al gimnasio para dos horas de fisioterapia.

Por la tarde veía la televisión, leía muchos libros o escuchaba música.

Cenaba a las ocho de la tarde y a las diez me acostaba otra vez.

Y ¿qué tal la bicicleta?

Es que ... no he tenido tiempo ... con la pierna ... y el hospital ... tal vez la semana que viene, no sé ... a ver lo que pasa ...

No te preocupes, Miguel. Hay que esperar un poco ...

Gramática

Reflexive verbs and the imperfect tense

The imperfect tense is probably the simplest tense to work with, as there are no exceptions to the rule. If you can manage with verbs like *hablar* and *vivir*, you should have no problems with reflexive verbs like *levantarse* and *vestirse*. Take the infinitive, remove the pronoun *se* and the *-ar* ending and then add the imperfect endings as shown on page 175.

levantarse – to get up	vestirse – to get dressed
me levantaba	me vestía
te levantabas	te vestías
se levantaba	se vestía
nos levantábamos	nos vestíamos
os levantabais	os vestíais
se levantaban	se vestían

11

Lee el texto y escucha la conversación.

¿Qué hacía Miguel en el hospital ...
1 ... a las seis y media?
2 ... a las siete y media?
3 ... a las ocho y media?
4 ... por la tarde?
5 ... a las ocho de la tarde?
6 ... a las diez?

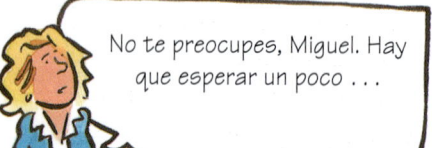

12 *Ayer y hoy*

Escucha la grabación. Copia y completa la tabla.

Rutina	Ayer	Hoy
Ejemplo: levantarse	7.30	6.30
tomar el desayuno		
trabajar		
tiempo libre		
acostarse		

UNIDAD DOCE

13

Lee el texto. Para cada frase escribe V (verdadera) o F (falsa).

1. Colón estaba en medio del océano en el mes de noviembre de 1492.
2. Llovía mucho.
3. Los marineros no estaban contentos.
4. Colón quería volver a España.
5. Colón quería oro y tierra para los Reyes Católicos.
6. Rodrigo de Triana vio un trozo de madera en el agua.
7. Descubrieron la costa de Méjico.
8. Colón regresó a España en marzo de 1492.
9. Los Reyes Católicos fueron contentos de lo que hizo Colón.
10. Murió a la edad de cincuenta y seis años.

En el mes de octubre de 1492 Cristóbal Colón y sus marineros estaban en medio del océano. El sol brillaba muy fuerte, no había viento, y los barcos no se movían en el mar. Los marineros tenían sed, hambre, y tenían ganas de volver a España. No estaban contentos, y se quejaban. Colón no quería volver a España. Quería encontrar el oro de las Indias. Quería conquistar las tierras nuevas para Fernando, el rey de España, y su reina Isabel.

De repente, se oyó el disparo de un cañón. Un marinero, Rodrigo de Triana, vio un trozo de madera en el agua. Otro marinero vio un arrecife. ¡La tierra por fin, después de dos meses en el barco! Desembarcaron en una pequeña isla que se llamaba Guanahaní, una isla de las Bahamas. La expedición continuó. Llegó a la isla de Cuba y luego descubrieron La Española, isla que hoy en día comparten Haití y la República Dominicana.

Regresaron a España en marzo de 1493. Los Reyes Católicos recibieron a Colón con gran entusiasmo. Hizo otros tres viajes, en que exploró la costa de América Central. Murió en Valladolid en España en 1506 a la edad de cincuenta y cinco años.

14

La semana pasada hiciste un intercambio escolar. Al regresar tu profe te preguntó sobre el intercambio.

Empareja las preguntas con las respuestas.

Ejemplo: **1 c)**

1. ¿Tenías tu propio dormitorio?
2. ¿La cama era cómoda?
3. ¿Qué tomabas en el desayuno?
4. ¿La familia era simpática?
5. ¿Qué hacías durante el día?

a) Sí, todos eran muy amables.
b) Iba al cole con mi corresponsal.
c) No, compartía con mi corresponsal.
d) Sí, dormía muy bien.
e) Comía pan y mermelada, y bebía café.

Mi casete personal

Cómo era ...
¿Cómo eras a la edad de nueve años? Graba una descripción de ti mismo de unas tres o cuatro frases.

Para ayudarte

Vocabulario
francamente (adv) – quite honestly
madera (nf) – wood
marinero (nm) – sailor
pelear (v) – to fight
quejarse (v) – to complain
rama (nf) – branch
recibir (v) – to receive, welcome
reina (nf) – queen
rey (nm) – king
trozo (nm) – piece

UNIDAD DOCE

Ya ves, Ana. Como tú dijiste, todo va a ir bien con tu padre.

Ya lo sé, Maite, pero vamos a dejar Pamplona, estoy segura.

¿Por qué?

Mi padre tiene un contrato con una empresa mejicana. Vamos a vivir en Méjico.

¿Cuándo os vais a mudar de casa?

No sé exactamente, pero voy a empezar en un nuevo cole, no voy a tener amigos y voy a echar de menos a Esteban.

Ay, Ana, no te pongas así. Quizás no va a pasar. Tu padre va a hacer el trabajo aquí en Pamplona y tú vas a ver a Esteban.

¡Ojalá! Voy a ver a Esteban esta tarde. No sé qué voy a decirle.

Pues, no va a ser un problema. Es un buen chico; va a comprender.

Por el momento no voy a decirle nada. Voy a continuar mis estudios aquí, voy a ayudar a mi padre como siempre y no voy a pensar en Méjico.

Y vas a casarte con Esteban, ¡claro!

¡Maite, no digas tonterías!

15

Lee y escucha el diálogo. Para cada frase escribe V (verdadera) o F (falsa).

1. El padre de Ana tiene un contrato con una empresa mejicana.
2. Maite va a vivir en Méjico.
3. Ana no está contenta.
4. Maite va a empezar en un nuevo cole.
5. Esteban no va a comprender.
6. Ana no va a decir nada a Esteban.
7. Esteban va a casarse con Maite.

Gramática

Talking about the future

Remember, an easy way to talk about the future in Spanish is by using the verb *ir + a +* the infinitive of the verb which describes the action.

Voy a hablar con Esteban.	I'll talk to Esteban.
Voy a vivir en Méjico.	I'm going to live in Mexico.
Voy a continuar mis estudios.	I'm going to carry on with my studies.
Voy a ir a la universidad.	I'm going to go to university.
Voy a trabajar de veterinario.	I'm going to work as a vet.

16

Lee el anuncio.

Asturias – Paraíso natural

¿Dónde vas a pasar las vacaciones este año? ¿En Asturias? ¿Cómo no?

1. En Asturias vas a dar paseos en playas desiertas.
2. Vas a conocer la naturaleza.
3. Vas a comer los platos típicos de la región.
4. Vas a ver las tradiciones folklóricas.
5. Vas a vivir la historia.
6. Vas a conocer la aventura.

¡Vas a pasarlo bomba!

Empareja las frases con las ilustraciones.

Ejemplo: **1 c**

a
b
c
d
e
f

UNIDAD DOCE

17

Copia la carta y rellena los espacios.

> ¡Hola! ¿Qué tal? Estoy muy contento, porque han empezado las vacaciones. _____ a ir a Francia con unos amigos. _____ a hacer camping. _____ a quedarnos en un camping en la playa. Mis amigos _____ a hacer esquí acuático, pero yo no estoy seguro. Quizás _____ a tomar el sol. Mis padres _____ a pasar las vacaciones en Escocia. _____ a alquilar un chalé. Mi hermano tiene suerte porque _____ a pasar las vacaciones con su novia en los Estados Unidos. Y tú, ¿dónde _____ a pasar las vacaciones? ¿ _____ a montar a caballo con tus amigos como el año pasado? ¿ _____ todos a la Costa Cantábrica otra vez?
> Escríbeme pronto,
>
> _____

Palabras para utilizar: voy vais vamos va van vas

18

Escucha la grabación. ¿Qué van a hacer estas personas? Escoge la ilustración que convenga.

Ejemplo: **1 c**

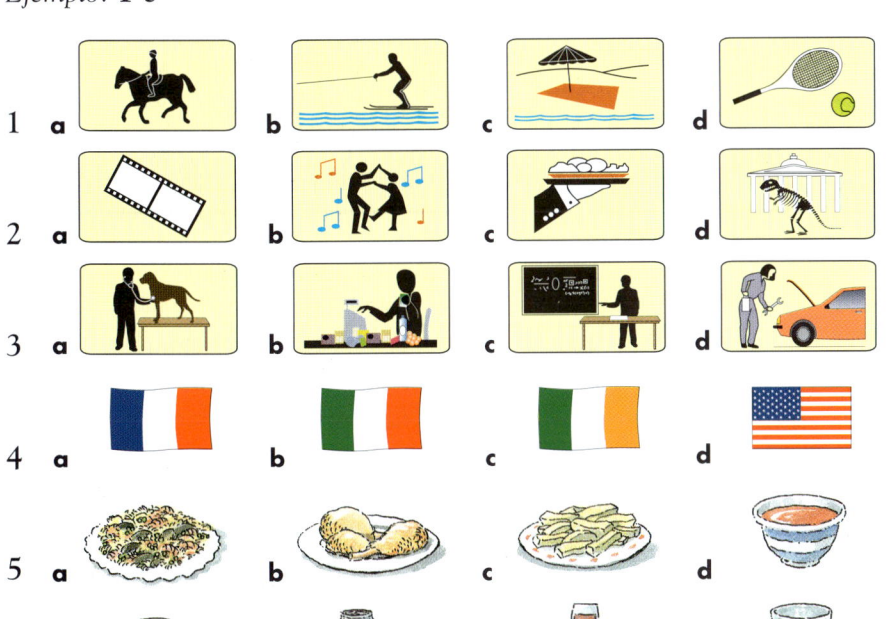

19

Túrnate con tu pareja. Utiliza las ilustraciones del ejercicio 18.

Ejemplo:

A — Voy a pasar las vacaciones en Francia.

B   Indica la ilustración correcta.

Mi casete personal

Esta tarde voy a ...
Graba tres o cuatro frases sobre lo que vas a hacer esta tarde después de llegar a casa.

Para ayudarte

Vocabulario
comprender (v) – to understand
mudarse (v) de casa – to move house
naturaleza (nf) – nature
seguro (adj) – sure

ciento ochenta y uno **181**

UNIDAD DOCE

20

Lee y escucha el diálogo. Busca una frase en el diálogo para cada ilustración.

Ejemplo: **a** detrás del seto

¿Has visto mi navaja, Miguel?

Allí está, debajo de la silla.

¿Vas a salir con Ana esta tarde?

Sí, vamos al cine. Vamos a encontrarnos delante de la cafetería a las ocho.

¿Qué cafetería?

La Altamira – en la plaza, al lado del hotel.

¿Altamira? Ah, sí, la conozco – enfrente de Correos, ¿no?

Sí, eso es, entre el hotel y la panadería.

Pero, ¿no es la cafetería donde le robaron la cartera a su padre?

Sí, eso es. Suso se escondió detrás del seto y luego le arrebató la cartera y se fue corriendo.

¡Qué barbaridad! Bueno, son las seis y media. ¿Vamos a tomar algo? Hay un bar nuevo cerca de la piscina.

¡Menudo amigo tú! Tienes un empleo, un grupo de música, un piso, ropa, dinero. Me voy lejos de aquí, pero no voy a olvidarte, compadre, te lo juro...

Gramática

To say where things are
To talk about the position of one person or thing in relation to another you need to use a **preposition**. These words are very useful links, and help you identify a location more precisely. The following prepositions appeared in the dialogue:

debajo de	under
al lado de	beside
detrás de	behind
lejos de	far from
delante de	in front of
enfrente de	opposite
cerca de	near

Remember that *de* followed by *el* becomes *del*, so 'beside the bank' is *al lado del banco*.

UNIDAD DOCE

21

Túrnate con tu pareja.

Ejemplo:

A — ¿Dónde está la panadería?

B — Al lado del banco.

22

Mira el plano de la ciudad en el ejercicio 21. Escribe V (verdadera) o (falsa) para cada frase.

1. La cafetería está enfrente del hotel.
2. El bar está entre la cafetería y el cine.
3. El banco está al lado de la carnicería.
4. El parque está delante de la panadería.
5. La piscina está enfrente de la cafetería.
6. El cine está al lado de la comisaría.

Para ayudarte

Vocabulario

arrebatar (v) – to snatch
ayuntamiento (nm) – town hall
banco (nm) – bank
carnicería (nf) – butcher's
comisaría (nf) – police station
esconderse (v) – to hide
jurar (v) – to swear
¡menudo amigo tú! – some friend you are!
navaja (nf) – penknife
olvidar (v) – to forget
panadería (nf) – baker's
¡qué barbaridad! – how awful!
seto (nm) – hedge

UNIDAD DOCE

23

Escucha a Esteban.
Mira la ilustración. Identifica a Inma, Paco, Esteban, Clara, Unai y Javi.

Ejemplo: Javi – c

24

Mira el plano de la High Street. Escribe una descripción para tu corresponsal. Utiliza un diccionario si es necesario.

Ejemplo: La carnicería está al lado de la panadería.

UNIDAD DOCE

25

Lee la postal de Juanjo. Dibuja un plano del centro del pueblo del que escribe Juanjo.

> ¡Hola Miguel! Lo estoy pasando bomba aquí en Las Canarias. Al lado del hotel hay una discoteca muy buena. Enfrente del hotel hay un cine, y al lado del cine hay un restaurante barato. Y detrás del restaurante, la playa. Enfrente de la discoteca hay un bar. ¡Fenomenal!

26

Mira la ilustración del dormitorio de Miguel. Escucha la grabación. Identifica los errores de la ilustración.

27

Escribe una descripción de tu dormitorio. Mira la ilustración del ejercicio 26 para ayudarte.

Mi casete personal

Mi dormitorio

Graba tres o cuatro frases sobre tu dormitorio. Utiliza las respuestas del ejercicio 27.

Ejemplo: Al lado de la cama hay una mesita de noche.

Para ayudarte

Vocabulario
farmacia (nf) – chemist's shop
iglesia (nf) – church
radiador (nm) – radiator

ciento ochenta y cinco **185**

UNIDAD DOCE

Fuiste a ver a tu hermano el fin de semana pasado, ¿no? ¿Qué tal estaba?

Pues, no sé. Estoy un poco preocupada.

Andaba sin muletas y parecía estar de buen humor. Trabajaba en la tienda y nos encontramos para el almuerzo al mediodía.

Tomábamos una copa, y hablábamos de esto y lo otro.

Mientras le preguntaba por el ciclismo y la nueva bici, de repente se puso de pie, y me habló en un tono muy severo...

¡No quiero hablar de eso! Es que... necesito un poco de tiempo.

No entiendo. Antes le chiflaba el ciclismo pero ahora...

¡Ay, idiota!

¡Ay, te pido perdón, lo siento muchísimo!

No importa, no pasa nada...

28

Lee y escucha el diálogo. Copia las frases y rellena los espacios.

1 _____ sin muletas.
2 _____ de buen humor.
3 _____ en la tienda.
4 Nos _____ para el almuerzo.
5 _____ una copa.
6 Se _____ de pie.
7 Me _____ en un tono muy severo.
8 Le _____ el ciclismo.

Gramática

Using contrasting tenses to talk about the past

You know that the imperfect is used to set the scene, and the preterite is used to tell the sequence of events. The imperfect is also used to describe a situation that took place over a period of time, while the preterite describes a single event, or sequence of events, that interrupted the situation.

Le **preguntaba** sobre el ciclismo (taking place over some time) *cuando de repente* **se puso de pie.** (interruption)

I was asking him about cycling when he suddenly stood up.

29

Escucha la grabación. Pon las ilustraciones en el orden correcto.

Ejemplo: **1 d**

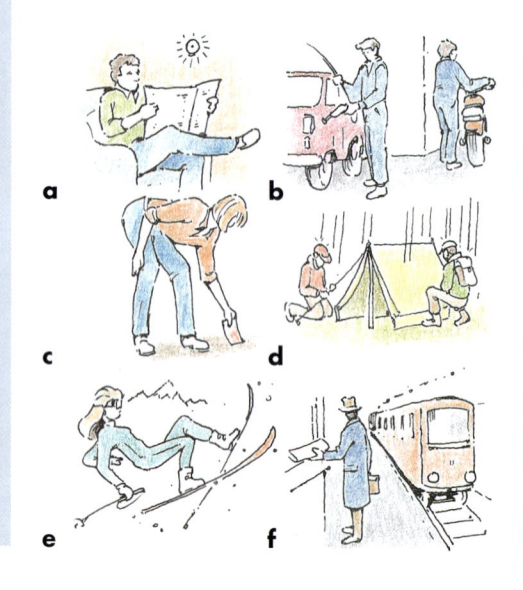

a   b
c   d
e   f

186　ciento ochenta y seis

UNIDAD DOCE

30

Empareja los globos con las ilustraciones.

Ejemplo: **1 f**

1. Fregaba los platos cuando dejé caer un vaso.
2. Hacía mis deberes cuando mi hermano entró.
3. Hacía la compra cuando perdí mi monedero.
4. Cenábamos cuando Marisol telefoneó.
5. Andaba por la calle cuando me caí al suelo.
6. Conducía por la calle cuando alguien arrancó sin mirar atrás.

31

Túrnate con tu pareja.
A – Escoge una ilustración en secreto y descríbela.
B – Indica la ilustración correcta.

Ejemplo:

A – Trabajaba en la tienda cuando el ladrón entró.

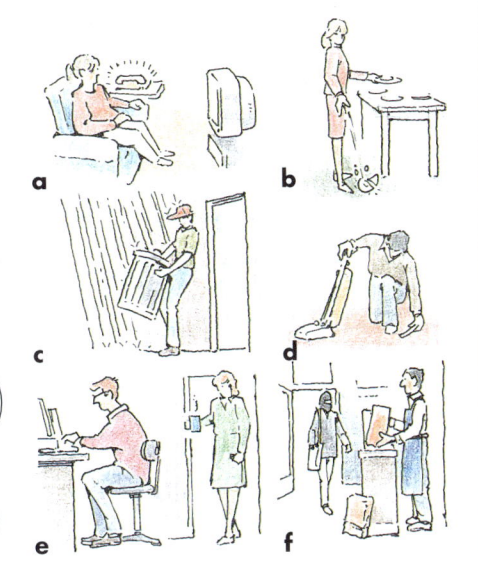

B – f

Para ayudarte

Vocabulario
alcanzar (v) – to reach
arrancar (v) – to pull away, start off
de buen humor – in good spirits
derrape (nm) – skid
evitar (v) – to avoid
muleta (nf) – crutch
no pasa nada – it's nothing
ponerse (v) de pie – to stand up
preocupado (adj) – worried
te pido perdón – I beg your pardon

ciento ochenta y siete **187**

UNIDAD DOCE

Bueno, Esteban, has trabajado muy bien, y quiero ofrecerte un puesto permanente.

Muchas gracias, Señora Ortega.

¡Un puesto permanente! ¡Qué bien!

Hola, compadre. ¿Qué tal?

¡Menudo amigo tú! Jugábamos al fútbol juntos, íbamos juntos al cine, al bar, reíamos, y luego me traicionaste.

¿Te traicioné? ¡Qué risa! Yo no robé a nadie. Yo no soy idiota. Y no dije nada a la policía.

¡Y qué! ¡Tú me robaste! ¡Tenía dinero y me lo quitaste!

Pues aquí te quedas con tu puesto, tu guitarra y tu novia. Me voy lejos de aquí, pero no te olvidaré, compadre.

Ay, Suso, no hagas tonterías. ¿Qué vas a hacer? ¿Adónde vas? ¿Cómo vas a terminar?

32

Lee y escucha el diálogo. ¿Cuáles son estos verbos?

rae   íntae   míbsoa   asquetti
bréo   noretsitaci   agash
moresía   mogsajubá   ejid

33

Lee los apuntes y luego escribe una descripción de este accidente.

Utiliza el imperfecto para describir las circunstancias del accidente ...	... y el pretérito para describir lo que pasó exactamente.
en coche – Pamplona–Madrid – mal tiempo – 50 km/hora – mucha lluvia – miedo	camión – lado prohibido de la carretera – tratar de evitarlo – derrape – chocar contra un árbol.

34

Lee el poema.
Busca el infinitivo de cada verbo en el poema. Haz una lista.

Ejemplo: éramos – ser

Éramos amigos, tú y yo.
Salíamos juntos,
Cantábamos y reíamos,
Bailábamos y comíamos,
Jugábamos y llorábamos,
Y luego encontraste
A una amiga. Y me dejaste.
Ahora vives lejos de aquí.
Estoy solo,
Y me pregunto si quiero
Comprar otro perro.

UNIDAD DOCE

35 🎧

Escucha la conversación. ¿Qué hacían estas personas para ganar dinero cuando eran jóvenes?

Escoge una ilustración para cada persona. ¡Ojo! No vas a necesitar todas las ilustraciones.

Ejemplo: **1 b**

36 💬

El día de boda de mi hermana.

Graba una presentación de unos dos minutos sobre el día de boda de tu hermana. Utiliza las ilustraciones para ayudarte.

37 🎧 🎵

Escucha la grabación. Pon las ilustraciones en el orden de la canción.

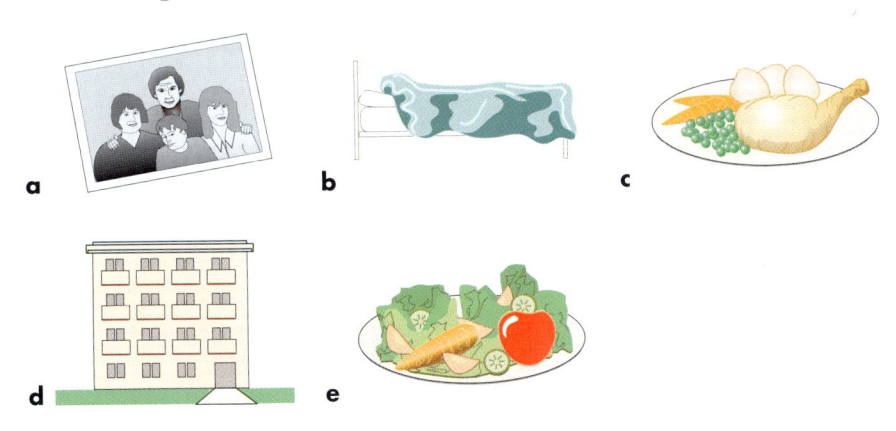

Para ayudarte

Vocabulario
pollo (nm) chilindrón – chicken in a sauce with tomatoes and peppers
puesto (nm) – post, job
traicionar (v) – to betray

ciento ochenta y nueve **189**

UNIDAD DOCE

38

Lee el diario de Alonso.

> Me llamo Alonso. Tengo veintitrés años. De momento, estoy sin hogar. Duermo en las estaciones de autobús, o en los parques. No tengo empleo. No puedo obtener empleo sin domicilio, y no voy a obtener un domicilio sin empleo. No sé qué hacer.
>
> Antes, era mejor. Vivía en un piso muy cómodo con mis padres. Íbamos juntos a la playa, al cine, al parque. Comíamos en restaurantes de vez en cuando. Íbamos de vacaciones cada agosto, y lo pasábamos bomba. Mi padre trabajaba de ingeniero, y mi madre era maestra de escuela. No éramos ricos, pero teníamos bastante dinero y vivíamos bastante bien. Luego, mi madre se puso enferma y murió. Mi padre perdió su empleo cuando se cerró la fábrica. Sin el empleo perdió todo interés, y pasaba días enteros en el salón, mirando la televisión, pero sin verla. Discutíamos mucho, y por fin dejé el piso para buscar trabajo. Yo tenía diecisiete años. Buscaba trabajo todos los días, pero no encontré nada. Robaba cosas de las tiendas para sobrevivir, y empecé a drogarme. No sé cómo está mi padre – no le hablo. Quiero encontrar un empleo, y necesito ayuda para la drogodependencia. Pero quizás es demasiado tarde.

Para cada frase escoge la respuesta que convenga.

Ejemplo: **1 c)**

1. ¿Cuántos años tiene Alonso?
   a) 17   b) 33   c) 23
2. ¿Dónde vivía antes?
   a) en un piso   b) en una casa   c) en una granja
3. ¿Cuándo iban de vacaciones?
   a) en julio   b) en agosto   c) en junio
4. ¿Qué hacía su padre?
   a) Era mecánico   b) Era bombero   c) Era ingeniero
5. ¿Qué hacía su madre?
   a) Era enfermera   b) Era maestra   c) Era camarera
6. ¿Qué le pasó a su madre?
   a) Perdió su empleo   b) La escuela cerró   c) Murió
7. ¿Cuántos años tenía Alonso cuando dejó el piso?
   a) 17   b) 23   c) 33
8. ¿Qué buscaba?
   a) su padre   b) un empleo   c) las drogas
9. Se lleva bien con su padre ahora – ¿sí o no?

39

Escucha la conversación. Un grupo de hombres muy ricos están hablando de dónde vivían cuando eran jóvenes y muy pobres. Empareja cada hombre con el sitio que menciona en la cinta.

Ejemplo: **1 c**

a

b

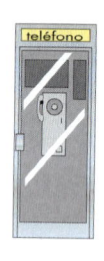

c

d

e

f

Para ayudarte

Vocabulario
cómodo (adj) – comfortable
discutir (v) – to argue
drogarse (v) – to take drugs
ingeniero (nm) – engineer
maestra (de escuela) (nf) – (primary school) teacher
sin hogar – homeless

Ya lo sé

A Unas vacaciones catastróficas

Escribe una carta a tu corresponsal sobre tus vacaciones recientes. Había muchos problemas.

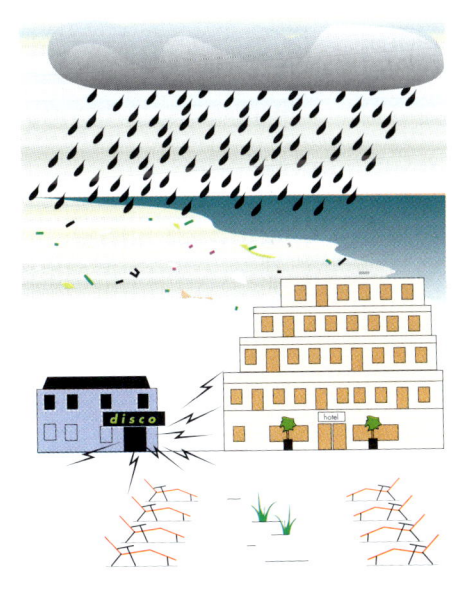

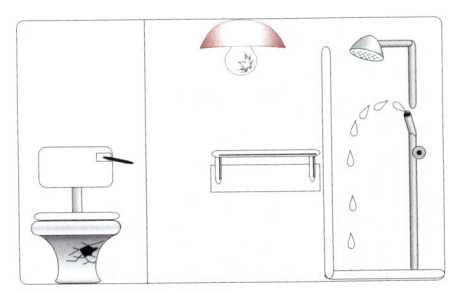

Ejemplo: La ducha no funcionaba. No había piscina …

B Un trabajo de verano

El verano pasado hiciste un trabajo para ganar dinero para tus vacaciones. Escribe una descripción de lo que hacías cada día.

C Robo en el almacén

Viste un robo en un almacén. Se trataba de un grupo de ladrones (arriba) que volaban cosas. Tienes que dar una descripción de los ladrones a la policia. ¿Cómo eran? ¿Qué llevaban puesto?

D Una descripción de una foto

Mandas una foto de tu familia a tu corresponsal. Escribe una nota para explicar quienes son estas personas.

Ejemplo: Mi hermana está al lado de mí.

E Accidente en la calle San Miguel

Estabas tomando un café en un bar en la calle San Miguel cuando viste un accidente. Escribe una descripción de lo que pasó para la policía.

¿Qué tiempo hacía?

¿Qué pasó exactamente?
¿Dónde estabas cuando pasó el accidente?
¿Qué hacías?

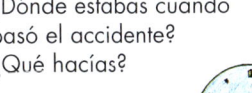

¿Qué hora era?

¿Había mucho tráfico?

¿Qué tipo de coche era?

Grammar index

The tables on these four pages are intended to enable you to look up the explanations of language structures in the units. The flow chart tells you how to use them.

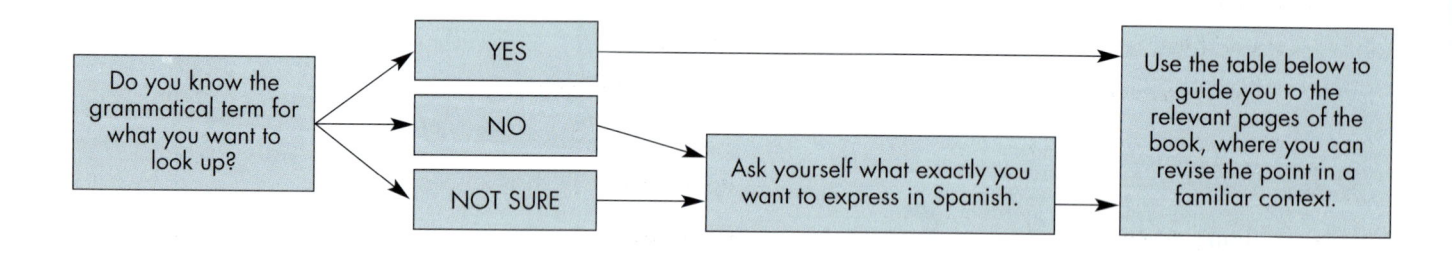

What you want to say	What to look up in the Grammar table
'a', 'an'	articles
adding *me, te, lo* etc. to the end of words	pronouns, commands/imperatives
advantages and disadvantages: saying 'the good thing is . . . the bad thing is'	*lo* plus adjective
age: saying how old you are	*tener*, cardinal numbers
'as . . . as'	comparison
'be': two verbs	*ser* and *estar*
choosing between two options	*sino*
connecting sentences	relative pronoun *que*
daily routine	reflexive verbs
days	dates and times
doing: to say you are doing something	present tense, present continuous tense
feelings and reactions: to show you are surprised, impressed, sympathetic etc.	¡qué . . .!
feelings: being cold, hot, hungry, tired etc.	*tener*: physical states
'for' in time expressions	*llevar, hace . . . que*
'go': saying where you are going	prepositions, *ir*
'going to' do something	future with *ir*
'got': how to say what you have got/not got	*tener*: possession
'have': to say you have (own) something	*tener*: possession
'have': to say you have done something	perfect tense
'her', 'him', 'us', 'them'	object pronouns
how long: saying how long you have been doing something	*llevar, hace . . . que*
'I'd like': to say you would like to have or do something	*me gustaría/quisiera*

GRAMMAR INDEX

What you want to say	What to look up in the Grammar table
'I', 'you', 'he', 'she', 'it', 'we', 'they'	subject pronouns
'just . . .': to say you've just done something	*acabar de*
'less . . . than', 'the least . . .'	comparison
likes and dislikes	*gustar*
masculine and feminine	gender
matching adjectives to nouns	agreement of adjectives
may, might, maybe: expressing doubt	*quizás*
months	dates and times
'more . . . than', 'the most . . .'	comparison
'my', 'your', 'his', 'her', 'our', 'their'	possessive adjectives
'no', 'not', 'no-one', 'nothing', 'never' etc.	negatives
numbers: 1, 2, 3 etc.	numbers (cardinal)
numbers: first, second, third etc.	numbers (ordinal), dates
opinions: what you think of something	*gustar*, ¡qué . . .!
past actions: to say you did something	preterite tense
past actions: to say you have finished doing something	perfect tense
past actions: to say you have just done something	*acabar de*
past actions: to say you used to do or you were doing something	imperfect tense
preferences, choices	*sino*
questions	interrogatives
se, *me*, *te* etc.	reflexive verbs
seasons	dates and times
shortened versions of words	shortened adjectives, ordinal numbers
spelling changes in verbs	radical-changing verbs
telling someone to do something	commands/imperatives
'the'	articles
'there is/there are/ there isn't/ there aren't'	*hay*
'this' and 'that'	demonstrative adjectives
time: asking/telling the time	dates and times
'to me', 'to you', 'to her', 'to him', 'to us', 'to them'	object pronouns
'used to': saying what you used to do	imperfect tense
'usually': saying what you usually do	*soler*
'you': different forms of you	formal and informal language

ciento noventa y tres 193

GRAMMAR INDEX

Grammatical point/language structure	Which unit, which page
a – the use of personal *a*	Unit 9 page 130
acabar de	Unit 6 page 92
adjectives	Unit 2 page 21
adverbs	Unit 5 page 78
agreement of adjectives	Unit 2 page 21; Unit 3 page 40; Unit 4 page 58; Unit 5 page 66; Unit 8 page 124; Unit 10 page 156
alphabet	Unit 1 page 8
apologies	Unit 11 page 170
articles	Unit 1 pages 4, 6, 10
commands/imperatives	Unit 3 page 49; Unit 11 page 166
comparison	Unit 8 pages 114, 118
dates and times	Unit 2 page 30; Unit 3 page 36
demonstrative adjectives	Unit 10 page 148
formal and informal language	Unit 4 page 52
future with *ir*	Unit 4 page 56; Unit 12 page 180
gender of nouns	Unit 1 pages 4, 6
gustar	Unit 2 page 24; Unit 4 page 60; Unit 5 page 76
gustaría/quisiera	Unit 5 page 71
hace . . . que	Unit 11 page 168
hacer	Unit 6 page 84
hay	Unit 1 page 10; Unit 8 page 120
imperfect tense	Unit 12 pages 175, 176, 178, 186
interrogatives	Unit 3 page 42
irregular verbs	Unit 3 pages 34, 38, 44, 46; Unit 10 pages 142, 154; Unit 11 page 160
llevar	Unit 11 pages 164, 168
lo plus adjective	Unit 9 pages 130, 138
negatives	Unit 5 page 72
numbers (cardinal)	pages 2–3; Unit 5 page 66
numbers (ordinal)	Unit 2 page 30; Unit 7 page 98
object pronouns	Unit 7 page 108; Unit 10 page 150
past participles	Unit 8 pages 116, 124
perfect tense	Unit 8 page 122; Unit 9 page 134; Unit 10 page 154
plurals of adjectives	Unit 2 page 21
possessive adjectives	Unit 3 page 40
prepositions	Unit 12 page 182

194 ciento noventa y cuatro

GRAMMAR INDEX

Grammatical point/language structure	Which unit, which page
present continuous tense	Unit 6 page 84
present tense	Unit 2 page 22; Unit 3 pages 34, 38; Unit 6 page 84
preterite tense	Unit 9 page 128; Unit 10 pages 142, 154; Unit 11 page 160; Unit 12 pages 176, 186
pronouns	Unit 2 page 18; Unit 6 page 87; Unit 7 page 108; Unit 10 page 150
pronouns added onto infinitives	Unit 9 page 136
pronouns with prepositions	Unit 9 page 132
¡qué...!	Unit 9 pages 136, 138; Unit 10 page 156
radical-changing verbs	Unit 5 page 68; Unit 6 page 82; Unit 10 page 146
reflexive verbs	Unit 7 pages 100, 104; Unit 8 page 120; Unit 12 page 178
regular verbs	Unit 2 page 22; Unit 3 pages 34, 38
relative pronoun *que*	Unit 8 page 121
ser and *estar*	Unit 2 pages 18, 26; Unit 7 page 102; Unit 8 page 112; Unit 11 page 160
shortened adjectives	Unit 5 page 66; Unit 7 page 99
sino	Unit 10 page 148
soler	Unit 7 page 107
subject pronouns	Unit 2 page 18; Unit 6 page 87
tener: physical states	Unit 2 page 28; Unit 4 page 62
tener: possession	Unit 1 page 6; Unit 2 page 28
'to the' and 'from the'	Unit 3 page 46
verbs with prepositions	Unit 6 page 94

Using your Spanish dictionary

Abbreviations

Words given in the *Para ayudarte* lists in this book, and listed in the *Vocabulario* at the back, have abbreviations after them to tell you whether the word is

a masculine noun (nm)
a feminine noun (nf)
an adjective (adj)
an adverb (adv)
a verb (v).

In the dictionary you will find similar abbreviations after words, and these are worth noticing as they can help you choose the right word. For example, if you want the word for 'cook', do you want *cocinero (nm)* or *cocinar (v)*?

Use your head before you use your dictionary!

Dictionaries are a great help to language students, but only when you know how to use them effectively! If you don't, they can waste a lot of your time. This is especially crucial in an exam, when you are under time pressure: you need to know how to limit the time spent looking up words.

The following advice aims to help you make the best use of your dictionary and your time in reading tests and in written work.

Reading work

- Read the passage first, and decide **what it is generally about** before you open the dictionary. There will be clues to help you: in the question itself, in the title of the text, in the form of a picture or a symbol, or a word that looks like an English word.
- Watch out for different meanings when you look something up – **choose the meaning which makes most sense** in the context.
- Ask yourself: is the word likely to be a noun, or a verb, or an adjective, etc.? This will help you to work out its meaning, or to choose the right meaning if you look it up.
- When you are looking up a verb, remember that **verbs are listed under the infinitive**. For example, if you want to check the meaning of *me acuesto*, you need to look up *acostarse* in the dictionary.
- When you are looking up an adjective, remember that **adjectives are listed under the masculine singular**. For example, if you want to check the meaning of *propias*, you need to look up *propio* in the dictionary.

> **Quick time-savers for the reading exam**
>
> - Scan the whole passage first to find out what it's about.
> - Make an intelligent guess, using the clues you are given.
> - Think about how a word will be listed, before you look it up.

USING YOUR SPANISH DICTIONARY

Written work

- Many words have several meanings – make sure you choose the right one. For example, under 'bat' do you choose *murciélago* or *raqueta*? If you are not sure, then cross-check by looking up the Spanish words in the Spanish–English part of the dictionary.
- When you are looking up a verb, remember that **verbs are listed under the infinitive**. You can't look up the individual parts of verbs. For example, if you want to look up the Spanish for *bought*, you need to look up *buy* in the dictionary and then work out the past tense for yourself, or check it. (Use the Grammar reference index on pages 192–93 to help you find the explanations.)
- There is a group of verbs which can be particularly tricky to look up. These are verbs which in English are always followed by a preposition, such as to look **at**, to go **on**, to put **out**. The solution is:
  1 Don't look up 'look' and 'at' separately – it doesn't work! Scan the list of meanings under 'look' until you find 'look at'.
  2 If you have a small dictionary it might not include 'look at' under 'look'. To get the right Spanish word, try to think of a single English word you could look up instead. Here are some examples of one-word alternatives:

to **look at** the paper   to **read** the paper
to **go on** writing the letter   to **continue** writing the letter
to **finish off** the housework   to **complete** the housework

If you look these up you are more likely to find the right Spanish word.

- If you are looking up an adjective to go with a noun you are using, remember that the masculine singular form is the one you will find in the dictionary, but you might need to adjust it to go with your noun. For example, if you want to describe *las chicas españolas* as good-looking, you will find *guapo* but you'll need to write *guapas*.

Quick time-savers for the written exam
It's a good idea to:

- stick to words or phrases that you **already know**, if you possibly can
- use the dictionary to check spellings **after** you have drafted your piece.

It's **not** a good idea to look up totally new words unless you really need to – it takes ages!

Vocabulario

español–ingles

a

abajo (adv) below
abierto (adj) open
abogado (nm) lawyer
abrazo (nm) embrace
abrebotellas (nm) bottle opener
abril (nm) April
abrir (v) to open
abuelo (nm) grandfather
aburrido (adj) boring
acabar (v) to have just (see Grammar index)
accidente (nm) accident
acción (nf) action
aceituna (nf) olive
acerca (adv) close
acompañar (v) to accompany
acordado (adj) agreed
acordarse (ue) (v) to remember
acostarse (ue) (v) to go to bed
actividad (nf) activity
actor (nm) actor
acuático (adj) of water
acuerdo (nm) agreement
acusación (nf) accusation
adecuado (adj) appropriate
adiós goodbye
adivinar (v) to guess
administrar (v) to manage
admirar (v) to admire
¿adónde? where to?
adoptar (v) to adopt
adorar (v) to adore
adulto (nm, adj) adult
adverbio (nm) adverb (see Grammar index)
aeróbico (adj) aerobic
aficionado (nm) fan
agenda (nf) diary
agosto (nm) August
agradable (adj) pleasant, nice
agua (nf) water
ahora (adv) now
ahorrar (v) to save (money)
al (= a + el) to the (see Grammar index)
alcanzar (v) to reach
alegría (nf) happiness
alemán (nm, adj) German
alfabeto (nm) alphabet
alfombra (nf) carpet, rug
alfombrilla (nf) mouse mat
algo something
algodón (nm) cotton
algún (adj) some
allí (adv) there
almacén (nm) department store
almendra (nf) almond
almuerzo (nm) lunch
alquilar (v) to hire

altitud (nf) altitude
alto (adj) tall
alumno (nm) pupil
amable (adj) kind
amante (nm/nf) lover
amarillo (adj) yellow
Amazonas (nm) Amazon
ambición (nf) ambition
ambiente (nm) atmosphere
ambulancia (nf) ambulance
americano (nm, adj) American
amigo (nm) friend
amor (nm) love
andar (v) to walk
andén (nm) platform
animado (adj) lively
animal (nm) animal
anoche (adv) last night
antena (nf) aerial, dish
antes (adv) before
antiguo (adj) old
anunciar (v) to announce
anuncio (nm) advertisement
añadir (v) to add
año (nm) year
aparecer (v) to seem
apartamento (nm) flat
apellido (nm) surname
apetecer (v) to crave, feel like
aprender (v) to learn
apropiado (adj) appropriate
apuntar (v) to note
aquí (adv) here
árabe (nm, adj) Arab(ic)
árbitro (nm) referee
árbol (nm) tree
arco (nm) arch
armario (nm) cupboard, wardrobe
arquitecto (nm) architect
arquitectura (nf) architecture
arrancar (v) to set off
arreglar (v) to tidy
arriba (adv) above
arte (nm) art
artículo (nm) article
artificial (adj) artificial
ascensor (nm) lift
asco (adj) awful, disgusting
asesor (nm) consultant
así (adv) so, thus
asiento (nm) seat
asignatura (nf) subject
asistir (v) to attend
asma (nf) asthma
aspecto (nm) aspect
aspiradora (nf) vacuum cleaner
aspirina (nf) aspirin
asqueroso (adj) revolting
ataque (m) attack (medical)
atentamente (adv) attentively
Atlántico (nm) Atlantic
atlético (adj) athletic

atletismo (nm) athletics
atractivo (adj) attractive
atrás (adv) behind
atropellar (v) to run over
aullar (v) to howl
aún (adv) even
ausente (adj) absent
autobús (nm) bus
autocar (nm) coach
automático (adj) automatic
automóvil (nm) car
auxilio (nm) help
aventura (nf) adventure
avión (nf) plane
¡Ay! Oh dear!
ayer (adv) yesterday
ayuda (nf) help
ayudar (v) to help
ayuntamiento (nm) town hall
azafata (nf) air hostess
azteco (nm, adj) Aztec
azul (adj) blue

b

bádminton (nm) badminton
bailar (v) to dance
bajista (nm) bass guitarist
bajo (adj) low
Baleares (Islas) (nfpl) Balearic Islands
balón (nm) ball
baloncesto (nm) basketball
balonmano (nm) handball
bandera (nf) flag
baño (nm) bath
bar (nm) bar
barato (adj) cheap
barbaridad (nf) shocking act
barco (nm) boat
barrer (v) to sweep
barrio (nm) district
basado (adj) based
¡basta! that's enough!
bastante (adv) quite, rather
basura (nf) rubbish
batería (nf) drum kit
batir (v) to beat
bebé (nm) baby
beber (v) to drink
bebida (nf) drink
béisbol (nm) baseball
bello (adj) beautiful
beso (nm) kiss
bici (= bicicleta) bike
bicicleta (nf) bicycle
bien (adv) well
bilingüe (adj) bilingual
billete (nm) ticket
blanco (adj) white
blusa (nf) blouse
bocadillo (nm) sandwich
boda (nf) wedding
bodega (nf) wine cellar

bolera (nf) bowling alley
boli (= bolígrafo) biro
bolígrafo (nm) biro
bolsillo (nm) pocket
bolso (nf) bag
bombero (nm) fireman
bonito (adj) pretty
bosque (nm) wood
bota (nf) boot
botella (nf) bottle
botiquín (nm) first-aid kit
botón (nm) button, badge
brazo (nm) arm
brillar (v) to shine
británico (nm, adj) British
broma (nf) joke
bueno (adj) good
bufanda (nf) scarf
búho (nm) owl
buscar (v) to look for

c

caballero (nm) gentleman
caballo (nm) horse
cabeza (nf) head
cacahuete (nm) peanut
cada (adj) each
caerse (v) to fall
café (nm) coffee
cafetería (nf) coffee shop
caja (nf) box
calcetín (nm) sock
calculadora (nf) calculator
calcular (v) to calculate
calendario (nm) calendar
caliente (adj) hot
calificación (nf) qualification
calle (nf) street
callejuela (nf) alley
calor (nm) heat
cama (nf) bed
camarero (nm) waiter
cambiar (v) to change
caminata (nf) hike
camión (nm) lorry
camisa (nf) shirt
camiseta (nf) T-shirt
campeón (nm) champion
campeonato (nm) championship
camping (nm) campsite, camping
campo (nm) field
canadiense (nm, adj) Canadian
canal (nm) channel
Canarias (Islas) (nfpl) Canary Isles
cancelar (v) to cancel
canción (nf) song
candidato (nm) candidate
canguro (nm) babysitting
cansado (adj) tired
cantábrico (nm, adj) Cantabrian
cantante (nm/nf) singer

VOCABULARIO

cantar (v) *to sing*
cantidad (nf) *quantity*
cantina (nf) *canteen*
cañón (nm) *canyon*
capital (nf, adj) *capital*
caramelo (nm) *sweet*
cariño (adj) *dear*
carnaval (nm) *carnival*
carne (nf) *meat*
carnicería (nf) *butcher's shop*
caro (adj) *expensive*
carpeta (nf) *wallet file*
carpintero (nm) *carpenter*
carrera (nf) *career*
carretera (nf) *road*
carta (nf) *letter*
cartearse (v) *to correspond*
cartera (nf) *wallet*
casa (nf) *house*
casarse (v) *to get married*
cascada (nf) *waterfall*
casete (nm) *cassette*
casilla (nf) *box (on form)*
caso (nm) *case*
castellano (nm, adj) *Castilian*
catalán (nm, adj) *Catalan*
catálogo (nm) *catalogue*
Cataluña (nf) *Catalonia*
catastrófico (adj) *catastrophic*
catedral (nf) *cathedral*
católico (adj) *Catholic*
catorce *fourteen*
causa (nf) *cause*
CD (nm) *compact disc*
cebolla (nf) *onion*
celebrar (v) *to celebrate*
cementerio (nm) *cemetery*
cena (nf) *evening meal*
céntimo (nm) *cent*
central (adj) *central*
centro (nm) *centre*
cepillarse (v) *to brush*
cerámico (nm) *ceramic, pottery*
cerca (adv) *near*
cereales (nmpl) *cereal(s)*
ceremonia (nf) *ceremony*
cero *zero*
cerrado (adj) *closed*
cerrar (ie) (v) *to close*
cesar de (v) *to stop*
chalé (nm) *villa, semi-detached house*
chándal (nm) *tracksuit*
chaqueta (nf) *jacket*
charlar (v) *to chat*
chica (nf) *girl*
chico (nm) *boy*
chiflar (v) *to captivate (me chifla = I love ...)*
chocar (v) *to bump into*
chocolate (nm) *chocolate*
churros (nmpl) *fritters*
ciclismo (nm) *cycling*
cielo (nm) *sky*
cien (see ciento)
ciencia-ficción (nf) *science fiction*
ciento *one hundred (see Grammar index)*
ciertamente (adv) *certainly*
cierto (adj) *certain*
cigarrillo (nm) *cigarette*
cinco *five*
cincuenta *fifty*
cine (nm) *cinema*
cinta (nf) *tape*
cinturón (nm) *belt*
circunstancias (nfpl) *circumstances*
ciudad (nf) *city*
civil (adj) *civil*
claro (adj) *clear, obvious*
clase (nf) *class, lesson*
clasificar (v) *to classify*
cliente (nm/nf) *customer*
coche (nm) *car*
cocina (nf) *kitchen*
cocinar (v) *to cook*
coger (v) *to catch*
cohete (nm) *rocket*
cole (= colegio) *school*
colegio (nm) *school*
colombiano (nm, adj) *Colombian*
color (nm) *colour*
columna (nf) *column*
combinar (v) *to combine*
comedor (nm) *dining room*
comentario (nm) *commentary*
comenzar (v) *to begin*
comer (v) *to eat*
cómico (adj) *comic*
comida (nf) *food, meal*
comisaría (nf) *police station*
¿cómo? (adv) *how?*
como *how, as*
cómodo (adj) *comfortable*
compañero (nm) *friend*
compañía (nf) *company*
compartir (v) *to share*
competición (nf) *competition*
competir (i) (v) *to compete*
completamente (adv) *completely*
completar (v) *to complete*
comprar (v) *to buy*
compras (nfpl) *shopping*
con *with*
concentrar (v) *to concentrate*
concierto (nm) *concert*
concurso (nm) *competition*
conducir (v) *to drive*
confitería (nf) *sweet shop*
conmigo *with me*
conocer (v) *to know*
conocimiento (nm) *knowledge*
conquistador (nm) *conqueror*
conquistar (v) *to conquer*
consejo (nm) *advice*
conservar (v) *to keep*
considerar (v) *to consider*
constantemente (adv) *constantly*
construcción (nf) *construction*
construir (v) *to construct*
contable (nm/nf) *accountant*
contacto (nm) *contact*
contaminar (v) *to pollute*
contento (adj) *happy*
contestación (nf) *answer*
contestador (nm) automático *answering machine*
contestar (v) *to answer*
contigo *with you*
continuación (nf) *continuation*
contra (prep) *against*
contrato (nm) *contract*
controlar (v) *to inspect, check*
convenir (ie) (v) *to be suited to*
conversación (nf) *conversation*
copa (nf) *glass, drink*
copiar (v) *to copy*
corazón (nm) *heart*
corbata (nf) *tie (necktie)*
correcto (adj) *correct*
corredor (nm) *corridor*
correr (v) *to run*
correspondiente (adj) *corresponding*
corresponsal (nm/nf) *penpal*
cortar (v) *to cut*
cortés (adj) *polite*
cortesía (nf) *politeness*
corto (adj) *short*
cosa (nf) *thing*
costa (nf) *coast*
costar (ue) (v) *to cost*
costumbre (nf) *custom*
cotidiano (adj) *daily*
creer (v) *to believe*
crema (nf) *cream*
cuaderno (nm) *exercise book*
cuadro (nm) *picture (painting)*
cual (adj) *which*
¿cuál? (adj) *which?*
cuando *when*
¿cuándo? *when?*
cuanto *how much*
¿cuánto? *how much?*
cuarenta *forty*
cuarto (nm) *room*
cuatro *four*
cuatrocientos *four hundred*
cuchara (nf) *spoon*
cucharada (nf) *spoonful*
cuchichear (v) *to whisper*
cuchillo (nm) *knife*
cuello (nm) *neck*
cuerda (nf) *string*
cuero (nm) *leather*
cuerpo (nm) *body*
cuestión (nf) *question*
cuestionario (nm) *questionnaire*
¡cuidado! *be careful! watch out!*
cuidar (v) de *to look after, care for*
cultura (nf) *culture*
cumpleaños (nm) *birthday*
curso (nm) *course*

d

dar (v) *to give*
de *of, from*
debajo (adv) *below*
deber (v) *to owe, to have to*
deberes (nmpl) *homework*
decidir (v) *to decide*
decir (i) (v) *to say*
declarar (v) *to declare*
decorar (v) *to decorate*
dedicarse (v) *to dedicate*
dedo (nm) *finger, toe*
dejar (v) *to leave*
del (= de + el) *of the, from the*
delgado (adj) *thin*
delicioso (adj) *delicious*
demasiado (adv) *too*
dentista (nm/nf) *dentist*
dentro (adv, prep) *inside*
dependiente (nm/nf) *shop assistant*
deporte (nm) *sport*
deportista (nm/nf) *sportsman/woman*
deportivo (adj) *sporty*
depósito (nm) *warehouse*
deprimido (adj) *depressed*
derecho (adj) *right*
desastre (nm) *disaster*
desayuno (nm) *breakfast*
descansar (v) *to rest*
descanso (nm) *rest*
descargar (v) *to unload*
descifrar (v) *to decode*
descortés (adj) *impolite*
describir (v) *to describe*
descripción (nf) *description*
descubrir (v) *to discover*
descuento (nm) *discount*
desde *since, from*
desear (v) *to wish, want*
desembarcar (v) *to disembark*
desesperado (adj) *desperate*
desierto (nm) *desert*
desorden (nm) *disorder*
desorganizado (adj) *disorganised*
despertador (nm) *alarm clock*
despertarse (ie) (v) *to wake up*
después *after*
destino (nm) *destination*
desventaja (nf) *disadvantage*
detallado (adj) *detailed*
detrás (adv) *behind*
día (nm) *day*
diálogo (nm) *dialogue*
diario (adj) *daily*
dibujar (v) *to draw*
dibujo (nm) *drawing*
dibujos animados (nmpl) *cartoons*
diccionario (nm) *dictionary*
diciembre (nm) *December*
dictador (nm) *dictator*
diez *ten*
diferencia (nf) *difference*

VOCABULARIO

diferente (adj) *different*
dinero (nm) *money*
dirección (nf) *direction, address*
disco (nm) *music disc, album*
discoteca (nf) *discotheque*
disculpa (nf) *excuse, apology*
diseñar (v) *to design*
disparo (nm) *shot*
disputa (nf) *argument*
disputar (v) *to argue*
disquete (nm) *(computer) disk*
distancia (nf) *distance*
distribuir (v) *to distribute, hand out*
divertido (adj) *funny (amusing)*
divorcio (nm) *divorce*
doce *twelve*
documental (nm, adj) *documentary*
doler (ue) (v) *to hurt*
doméstico (adj) *domestic*
domingo (nm) *Sunday*
donde *where*
¿dónde? *where?*
dormir (ue) (v) *to sleep*
dormitorio (nm) *bedroom*
dos *two*
doscientos *two hundred*
dramático (adj) *dramatic*
droga (nf) *drug*
drogarse (v) *to take drugs*
ducha (nf) *shower*
dulce (adj) *sweet*
durante *during*
durar (v) *to last*

e

echar (v) de menos *to miss*
económico (adj) *economic*
edad (nf) *age*
edificado (adj) *built*
edificio (nm) *building*
Edimburgo (nm) *Edinburgh*
educación (nf) *education*
egocéntrico (adj) *selfish*
egoístamente (adv) *selfishly*
ejemplo (nm) *example*
ejercer (v) *to exercise*
ejercicio (nm) *exercise*
el *the (see Grammar index)*
él *he (see Grammar index)*
electricista (nm/nf) *electrician*
electrónico (adj) *electronic*
elegir (i) (v) *to choose*
ella *she (see Grammar index)*
emisión (nf) *broadcast, programme*
emocionante (adj) *exciting*
emparejar (v) *to pair up*
emperador (nm) *emperor*
empezar (ie) (v) *to begin*
empleado (nm) *employee*
empresa (nf) *company*
empujar (v) *to push*
en *in*
enamorado (adj) *in love*

encantar (v) *to delight*
encargo (nm) *order*
encender (ie) (v) *to switch on*
encierro (nm) *enclosure*
encima (prep) *on top of*
encontrar (ue) (v) *to find, meet*
encuesta (nf) *survey*
enero (nm) *January*
enfadado (adj) *angry*
enfadarse (v) *to become angry*
enfermero/a (nm/nf) *nurse*
enfermo (adj) *ill*
enfrente (prep) *opposite*
enojado (adj) *annoyed*
enorme (adj) *huge*
ensalada (nf) *salad*
enseñar (v) *to teach*
entender (ie) (v) *to understand*
entonces (prep) *then, so*
entrada (nf) *entrance*
entre (prep) *between*
entregar (v) *to deliver*
entrenamiento (nm) *training*
entrenarse (v) *to train*
entretener (ie) (v) *to entertain*
entrevista (nf) *interview*
entrevistador (nm) *interviewer*
entrevistar (v) *to interview*
entusiasmo (nm) *enthusiasm*
enviar (v) *to send*
envolver (ue) (v) *to wrap up*
enyesar (v) *to put in plaster*
equipo (nm) *team*
equitación (nf) *horse riding*
error (nm) *error*
escalera (nf) *staircase*
escena (nf) *scene*
escoba (nf) *broom*
escobar (v) *to sweep out*
escocés (nm, adj) *Scottish*
Escocia (nf) *Scotland*
escoger (v) *to choose*
escolar (adj) *school*
esconderse (v) *to hide (yourself)*
escribir (v) *to write*
escrito (adj) *written*
escuchar (v) *to listen*
escudo (nm) *shield*
esencial (adj) *essential*
esfuerzo (nm) *effort*
eso (adj) *that (see Grammar index)*
espacio (nm) *gap, space*
espaguetis (nmpl) *spaghetti*
España (nf) *Spain*
español (nm, adj) *Spaniard, Spanish*
especial (adj) *special*
especialidad (nf) *speciality*
espejo (nm) *mirror*
esperanza (nf) *hope*
esperar (v) *to wait for*
esposa (nf) *wife*
esquí (nm) *skiing*
esquiar (v) *to ski*

esta (adj) *this (see Grammar index)*
estación (nf) *station, season*
estadio (nm) *stadium*
Estados Unidos (nmpl) *United States*
estante (nm) *shelf*
estar (v) *to be (see Grammar index)*
este (adj) *this (see Grammar index)*
estilo (nm) *style*
estimado (adj) *Dear . . . (in formal letters)*
esto *this (see Grammar index)*
estrecho (adj) *narrow*
estricto (adj) *strict*
estuche (nm) *pencil case*
estudiante (nm/nf) *student*
estudiar (v) *to study*
estupendo (adj) *superb*
estúpido (adj) *stupid*
etiqueta (nf) *price tag*
euro (nm) *euro*
Europa (nf) *Europe*
europeo (nm, adj) *European*
evitar (v) *to avoid*
exactamente (adv) *exactly*
examen (nm) *examination*
excelente (adj) *excellent*
excursión (nf) *trip*
éxito (nm) *success*
exótico (adj) *exotic*
expedición (nf) *expedition*
experiencia (nf) *experience*
experimentar (v) *to experiment*
explicación (nf) *explanation*
explicar (v) *to explain*
explorador (nm) *explorer*
explosión (nf) *explosion*
Expo = exposición (nf) *exhibition*
expresión (nf) *expression*
extinto (adj) *extinct*
extranjero (nm, adj) *foreigner*
extraterrestre (nm) *alien*
extravagante (adj) *extravagant*

f

fábrica (nf) *factory*
fabuloso (adj) *fabulous*
fácil (adj) *easy*
facilidad (nf) *facility*
falso (adj) *false*
faltar (v) *to lack, to be missing*
familia (nf) *family*
famoso (adj) *famous*
fanfarronear (v) *to boast*
fantasía (nf) *fantasy*
fantástico (adj) *fantastic*
farmacia (nf) *chemist's*
fastidiar (v) *to bother, pester*
fastidio (adj) *nuisance*
fatal (adj) *awful*
favorito (adj) *favourite*
febrero (nm) *February*
fecha (nf) *date*

fenomenal (adj) *terrific*
feo (adj) *ugly*
fiebre (nf) *fever, temperature*
fiesta (nf) *party, festival*
fijarse (v) *to imagine*
filete (nm) *steak*
fin (nm) *end*
fin de semana (nm) *weekend*
final (nm, adj) *final*
fino (adj) *fine*
firma (nf) *signature*
físico (adj) *physical*
flor (nf) *flower*
folklórico (adj) *traditional*
folleto (nm) *leaflet*
forma (nf) *form, shape*
formar (v) *to form, shape*
formulario (nm) *form*
foto(grafía) (nf) *photo(graph)*
francamente (adv) *frankly*
francés (nm, adj) *French*
Francia (nf) *France*
frase (nf) *sentence, phrase*
frecuente (adj) *frequent*
frecuentemente (adv) *frequently*
fresco (adj) *cool*
frío (adj) *cold*
frontera (nf) *border*
frontón (nm) *pelota court*
fuego (nm) *fire*
fuera (adv) *outside*
fuerte (adj) *strong*
fugarse (v) *to run away*
fumador (nm) *smoking (seat, compartment etc)*
fumar (v) *to smoke*
furioso (adj) *angry*
fútbol (nm) *football*
futbolista (nm/nf) *football player*
futuro (nm) *future*

g

gafas (nfpl) *spectacles*
galaxia (nf) *galaxy*
Gales, país de (nm) *Wales*
galés (nm, adj) *Welsh*
gallego (nm, adj) *Galician*
gamberro (nm) *hooligan*
ganar (v) *to earn*
garaje (nm) *garage*
garganta (nf) *throat*
gastar (v) *to spend*
gemelo (nm) *twin*
general (nm, adj) *general*
generalmente (adv) *generally*
generoso (adj) *generous*
genio (nm) *genius*
gente (nf) *people*
geografía (nf) *geography*
geográfico (adj) *geographical*
gimnasio (nm) *gymnasium*
globo (nm) *speech bubble*
golpear (v) *to strike, hit*
goma (nf) *eraser*

VOCABULARIO

gordo (adj) *fat*
gorra (nf) *cap*
grabación (nf) *recording*
grabar (v) *to record*
gracias *thank you*
gramática (nf) *grammar*
Gran Bretaña (nf) *Great Britain*
grande (adj) *big*
granja (nf) *farm*
grasa (nf) *fat, grease*
Grecia (nf) *Greece*
grupo (nm) *group*
guapo (adj) *good-looking*
guardar (v) *to keep*
guerra (nf) *war*
guía (nm) *guide*
guía (nf) *guide book*
guitarra (nf) *guitar*
gustar (v) *to please (me gusta = I like) (see Grammar index)*

h

habilidad (nf) *skill*
hablar (v) *to speak*
hacer (v) *to do, make (see Grammar index)*
hambre (nf) *hunger (tengo hambre = I'm hungry)*
hambriento (adj) *hungry*
hamburguesa (nf) *hamburger*
harto (adj) *fed up*
hasta (prep) *until*
hay *there is, there are*
heladería (nf) *ice cream shop*
helado (nm) *ice cream*
herido (adj) *injured, wounded*
hermana (nf) *sister*
hermanito (nm) *little brother*
hermano (nm) *brother*
hielo (nm) *ice*
hija (nf) *daughter*
hijo (nm) *son*
historia (nf) *history, story*
hogar (nm) *home*
hoja (nf) *page, sheet of paper*
¡Hola! *Hi!*
holandés (nm, adj) *Dutch*
hombre (nm) *man*
honestamente (adv) *honestly*
hora (nf) *hour*
horario (nm) *timetable*
horizonte (nm) *horizon*
horizontal (adj) *horizontal*
horrible (adj) *dreadful*
horror (nm) *horror*
hospital (nm) *hospital*
hotel (nm) *hotel*
hoy *today*
hueco (nm) *gap*
huelga (nf) *strike*
huevo (nm) *egg*
humano (adj) *human*
humor (nm) *humour*

i

ida y vuelta *return (ticket)*
idea (nf) *idea*
identidad (nf) *identity*
identificar (v) *to identify*
idioma (nf) *language*
iglesia (nf) *church*
ilusionado (adj) *excited*
ilustración (nf) *picture*
ilustrar (v) *to illustrate*
imagen (nf) *picture*
imaginar (v) *to imagine*
imaginario (adj) *imaginary*
impecable (adj) *impeccable*
importar (v) *to be important*
importancia (nf) *importance*
impresionante (adj) *impressive*
impresora (nf) *printer*
incendio (nm) *fire*
incluir (v) *to include*
inconveniente (nm) *disadvantage*
incorrecto (adj) *incorrect*
increíble (adj) *incredible*
indicado (adj) *indicated*
indiferente (adj) *indifferent*
indio (nm, adj) *Indian*
inesperado (adj) *unexpected*
infeliz (adj) *unhappy*
infinitivo (nm) *infinitive*
información (nf) *information*
informal (adj) *informal*
ingeniero (nm) *engineer*
Inglaterra (nf) *England*
inglés (nm, adj) *English*
inmediatamente (adv) *immediately*
inolvidable (adj) *unforgettable*
insecto (nm) *insect*
instalar (v) *to install*
insti (= instituto)
instituto (nm) *secondary school*
inteligente (adj) *intelligent*
intercambio (nm) *exchange*
interés (nm) *interest*
interesante (adj) *interesting*
internacional (adj) *international*
interrogativo (adj) *interrogative*
inútil (adj) *useless*
invadir (v) *to invade*
inventar (v) *to invent*
invierno (nm) *winter*
invitación (nf) *invitation*
invitar (v) *to invite*
ir (v) *to go, to be going to (see Grammar index)*
Irlanda (nf) *Ireland*
irlandés (nm, adj) *Irish*
irresponsable (adj) *irresponsible*
isla (nf) *island*
Italia (nf) *Italy*
italiano (nm, adj) *Italian*
itinerario (nm) *itinerary*

j

jamón (nm) *ham*
jarabe (nm) *cough syrup*
jardín (nm) *garden*
jefe (nm) *boss*
jóven (adj) *young*
jubilado (adj) *retired*
jueves (nm) *Thursday*
jugador (nm) *player*
jugar (ue) (v) *to play*
juguete (nm) *toy*
julio (nm) *July*
junio (nm) *June*
junto (adv) *together*
jurar (v) *to swear*
justo (adj) *fair*
juvenil (adj) *juvenile*

k

kárate (nm) *karate*
kilo (nm) *kilo*
kilómetro (nm) *kilometre*

l

la *the (see Grammar index)*
lado (nm) *side*
ladrón (nm) *thief*
laguna (nf) *pool, lagoon*
lamentar (v) *to regret (lo lamento = I'm sorry)*
lámpara (nf) *lamp*
lápiz (nm) *pencil*
largarse (v) *to 'get lost', to 'get out of here'*
largo (adj) *long*
lástima (nf) *pity*
lata (nf) *tin*
lavar(se) (v) *to wash (yourself)*
lección (nf) *lesson*
leche (nf) *milk*
lechuga (nf) *lettuce*
lector (nm) *reader*
leer (v) *to read*
legumbre (nf) *vegetable*
lejano (adj) *distant*
lejos (adv) *far*
lengua (nf) *language*
lentamente (adv) *slowly*
letra (nf) *letter*
levantarse (v) *to get up*
ley (nf) *law*
liberal (adj) *liberal*
libertad (nf) *freedom*
libre (adj) *free*
libro (nm) *book*
limonada (nf) *lemonade*
limpiar (v) *to clean*
limpio (adj) *clean*
línea (nf) *line*
Lisboa (nf) *Lisbon*
lista (nf) *list*
listo (adj) *ready*
litro (nm) *litre*
llamar (v) *to call*
llamarse (v) *to be called*
llegar (v) *to arrive*
llenar (v) *to fill*
llevar (v) *to carry, wear*
llevarse bien (v) *to get on well*
llorar (v) *to cry*
llover (ue) (v) *to rain*
lluvia (nf) *rain*
lo *it (see Grammar index)*
lobo (nm) *wolf*
Londres *London*
luchar (v) *to struggle, fight*
luego *next, later*
lugar (nm) *place*
lujo (nm) *luxury*
luna (nf) *moon*
lunes (nm) *Monday*
luz (nf) *light*

m

madera (nf) *wood*
madre (nf) *mother*
madrugada (nf) *early morning*
maduro (adj) *mature*
maestra (nf) *primary schoolteacher*
magnetófono (nm) *tape recorder*
magnífico (adj) *magnificent*
mal (adv) *badly*
maleta (nf) *suitcase*
Mallorca (nf) *Majorca*
malo (adj) *bad*
mamá (nf) *mum*
mandar (v) *to send*
manera (nf) *way, manner*
manta (nf) *blanket*
mantenerse (ie) (v) *to keep, maintain yourself*
mañana (nf) *morning, tomorrow*
mapa (nm) *map*
maquillaje (nm) *make-up*
máquina (nf) *machine*
mar (nm) *sea*
maravilla (nf) *marvel*
marcha (nf) *gear*
marcial (adj) *martial*
marinero (nm) *sailor*
marisco (nm) *shellfish*
marrón (adj) *brown*
martes (nm) *Tuesday*
marzo (nm) *March*
más (adv) *more (see Grammar index)*
matar (v) *to kill*
matemáticas (nfpl) *maths*
materia (nf) *matter, material*
matrimonio (nm) *marriage*
máximo (adj) *maximum*
mayo (nm) *May*
mayonesa (nf) *mayonnaise*
mayor (adj) *older*
mayoría (nf) *majority*
me *me, to me (see Grammar index)*
mecánico (nm) *mechanic*
medianoche (nf) *midnight*

VOCABULARIO

medicamento (nm) *medicine (to be taken)*
medicina (nf) *medicine (subject of study)*
médico (nm) *doctor*
medio (adj) *half*
mediodía (nm) *midday*
medir (i) (v) *to measure*
mejicano (nm, adj) *Mexican*
Méjico (nm) *Mexico*
mejillón (nm) *mussel*
mejor (adj) *better*
melodía (nf) *melody*
melodioso (adj) *melodious*
memoria (nf) *memory*
mencionado (adj) *mentioned*
mencionar (v) *to mention*
menor (adj) *younger*
menos (adv) *less (see Grammar index)*
mensaje (nm) *message*
mentira (nf) *lie*
menú (nm) *menu*
menudo (adj) *tiny*
mercado (nm) *market*
merienda (nf) en el campo *picnic*
mermelada (nf) *jam*
mes (nm) *month*
mesa (nf) *table*
mesita (nf) *small table*
metro (nm) *underground*
mezclado (adj) *mixed*
mi *my (see Grammar index)*
miedo (nm) *fear*
miembro (nm) *member*
mientras *while*
miércoles (nm) *Wednesday*
mil *one thousand*
millón *one million*
millonario (nm) *millionaire*
mineral (nm, adj) *mineral*
mínimo (nm, adj) *minimum*
minuto (nm) *minute*
mirar (v) *to look at*
mismo (adj) *same*
misterio (nm) *mystery*
mitad (nf) *half*
mochila (nf) *rucksack*
moda (nf) *fashion*
modelo (nm) *model*
moderno (adj) *modern*
molestar (v) *to annoy*
momento (nm) *moment*
monedero (nm) *purse*
monitor (nm) *monitor*
monopatín (nm) *skateboard*
monstruo (nm) *monster*
montaña (nf) *mountain*
monumento (nm) *monument*
morir (ue) (v) *to die*
Moscú *Moscow*
mosquetero (nm) *musketeer*
mostrar (ue) (v) *to show*
motivar (v) *to motivate*
motocicleta (nf) *motorcycle*
movida (nf) *animation*

muchísimo (adv) *a great deal*
mucho (adj, adv) *a lot, very*
mudarse (v) *to move (house)*
mueble (nm) *furniture*
mujer (nf) *woman*
muleta (nf) *crutch*
mundo (nm) *world*
municipal (adj) *municipal*
murciélago (nm) *bat*
museo (nm) *museum*
música (nf) *music*
muy (adv) *very*

n

nacer (v) *to be born*
nacimiento (nm) *birth*
nacional (adj) *national*
nacionalidad (nf) *nationality*
nada *nothing (see Grammar index)*
nadador (nm) *swimmer*
nadar (v) *to swim*
nadie *nobody (see Grammar index)*
nata (nf) *cream*
natación (nf) *swimming*
natural (adj) *natural*
naturaleza (nf) *nature*
navaja (nf) *penknife*
Navarra (nf) *Navarre*
Navidad (nf) *Christmas*
necesario (adj) *necessary*
necesitar (v) *to need*
negativo (adj) *negative*
negocio(s) (nm(pl)) *business*
negro (adj) *black*
nervioso (adj) *nervous*
nevera (nf) *refrigerator*
ni *not (see Grammar index)*
niebla (nf) *mist, fog*
ningún (= ninguno)
ninguno *none (see Grammar index)*
niña (nf) *child (female)*
niño (nm) *child (male)*
nivel (nm) *level*
no *no, not (see Grammar index)*
noche (nf) *night*
nombre (nm) *name*
noreste (nm) *north-east*
normalmente (adv) *normally*
noroeste (nm) *north-west*
norte (nm) *north*
nosotros *we (see Grammar index)*
nota (nf) *mark (for schoolwork, test)*
notar (v) *to note*
noticias (nfpl) *news*
novecientos *nine hundred*
novela (nf) *novel*
noventa *ninety*
novia (nf) *girlfriend*
noviembre (nm) *November*
novillo (nm) – hacer novillos *to play truant*
novio (nm) *boyfriend*

nube (nf) *cloud*
nublado (adj) *cloudy*
nuestro (adj) *our (see Grammar index)*
nueve *nine*
nuevo (adj) *new*
número (nm) *number*
nunca (adv) *never (see Grammar index)*

o

obispo (nm) *bishop*
objeto (nm) *object*
obra (nf) *work*
obtener (ie) (v) *to obtain*
océano (nm) *ocean*
ochenta *eighty*
ocho *eight*
ochocientos *eight hundred*
ocio (nm) *leisure*
octubre (nm) *October*
ocupado (adj) *engaged, busy*
ocuparse (v) *to be busy with, take care of*
odiar (v) *to hate*
oeste (nm) *west*
oficina (nf) *office*
ofrecer (v) *to offer*
oír (v) *to hear*
ojo (nm) *eye*
olímpico (adj) *Olympic*
olvidar (v) *to forget*
opinar (v) *to think*
opinión (nf) *opinion*
óptico (adj) *optic*
orden (nm) *order*
ordenador (nm) *computer*
organización (nf) *organisation*
organizar (v) *to organise*
orilla (nf) *shore*
oro (nm) *gold*
oscuridad (nf) *darkness*
otoño (nm) *autumn*
otro (adj) *other*
¡Oye! *Hey!*

p

paciente (nm/nf) *patient*
padre (nm), padres (nmpl) *father, parents*
paella (nf) *paella*
pagar (v) *to pay for*
página (nf) *page*
país (nm) *country*
paisaje (nm) *landscape*
palabra (nf) *word*
palacio (nm) *palace*
pamplonés (nm, adj) *from Pamplona*
pan (nm) *bread*
panadería (nf) *bakery*
pandilla (nf) *group, gang*
pantalón (nm) *trousers*
pañuelo (nm) *handkerchief*
papá (nm) *dad*
papel (nm) *paper*
paquete (nm) *parcel*

para (prep) *for*
paracaídas (nm) *parachute*
parada (nf) *stop*
parado (adj) *unemployed*
paraguas (nm) *umbrella*
paraíso (nm) *paradise*
parar (v) *to stop someone/something*
pararse (v) *to stop, come to a stop*
parecer (v) *to seem*
pared (nf) *wall*
pareja (nf) *partner*
paro (nm) *unemployment*
parque (nm) *park*
párrafo (nm) *paragraph*
participante (nm) *participant*
participar (v) *to participate*
partido (nm) *match (sport)*
partir (v) *to set off*
pasado (adj) *past*
pasar (v) *to spend (time)*
pasatiempo (nm) *hobby*
pasear (v) *to stroll*
pasearse (v) *to go for a walk*
paseo (nm) *stroll*
pastel (nm) *cake*
pastilla (nf) *tablet*
patata (nf) *potato*
patatas fritas (nfpl) *chips, crisps*
patinaje (nm) *skating*
patinar (v) *to skate*
paz (nf) *peace*
pedido (nm) *order*
pedir (i) (v) *to ask for*
pegar (v) *to stick, put up*
pelar (v) *to peel*
película (nf) *film*
peligroso (adj) *dangerous*
pelo (nm) *hair*
pelota (nf) *ball, pelota (game)*
peluquería (nf) *hairdresser's*
peluquero/a (nm/nf) *hairdresser*
pena (nf) *shame*
penoso (adj) *awful, difficult*
pensar (ie) (v) *to think*
peor (adj) *worse (see Grammar index)*
pequeño (adj) *small*
perder (ie) (v) *to lose*
perdón (nm) *pardon*
perdonar (v) *to forgive*
perezoso (adj) *lazy*
perfecto (adj) *perfect*
periódico (nm) *newspaper*
periodista (nm/nf) *journalist*
permitir (v) *to allow, permit*
permiso (nm) *permission*
pero *but*
perro (nm) *dog*
persona (nf) *person*
personaje (nm) *personality, character*
personal (adj) *personal*
Perú (nm) *Peru*
pesadilla (nf) *nightmare*

202 *doscientos dos*

VOCABULARIO

pesado (adj) *heavy; a nuisance, a pain*
pescado (nm) *fish*
pianista (nm/nf) *piano player*
picadura (nf) *sting, bite*
pie (nm) *foot*
piel (nf) *skin*
pierna (nf) *leg*
pimienta (nf) *pepper*
pintor (nm) *painter*
piña (nf) *pineapple*
pipa (nf) *pipe*
Pirineos (nmpl) *Pyrenees*
piscina (nf) *swimming pool*
piso (nm) *flat, apartment*
pista (nf) *track*
pistola (nf) *pistol*
planchar (v) *to iron*
planeta (nf) *planet*
plano (nm) *plan*
planta (nf) *floor of department store*
plástico (adj) *plastic*
plátano (nm) *banana*
plato (nm) *dish, plate*
playa (nf) *beach*
plaza (nf) *square*
pluma (nf) *fountain pen*
pobre (adj) *poor*
pocilga (nf) *pigsty*
poco (adj, adv) *little, not much*
poder (ue) (v) *to be able*
poema (nm) *poem*
policía (nm/nf) *police officer*
polideportivo (nm) *sports centre*
político (nm, adj) *politician, political*
pollo (nm) *chicken*
polvo (nm) *dust*
poner (v) *to put*
popular (adj) *popular*
poquito (nm) *little bit*
por (prep) *for*
¿por qué? *why?*
porque *because*
posibilidad (nf) *possibility*
posible (adj) *possible*
posición (nf) *position*
póster (nm) *poster*
práctico (adj) *practical*
precio (nm) *price*
precioso (adj) *beautiful*
preferido (adj) *favourite*
preferir (ie) (v) *to prefer*
pregunta (nf) *question*
preguntar (v) *to ask*
preocupado (adj) *worried*
preocuparse (v) *to worry*
preparar (v) *to prepare*
preparativos (nmpl) *preparations*
presentación (nf) *presentation*
presentar (v) *to present*
pretérito (nm) *preterite*
previo (adj) *previous*
primavera (nf) *spring*

primer, primero (adj) *first (see Grammar index)*
principio (nm) *beginning*
prioridad (nf) *priority*
prisa (nf) *speed*
probablemente (adv) *probably*
problema (nm) *problem*
profe (= profesor(a)) *teacher*
profesión (nf) *profession*
profesional (adj) *professional*
profesor (nm) *teacher*
profundo (adj) *deep*
programa (nm) *programme*
prohibido (adj) *forbidden*
pronombre (nm) *pronoun (see Grammar index)*
pronóstico (nm) *forecast*
pronto (adv) *soon*
pronunciación (nf) *pronunciation*
propina (nf) *tip*
propio (adj) *own*
provincia (nf) *province*
próximo (adj) *next*
proyecto (nm) *project*
prueba (nf) *proof*
publicidad (nf) *publicity*
público (adj) *public*
pueblo (nm) *town*
puerta (nf) *door*
pues (adv) *well ...*
puesto (nm) *job*
punto (nm) *point*
puntual (adj) *punctual*
puro (adj) *pure*

q

que *what, which (see Grammar index)*
que (adv) *that (see Grammar index)*
¿qué? *what?*
¡qué ...! *what a .... ! (see Grammar index)*
quedarse (v) *to remain, stay*
quemadura (nf) *burn*
querer (ie) (v) *to want, to love (see Grammar index)*
querido (adj) *dear*
queso (nm) *cheese*
quien *who*
¿quién? *who?*
quince *fifteen*
quinientos *five hundred*
quizás *perhaps (adv)*

r

ración (nf) *portion*
radiador (nm) *radiator*
radio (nm) *radio*
rama (nf) *branch*
rápidamente (adv) *quickly*
rápido (adj) *quick*
raqueta (nf) *racket*
raramente (adv) *rarely*
raro (adj) *strange*
ratón (nm) *mouse (computer)*

raya (nf) *stripe*
razón (nf) *reason*
realmente (adv) *really*
rebajado (adj) *reduced*
recado (nm) *message*
recambio (nm) *spare (part)*
rechazar (v) *to refuse*
recibir (v) *to receive*
reciente (adj) *recent*
recientemente (adv) *recently*
reclamación (nf) *complaint*
recobrar (v) *to recover*
reconocimiento (nm) *recognition*
reconstituar (v) *to reconstitute*
recorrer (v) *to traverse*
recreo (nm) *break*
recuerdo (nm) *souvenir*
recuperar (v) *to recuperate*
red (nf) *net*
redondo (adj) *round*
reflejar (v) *to reflect*
refresco (nm) *cool drink*
regalo (nm) *gift*
régimen (nm) *diet*
región (nf) *region*
regla (nf) *ruler*
regresar (v) *to return*
regreso (nm) *return trip*
regular (adj) *so-so*
regularmente (adv) *regularly*
reina (nf) *queen*
reír (i) (v) *to laugh*
relajar (v) *to relax*
relajarse (v) *to rest*
rellenar (v) *to fill in*
reloj (nm) *watch, clock*
remuneración (nf) *pay, salary*
reñir (i) (v) *to scold*
repartidor (nm) *delivery person*
repente, de (adv) *suddenly*
representante (nm) *representative*
representar (v) *to represent*
reputación (nf) *reputation*
reseña (nf) *review*
reservar (v) *to reserve*
responsable (adj) *responsible*
respuesta (nf) *answer*
restaurante (nm) *restaurant*
resultado (nm) *result*
reunirse (v) *to meet*
revista (nf) *magazine*
rey (nm) *king*
Reyes Magos (nmpl) *Three Kings*
rico (adj) *rich*
ridículo (adj) *ridiculous*
río (nm) *river*
risa (nf) *laugh*
rítmico (adj) *rhythmic*
ritmo (nm) *rhythm*
robar (v) *to rob*
rodilla (nf) *knee*
rojo (adj) *red*
rollo (nm) *bore, pain (¡qué rollo! = what a pain!)*

Roma (nf) *Rome*
romántico (adj) *romantic*
romper (v) *to break*
ropa (nf) *clothes*
roto (adj) *broken*
rotulador (nm) *felt-tip pen*
rubio (adj) *fair (hair)*
rueda (nf) *wheel*
ruso (nm, adj) *Russian*
ruta (nf) *route*

s

sábado (nm) *Saturday*
saber (v) *to know*
sacapuntas (nm) *pencil sharpener*
sacar (v) *to take out*
sal (nm) *salt*
salario (nm) *salary, wage*
salida (nf) *exit*
salir (v) *to go out*
salón (nm) *lounge*
salsa (nf) *sauce*
salud (nf) *health*
salvar (v) *to save (rescue)*
San (= Santo) *saint*
sangre (nf) *blood*
sangriento (adj) *bloody*
sano (adj) *healthy*
santa (nf) *female saint*
santo (adj) *holy*
satisfactorio (adj) *satisfactory*
sección (nf) *section, department*
seco (adj) *dry*
secretaria (nf) *secretary*
secreto (nm) *secret*
según (prep) *according to*
segundo (adv) *second*
seguridad (nf) *security*
seguro (adj) *sure*
seis *six*
seiscientos *six hundred*
seleccionar (v) *to choose*
sello (nm) *stamp*
selva (nf) *forest*
semana (nf) *week*
Semana Santa *Easter, Holy Week*
sencillo (adj) *single, simple*
sentido (nm) *sense*
sentirse (ie) (v) *to feel, regret (lo siento = I'm sorry)*
señor (nm) *Mr*
señora (nf) *Mrs*
señorita (nf) *Miss*
separación (nf) *separation*
septiembre (nm) *September*
ser (v) *to be (see Grammar index)*
serie (nf) *series*
serio (adj) *serious*
servir (i) (v) *to be of use*
sesenta *sixty*
setecientos *seven hundred*
setenta *seventy*
severo (adj) *strict*

VOCABULARIO

si *if*
sí *yes*
siempre (adv) *always*
siete *seven*
significar (v) *to mean*
siguiente (adj) *following*
silla (nf) *chair*
símbolo (nm) *symbol*
simpático (adj) *nice*
simplemente (adv) *simply*
sin (prep) *without*
sin embargo *however*
siquiera *at least*
sitio (nm) *place*
situación (nf) *situation*
sobre (prep) *above*
sobremesa (nf) *after-dinner chat*
sobre todo (adv) *above all*
sociedad (nf) *society*
sol (nm) *sun*
solamente (adv) *only*
soldado (nm) *soldier*
solo (adj) *alone*
solución (nf) *solution*
sonrisa (nf) *smile*
soñar (ue) (v) *to dream*
sopa (nf) *soup*
sordo (adj) *deaf*
sorpresa (nf) *surprise*
sótano (nm) *basement*
su *his/her, your (see Grammar index)*
subir (v) *to go up*
submarino (nm) *submarine*
sucio (adj) *dirty*
sueldo (nm) *wage*
sueño (nm) *dream*
suficiente (adj) *sufficient*
supermercado (nm) *supermarket*
suplementario (adj) *extra*
sur (nm) *south*
sureste (nm) *south east*
suroeste (nm) *south west*

t

tabaco (nm) *tobacco*
tabla (nf) *grid, table*
tal *such*
talento (nm) *talent*
talentoso (adj) *talented*
Talgo (nm) *type of train*
también *also*
tampoco *neither*
tan (adv) *so (see Grammar index)*
tanto (adv) *so much (see Grammar index)*
tapas (nfpl) *snacks*
taquilla (nf) *box office*
tarde (nf) *afternoon, evening*
tarde (adj, adv) *late*
tarea (nf) *task, chore*
tarjeta (nf) *card*
taza (nf) *cup*
té (nm) *tea*
teatral (adj) *theatrical*

teatro (nm) *theatre*
teclado (nm) *keyboard*
tecnología (nf) *technology*
tele (= televisión) *TV*
telefonear (v) *to telephone*
teléfono (nm) *telephone*
televisión (nf) *television*
tema (nm) *theme*
temblar (ie) (v) *to tremble*
temprano (adv) *early*
tener (ie) (v) *to have (see Grammar index)*
tenis (nm) *tennis*
tercer, tercero (adj) *third*
terminar (v) *to end*
termómetro (nm) *thermometer*
terraza (nf) *terrace*
terrible (adj) *awful*
terriblemente (adv) *awfully*
texto (nm) *text*
ti *you (see Grammar index)*
tía (nf) *aunt*
tiempo (nm) *time, weather*
tienda (nf) *shop*
tierra (nf) *land*
tímido (adj) *shy, timid*
tinto (adj) *red (wine)*
tío (nm) *uncle*
típico (adj) *typical*
tipo (nm) *type*
tirita (nf) *sticking plaster*
tiritar (v) *to shiver*
título (nm) *title, heading*
toalla (nf) *towel*
tocar (v) *to touch, play (instrument)*
todavía (adv) *still, yet*
todo (adj) *all*
tomar (v) *to take*
tomate (nm) *tomato*
tontería (nf) *foolishness*
tonto (adj) *idiot*
torcer (ue) (v) *to turn*
tormenta (nf) *storm*
toro (nm) *bull*
tortilla (nf) *omelette*
tostada (nf) *toast*
total (nm, adj) *total*
totalmente (adv) *completely*
trabajar (v) *to work*
trabajo (nm) *job*
tradición (nf) *tradition*
tradicional (adj) *traditional*
traer (v) *to bring*
tráfico (nm) *traffic*
tragedia (nf) *tragedy*
traicionar (v) *to betray*
traje (nm) *suit*
tranquilo (adj) *calm, quiet*
transformar (v) *to transform*
transporte (nm) *transport*
tratar (v) *to try*
trece *thirteen*
treinta *thirty*
tremendo (adj) *tremendous*
tren (nm) *train*
tres *three*

trescientos *three hundred*
triste (adj) *sad*
tristemente (adv) *sadly*
trono (nm) *throne*
trozo (nm) *piece, slice*
trucha (nf) *trout*
tu *your (see Grammar index)*
tú *you (see Grammar index)*
turista (nm/nf) *tourist*
turístico (adj) *tourist*
¡túrnate! *take turns!*
turno (nm) *rota*

u

último (adj) *last*
un/una *a (see Grammar index)*
único (adj) *only*
unidad (nf) *unit*
uniforme (nm) *uniform*
universidad (nf) *university*
uno *one (see Grammar index)*
urgentemente (adv) *urgently*
usado (adj) *used*
útil (adj) *useful*
utilizar (v) *to use*

v

vacación (nf) *holiday*
vale *OK*
valenciano (nm, adj) *(person) from Valencia*
valle (nm) *valley*
vampiro (nm) *vampire*
vaqueros (nmpl) *jeans*
variado (adj) *various*
varios (adj) *several*
vasco (nm, adj) *Basque*
vaso (nm) *glass (for drink)*
vecino (nm) *neighbour*
vegetariano (nm, adj) *vegetarian*
vehículo (nm) *vehicle*
veinte *twenty*
vela (nf) *candle*
velocidad (nf) *speed*
vender (v) *to sell*
venderse (v) *to be sold*
venganza (nf) *revenge*
ventaja (nf) *advantage*
ventana (nf) *window*
ver (v) *to see, watch*
verano (nm) *summer*
verbo (nm) *verb*
¿verdad? *really?*
verdaderamente (adv) *truly*
verdadero (adj) *true*
verde (adj) *green*
verdura (nf) *vegetable*
versión (nf) *version*
verso (nm) *verse*
vestido (nm) *dress*
vestuario (nm) *dressing room*
veterinario (nm) *vet*
vez (nf) *time, occasion*
viajar (v) *to travel*
viaje (nm) *journey*
viajero (nm) *traveller*

víctima (nf) *victim*
vida (nf) *life*
vídeo (nm) *video*
videojuego (nm) *videogame*
viento (nm) *wind*
viernes (nm) *Friday*
vigilar (v) *to watch*
vino (nm) *wine*
violencia (nf) *violence*
violín (nm) *violin*
visita (nf) *visit*
visitar (v) *to visit*
vivir (v) *to live*
vocabulario (nm) *vocabulary*
vocal (nf) *vowel*
volar (ue) (v) *to fly*
volcán (nm) *volcano*
volver (ue) (v) *to return*
vosotros *you (see Grammar index)*
vuelta (nf) *return*
vuestro (adj) *your (see Grammar index)*

w

walkman (nm) *walkman*
windsurf (nm) *windsurfing*

y

ya (adv) *already*
yo *I (see Grammar index)*
yogur (nm) *yoghurt*

z

zapatería (nf) *shoe shop*
zapatilla (nf) *trainer*
zapato (nm) *shoe*

VOCABULARIO

English–Spanish

a

a un/una (see Grammar index)
able, to be poder (ue) (v)
above arriba (adv), sobre (prep)
above all sobre todo (adv)
accident accidente (nm)
accompany acompañar (v)
according to según (prep)
accountant contable (nm/nf)
accusation acusación (nf)
action acción (nf)
activity actividad (nf)
actor actor (nm)
add añadir (v)
address dirección (nf)
admire admirar (v)
adopt adoptar (v)
adult adulto (nm, adj)
advantage ventaja (nf)
adventure aventura (nf)
advertisement anuncio (nm)
advice consejo (nm)
aerobic aeróbico (adj)
afraid, to be tener miedo
after después (adv)
afternoon tarde (nf)
against contra (prep)
age edad (nf)
agreed acordado (adj)
agreement acuerdo (nm)
alarm clock despertador (nm)
alien extraterrestre (nm)
all todo (adj)
allow permitir (v)
almond almendra (nf)
alone solo (adj)
alphabet alfabeto (nm)
already ya (adv)
also también (adv)
always siempre (adv)
ambition ambición (nf)
ambulance ambulancia (nf)
American americano (nm, adj)
angry enfadado (adj), furioso (adj)
angry, to get enfadarse (v)
animal animal (nm)
announce anunciar (v)
annoy molestar (v)
annoyed enojado (adj)
answer contestación (nf), respuesta (nf)
answer contestar (v)
answering machine contestador (nm) automático (adj)
appropriate adecuado (adj), apropiado (adj)
April abril (nm)
Arab árabe (nm, adj)
arch arco (nm)
architect arquitecto (nm)
architecture arquitectura (nf)
argue disputar (v)
argument disputa (nf)

arm brazo (nm)
arrive llegar (v)
art arte (nm)
article artículo (nm)
ask preguntar (v)
ask for pedir (i) (v)
aspirin aspirina (nf)
athletic atlético (adj)
athletics atletismo (nm)
atmosphere ambiente (nm)
attend asistir (v)
attentively atentamente (adv)
attractive atractivo (adj)
August agosto (nm)
aunt tía (nf)
automatic automático (adj)
autumn otoño (nm)
avoid evitar (v)
awful fatal (adj) (how you feel), terrible (adj)
awfully terriblemente (adv)

b

baby bebé (nm)
babysitting canguro (nm)
bad malo (adj)
badly mal (adv)
badminton bádminton (nm)
bag bolso (nm)
bakery panadería (nf)
Balearic Islands Baleares (Islas) (nfpl)
ball balón (nm)
banana plátano (nm)
bar bar (nm)
baseball béisbol (nm)
basketball baloncesto (nm)
Basque vasco (nm, adj)
bat murciélago (nm)
bath baño (nm)
be ser (v), estar (v)
beach playa (nf)
beat batir (v)
beautiful bello (adj), precioso (adj)
because porque
bed cama (nf)
bedroom dormitorio (nm)
before antes (adv)
begin comenzar (ie) (v), empezar (ie) (v)
beginning principio (nm)
behind atrás (adv), detrás (adv)
believe creer (v)
below abajo (adv), debajo (prep)
belt cinturón (nm)
betray traicionar (v)
better mejor (adj) (see Grammar index)
between entre (prep)
bicycle bicicleta (nf)
big grande (adj)
biro bolígrafo (boli) (nm)
birth nacimiento (nm)
birthday cumpleaños (nm)
bishop obispo (nm)

black negro (adj)
blouse blusa (nf)
blue azul (adj)
boat barco (nm)
body cuerpo (nm)
book libro (nm)
boot bota (nf)
border frontera (nf)
bore rollo (nm)
boring aburrido (adj)
born, to be nacer (v)
boss jefe (nm)
bottle botella (nf)
bottle opener abrebotellas (nm)
bowling alley bolera (nf)
box caja (nf) (container), casilla (nf) (on a form)
boy chico (nm)
boyfriend novio (nm)
bread pan (nm)
break (interval) recreo (nm)
break romper (v)
breakfast desayuno (nm)
brilliant fenomenal (adj)
bring traer (v)
Britain Gran Bretaña (nf)
British británico (nm, adj)
broken roto (adj)
brother hermano (nm)
brown marrón (adj)
brush your teeth cepillarse (v) los dientes (nmpl)
building edificio (nm)
bull toro (nm)
burn quemadura (nf)
bus autobús (nm)
bus stop parada (nf)
business negocio(s) (nm(pl))
busy with, to be ocuparse (v)
busy ocupado (adj)
but pero
butcher's shop carnicería (nf)
buy comprar (v)

c

cake pastel (nm)
calculator calculadora (nf)
calendar calendario (nm)
calculate calcular (v)
call llamar (v)
called, to be llamarse (v)
calm tranquilo (adj)
campsite camping (nm)
Canary Isles Canarias (Islas) (nfpl)
Cantabrian cantábrico (adj)
canteen cantina (nf)
cap gorra (nf)
capital capital (nf, adj)
car automóvil (nm), coche (nm)
card tarjeta (nf)
career carrera (nf)
carnival carnaval (nm)
carpet alfombra (nf)
carry llevar (v)
cartoon dibujos animados (nmpl)
case caso (nm)

cassette casete (nm)
Castilian castellano (nm, adj)
Castille Castilla (nf)
Catalan catalán (nm, adj)
catalogue catálogo (nm)
Catalonia Cataluña (nf)
catch coger (v)
cathedral catedral (nf)
Catholic católico (adj)
cause causa (nf)
celebrate celebrar (v)
cemetery cementerio (nm)
cent céntimo (nm)
central central (adj)
centre centro (nm)
cereal(s) cereales (nmpl)
ceremony ceremonia (nf)
certain cierto (adj)
certainly ciertamente (adv)
chair silla (nf)
champion campeón (nm)
championship campeonato (nm)
change cambiar (v)
channel (TV) canal (nm)
character personaje (nm)
chat charlar (v)
cheap barato (adj)
cheese queso (nm)
chemist's farmacia (nf)
chicken pollo (nm)
child niña (nf), niño (nm)
chocolate chocolate (nm)
choose elegir (i) (v), escoger (v), seleccionar (v)
Christmas Navidad (nf)
church iglesia (nf)
cigarette cigarrillo (nm)
cinema cine (nm)
circumstances circunstancias (nfpl)
city ciudad (nf)
class (lesson) clase (nf)
clean limpiar (v)
clean limpio (adj)
clear (obvious) claro (adj)
clock reloj (nm)
close (near) acerca (adv)
close cerrar (ie) (v)
closed cerrado (adj)
clothes ropa (nf)
cloud nube (nf)
cloudy nublado (adj)
coach autocar (nm)
coast costa (nf)
coffee café (nm)
coffee shop cafetería (nf)
cold frío (adj)
cold, to be (person) tener frío
cold, to be (weather) hacer frío
colour color (nm)
comfortable cómodo (adj)
comic cómico (adj)
commentary comentario (nm)
compact disc disco compact (nm), CD (nm)
company (business) compañía (nf), empresa (nf)

doscientos cinco 205

VOCABULARIO

compete   *competir (i) (v)*
competition   *competición (nf), concurso (nm)*
complete   *completar (v)*
completely   *completamente (adv), totalmente (adv)*
computer   *ordenador (nm)*
concert   *concierto (nm)*
consider   *considerar (v)*
constantly   *constantemente (adv)*
construction   *construcción (nf)*
contact   *contacto (nm)*
continuation   *continuación (nf)*
conversation   *conversación (nf)*
cook   *cocinar (v)*
cool   *fresco (adj)*
copy   *copiar (v)*
correct   *correcto (adj)*
corridor   *corredor (nm)*
correspond   *cartearse (v)*
cost   *costar (ue) (v)*
cotton   *algodón (nm)*
cough syrup   *jarabe (nm)*
country   *país (nm)*
course   *curso (nm)*
cream   *crema (nf), nata (nf)*
cry   *llorar (v)*
cup   *taza (nf)*
cupboard   *armario (nm)*
custom   *costumbre (nf)*
customer   *cliente (nm/nf)*
cut   *cortar (v)*
cycling   *ciclismo (nm)*

d

dad   *papá (nm)*
daily   *diario (adj)*
dance   *bailar (v)*
dangerous   *peligroso (adj)*
darkness   *oscuridad (nf)*
date   *fecha (nf)*
daughter   *hija (nf)*
day   *día (nm)*
deaf   *sordo (adj)*
dear   *cariño (adj), querido (adj) (in informal letters), estimado (adj) (in formal letters)*
December   *diciembre (nm)*
decide   *decidir (v)*
delicious   *delicioso (adj)*
delight   *encantar (v)*
deliver   *entregar (v)*
delivery person   *repartidor (nm)*
dentist   *dentista (nm/nf)*
department   *sección (nf)*
department store   *almacén (nm)*
depressed   *deprimido (adj)*
describe   *describir (v)*
description   *descripción (nf)*
design   *diseñar (v)*
desperate   *desesperado (adj)*
destination   *destino (nm)*
diary   *agenda (nf)*
dictionary   *diccionario (nm)*
die   *morir (ue) (v)*
diet   *régimen (nm)*

difference   *diferencia (nf)*
different   *diferente (adj)*
dining room   *comedor (nm)*
dinner (evening meal)   *cena (nf)*
direction   *dirección (nf)*
dirty   *sucio (adj)*
disadvantage   *desventaja (nf), inconveniente (nm)*
disaster   *desastre (nm)*
discotheque   *discoteca (nf)*
discount   *descuento (nm)*
discover   *descubrir (v)*
disgusting   *asqueroso (adj), asco (adj)*
dish   *plato (nm)*
disk (computer)   *disquete (nm)*
disorganised   *desorganizado (adj)*
distance   *distancia (nf)*
distant   *lejano (adj)*
district   *barrio (nm)*
divorce   *divorcio (nm)*
do   *hacer (v)*
doctor   *médico (nm)*
documentary   *documental (nm, adj)*
dog   *perro (nm)*
door   *puerta (nf)*
dramatic   *dramático (adj)*
draw   *dibujar (v)*
drawing   *dibujo (nm)*
dreadful   *horrible (adj)*
dream   *soñar (ue) (v)*
dream   *sueño (nm)*
dress   *vestido (nm)*
drink   *beber (v)*
drink   *bebida (nf), refresco (nm) (cold drink)*
drive   *conducir (v)*
drug   *droga (nf)*
drum kit   *batería (nf)*
dry   *seco (adj)*
during   *durante (prep)*
dust   *polvo (nm)*
dust   *limpar (v) el polvo*
Dutch   *holandés (nm, adj)*

e

each   *cada (adj)*
early   *temprano (adv)*
early morning   *madrugada (nf)*
earn   *ganar (v)*
easy   *fácil (adj)*
eat   *comer (v)*
education   *educación (nf)*
effort   *esfuerzo (nm)*
egg   *huevo (nm)*
electrician   *electricista (nm/nf)*
electronic   *electrónico (adj)*
employee   *empleado (nm)*
end   *fin (nm)*
engineer   *ingeniero (nm)*
England   *Inglaterra (nf)*
English   *inglés (nm, adj)*
entrance   *entrada (nf)*
eraser   *goma (nf)*

error   *error (nm)*
essential   *esencial (adj)*
euro   *euro (nm)*
Europe   *Europa (nf)*
European   *europeo (nm, adj)*
even   *aún (adv)*
evening   *tarde (nf)*
exactly   *exactamente (adv)*
examination   *examen (nm)*
example   *ejemplo (nm)*
excellent   *excelente (adj)*
exchange   *intercambio (nm)*
excited   *ilusionado (adj)*
exciting   *emocionante (adj)*
excuse   *disculpa (nf)*
exercise   *ejercer (v)*
exercise   *ejercicio (nm)*
exercise book   *cuaderno (nm)*
exit   *salida (nf)*
expensive   *caro (adj)*
experience   *experiencia (nf)*
explain   *explicar (v)*
explanation   *explicación (nf)*
extra   *suplementario (adj)*
eye   *ojo (nm)*

f

fabulous   *fabuloso (adj)*
factory   *fábrica (nf)*
fair   *justo (adj); rubio (adj) (hair)*
fall (down)   *caerse (v)*
false   *falso (adj)*
family   *familia (nf)*
famous   *famoso (adj)*
fan   *aficionado (nm) (enthusiast)*
fantastic   *fantástico (adj)*
fantasy   *fantasía (nf)*
far   *lejos (adv)*
farm   *granja (nf)*
fashion   *moda (nf)*
fat   *gordo (adj)*
fat (grease)   *grasa (nf)*
father   *padre (nm)*
favourite   *favorito (adj), preferido (adj)*
February   *febrero (nm)*
fed up   *harto (adj)*
feel   *sentirse (ie) (v)*
felt-tip pen   *rotulador (nm)*
field   *campo (nm)*
fill   *llenar (v), rellenar (v)*
film   *película (nf)*
final   *final (nm, adj)*
find   *encontrar (ue) (v)*
finger   *dedo (nm)*
finish   *terminar (v)*
fire   *fuego (nm), incendio (nm)*
firm   *empresa (nf) (company)*
first   *primero (adj)*
first-aid kit   *botiquín (nm)*
fish   *pescado (nm)*
flat (apartment)   *apartamento (nm), piso (nm)*
flower   *flor (nf)*
fly   *volar (ue) (v)*
fog   *niebla (nf)*
following   *siguiente (adj)*

food   *comida (nf)*
foot   *pie (nm)*
football   *fútbol (nm)*
football player   *futbolista (nm/nf)*
for   *para, por*
forbidden   *prohibido (adj)*
forecast (weather)   *pronóstico (nm)*
foreigner   *extranjero (nm, adj)*
forget   *olvidar (v)*
form   *formulario (nm)*
form   *forma (nf)*
France   *Francia (nf)*
free   *libre (adj)*
freedom   *libertad (nf)*
French   *francés (nm, adj)*
frequent   *frecuente (adj)*
frequently   *frecuentemente (adv)*
Friday   *viernes (nm)*
friend   *amigo (nm), compañero (nm)*
from   *de*
funny (amusing)   *divertido (adj)*
furniture   *mueble (nm)*
future   *futuro (nm)*

g

galaxy   *galaxia (nf)*
gang   *pandilla (nf)*
garage   *garaje (nm)*
garden   *jardín (nm)*
gear   *marcha (nf)*
general   *general (nm, adj)*
generally   *generalmente (adv)*
geography   *geografía (nf)*
German   *alemán (nm, adj)*
get on well (with someone)   *llevarse bien (v)*
get up   *levantarse (v)*
gift   *regalo (nm)*
girl   *chica (nf)*
girlfriend   *novia (nf)*
give   *dar (v)*
glass (for drink)   *vaso (nm)*
glasses (spectacles)   *gafas (nfpl)*
go   *ir (v)*
go for a walk   *pasearse (v)*
go out   *salir (v)*
go to bed   *acostarse (ue) (v)*
go up   *subir (v)*
gold   *oro (nm)*
good   *bueno (adj)*
goodbye   *adiós*
good-looking   *guapo (adj)*
grandfather   *abuelo (nm)*
Greece   *Grecia (nf)*
green   *verde (adj)*
group   *grupo (nm)*
guess   *adivinar (v)*
guide   *guía (nm/nf)*
guidebook   *guía (nf)*
guitar   *guitarra (nf)*
gymnasium   *gimnasio (nm)*

VOCABULARIO

h
hair *pelo (nm)*
hairdresser *peluquero/a (nm/nf)*
hairdresser's *peluquería (nf)*
half *mitad (nf), medio (adj)*
ham *jamón (nm)*
hamburger *hamburguesa (nf)*
handball *balonmano (nm)*
handsome *guapo (adj)*
happiness *alegría (nf)*
happy *contento (adj)*
hate *odiar (v)*
have *tener (ie) (v) (possess);
    hacer (v) (to have done
    something = perfect tense, see
    Grammar index)*
have just ... *acabar (v) de*
have to *tener (ie) (v) que*
he *él (see Grammar index)*
head *cabeza (nf)*
health *salud (nf)*
healthy *sano (adj)*
hear *oír (v)*
heat *calor (nm)*
help *ayudar (v)*
her *su (see Grammar index)*
here *aquí (adv)*
Hey! *¡Oye!*
Hi! *¡Hola!*
hide (oneself) *esconderse (v)*
hike *caminata (nf)*
hire *alquilar (v)*
his *su (see Grammar index)*
history *historia (nf)*
hobby *pasatiempo (nm)*
holiday *vacación (nf)*
homework *deberes (nmpl)*
honestly *honestamente (adv)*
hoover *aspiradora (nf)*
hoover *pasar (v) la aspiradora (nf)*
hope *esperanza (nf)*
hope *esperar (v)*
horror *horror (nm), terror (nm)*
horse *caballo (nm)*
horse riding *equitación (nf)*
hospital *hospital (nm)*
hot *caliente (adj)*
hot, to be (person) *tener (ie) (v) calor (nm)*
hot, to be (weather) *hacer (v) calor (nm)*
hotel *hotel (nm)*
hour *hora (nf)*
house *casa (nf)*
housework *tareas (nfpl) domésticas*
how much *cuanto, ¿cuánto?*
how *como (adv) ¿Cómo? (adv)*
huge *enorme (adj)*
hundred *cien, ciento*
hunger *hambre (nf)*
hungry *hambriento (adj)*
hungry, to be *tener (ie) (v) hambre*
hurt *doler (ue) (v)*

i
I *yo (see Grammar index)*
ice *hielo (nm)*
ice cream *helado (nm)*
ice cream shop *heladería (nf)*
idea *idea (nf)*
identify *identificar (v)*
identity *identidad (nf)*
idiot *tonto (adj)*
if *si*
ill *enfermo (adj)*
illustrate *ilustrar (v)*
imaginary *imaginario (adj)*
imagine *imaginar (v), fijarse (v)*
immediately *inmediatamente (adv)*
impolite *descortés (adj)*
importance *importancia (nf)*
impressive *impresionante (adj)*
in *en*
include *incluir (v)*
incorrect *incorrecto (adj)*
incredible *increíble (adj)*
information *información (nf)*
injured *herido (adj)*
insect *insecto (nm)*
inside *dentro (adv, prep)*
install *instalar (v)*
intelligent *inteligente (adj)*
interest *interés (nm)*
interesting *interesante (adj)*
international *internacional (adj)*
interview *entrevista (nf)*
interview *entrevistar (v)*
interviewer *entrevistador (nm)*
invitation *invitación (nf)*
invite *invitar (v)*
Ireland *Irlanda (nf)*
Irish *irlandés (nm, adj)*
iron *planchar (v)*
it *lo*
Italian *italiano (nm, adj)*
Italy *Italia (nf)*

j
jacket *chaqueta (nf)*
jam *mermelada (nf)*
January *enero (nm)*
jeans *vaqueros (nmpl)*
job *puesto (nm), trabajo (nm)*
journalist *periodista (nm/nf)*
journey *viaje (nm)*
July *julio (nm)*
June *junio (nm)*

k
karate *kárate (nm)*
keep *conservar (v), guardar (v)*
keep fit *mantenerse (ie) (v) en forma (nf)*
keyboard *teclado (nm)*
kill *matar (v)*
kilo *kilo (nm)*
kilometre *kilómetro (nm)*
kind (helpful) *amable (adj)*
kind (sort) *tipo (nm)*
kiss *beso (nm)*
kitchen *cocina (nf)*
knee *rodilla (nf)*
knife *cuchillo (nm)*
know (someone) *conocer (v)*
know (about) *saber (v)*

l
laboratory *laboratorio (nm)*
lamp *lámpara (nf)*
land *tierra (nf)*
language *idioma (nf)*
last *durar (v)*
last *último (adj)*
last night *anoche (adv)*
late *tarde (adj, adv)*
laugh *reír (i) (v)*
laugh *risa (nf)*
lawyer *abogado (nm)*
lazy *perezoso (adj)*
leaflet *folleto (nm)*
learn *aprender (v)*
at least *siquiera*
leather *cuero (nm)*
leave *dejar (v)*
leg *pierna (nf)*
leisure *ocio (nm)*
lemonade *limonada (nf)*
less *menos (adv)*
lesson *clase (nf)*
letter (communication) *carta (nf)*
letter (of alphabet) *letra (nf)*
lettuce *lechuga (nf)*
level *nivel (nm)*
life *vida (nf)*
lift *ascensor (nm)*
light *luz (nf)*
line *línea (nf)*
Lisbon *Lisboa (nf)*
list *lista (nf)*
listen *escuchar (v)*
litre *litro (nm)*
little *poco (adj)*
little bit *poquito (nm)*
little brother, little sister *hermanito (nm), hermanita (nf)*
lively *animado (adj)*
long *largo (adj)*
look after *cuidar (v) de*
look at *mirar (v)*
look for *buscar (v)*
lorry *camión (nm)*
lose *perder (ie) (v)*
a lot *mucho (adj, adv), muchísimo (adv)*
lounge *salón (nm)*
love *amor (nm)*
love from .... (in letters) *un abrazo*
love *adorar (v), querer (ie) (v)*
in love *enamorado (adj)*
lover *amante (nm/nf)*
low *bajo (adj)*
lunch *almuerzo (nm)*

m
machine *máquina (nf)*
magazine *revista (nf)*
Majorca *Mallorca (nf)*
make *hacer (v)*
make-up *maquillaje (nm)*
man *hombre (nm)*
manage *administrar (v)*
map *mapa (nm)*
March *marzo (nm)*
mark *nota (nf)*
market *mercado (nm)*
marriage *matrimonio (nm)*
married, to get *casarse (v)*
match (sport) *partido (nm)*
maths *matemáticas (nfpl)*
maximum *máximo (adj)*
May *mayo (nm)*
mayonnaise *mayonesa (nf)*
mean *significar (v)*
meat *carne (nf)*
mechanic *mecánico (nm)*
medicine (subject of study) *medicina (nf)*
medicine (to be taken) *medicamento (nm)*
meet *encontrar (ue) (v), reunirse (v)*
member *miembro (nm)*
mention *mencionar (v)*
menu *menú (nm)*
mess *desorden (nm)*
message *mensaje (nm), recado (nm)*
Mexican *mejicano (nm, adj)*
Mexico *Méjico (nm)*
midday *mediodía (nm)*
midnight *medianoche (nf)*
milk *leche (nf)*
million *millón*
millionaire *millonario (nm)*
mineral water *agua (nf) mineral (adj)*
minimum *mínimo (nm, adj)*
minute *minuto (nm)*
modern *moderno (adj)*
moment *momento (nm)*
Monday *lunes (nm)*
money *dinero (nm)*
monitor *monitor (nm)*
month *mes (nm)*
monument *monumento (nm)*
moon *luna (nf)*
more *más (adv)*
morning *mañana*
mother *madre (nf)*
motorcycle *motocicleta (nf)*
mountain *montaña (nf)*
mouse (computer) *ratón (nm)*
mouse mat *alfombrilla (nf)*
move (house) *mudarse (v)*
mum *mamá (nf)*
museum *museo (nm)*
music *música (nf)*
mussel *mejillón (nm)*
must *tener (ie) (v) que*
my *mi (see Grammar index)*

doscientos siete 207

VOCABULARIO

n

name *nombre (nm)*
national *nacional (adj)*
nationality *nacionalidad (nf)*
Navarre *Navarra (nf)*
near *cerca (adv)*
necessary *necesario (adj)*
neck *cuello (nm)*
need *necesitar (v)*
neither *tampoco (adv)*
nervous *nervioso (adj)*
never *nunca (adv)*
new *nuevo (adj)*
news *noticia (nf)*
newspaper *periódico (nm)*
next *luego (adv), próximo (adj)*
nice *simpático (adj)*
night *noche (nf)*
nightmare *pesadilla (nf)*
no *no*
nobody *nadie*
none *ningún, ninguno (adj)*
normally *normalmente (adv)*
north *norte (nm)*
north-east *noreste (nm)*
north-west *noroeste (nm)*
not *no, ni*
note *apuntar (v), notar (v)*
nothing *nada*
November *noviembre (nm)*
now *ahora (adv)*
nuisance *pena (nf), pesado (adj)*
number *número (nm)*
nurse *enfermero/a (nm/nf)*

o

object *objeto (nm)*
obtain *obtener (ie) (v)*
ocean *océano (nm)*
October *octubre (nm)*
of *de*
offer *ofrecer (v)*
office *oficina (nf)*
Oh dear! *¡Ay!*
OK *vale*
old *antiguo (adj)*
older *mayor (adj)*
olive *aceituna (nf)*
omelette *tortilla (nf)*
onion *cebolla (nf)*
only *solamente (adv)*
only (child) *único (adj)*
open *abierto (adj)*
open *abrir (v)*
opinion *opinión (nf)*
opposite *enfrente (prep)*
order *encargo (nm) (business), orden (nm)*
organisation *organización (nf)*
other *otro (adj)*
ought to *deber (v)*
our *nuestro (adj) (see Grammar index)*
outside *fuera (adv)*
owl *búho (nm)*
own *propio (adj)*

p

page *página (nf) (in book)*
painter *pintor (nm)*
paper *papel (nm)*
parcel *paquete (nm)*
pardon *perdón (nm)*
parents *padres (nmpl)*
park *parque (nm)*
partner *pareja (nf)*
party *fiesta (nf)*
past *pasado (adj)*
patient *paciente (nm/nf)*
pay for *pagar (v)*
pay *remuneración (nf)*
peanut *cacahuete (nm)*
peel *pelar (v)*
pencil *lápiz (nm)*
pencil case *estuche (nm)*
pencil sharpener *sacapuntas (nm)*
penknife *navaja (nf)*
penpal *corresponsal (nm/nf)*
people *gente (nf)*
pepper *pimienta (nf)*
perfect *perfecto (adj)*
perhaps *quizás (adv)*
permit *permitir (v)*
person *persona (nf)*
phone *telefonear (v), llamar (v) por teléfono (nm)*
photograph *foto = fotografía (nf)*
picnic *merienda (nf) en el campo*
picture *dibujo (nm), ilustración (nf), imagen (nf), cuadro (nm) (painting)*
piece *trozo (nm)*
pity *lástima (nf)*
place *lugar (nm), sitio (nm)*
plane *avión (nf)*
plastic *plástico (adj)*
play (game) *jugar (ue) (v)*
play (instrument) *tocar (v)*
play truant *hacer novillos*
player *jugador (nm)*
pleasant *agradable (adj)*
please *gustar (v) (see Grammar index)*
please *por favor*
police officer *policía (nm/nf)*
police station *comisaría (nf)*
polite *cortés (adj)*
politeness *cortesía (nf)*
pollute *contaminar (v)*
poor *pobre (adj)*
portion *ración (nf)*
position *posición (nf)*
possibility *posibilidad (nf)*
possible *posible (adj)*
poster *póster (nm)*
potato *patata (nf)*
prefer *preferir (ie) (v)*
preparations *preparativos (nmpl)*
prepare *preparar (v)*
present (gift) *regalo (nm)*

present *presentar (v)*
presentation *presentación (nf)*
pretty *bonito (adj), guapo (adj)*
price *precio (nm)*
price tag *etiqueta (nf)*
printer *impresora (nf)*
probably *probablemente (adv)*
problem *problema (nm)*
profession *profesión (nf)*
professional *profesional (adj)*
programme *programa (nm), emisión (nf)*
pupil *alumno (nm)*
purse *monedero (nm)*
push *empujar (v)*
put *poner (v)*
Pyrenees *Pirineos (nmpl)*

q

qualification *calificación (nf)*
quantity *cantidad (nf)*
question *cuestión (nf), pregunta (nf)*
questionnaire *cuestionario (nm)*
quick *rápido (adj)*
quickly *rápidamente (adv)*
quite *bastante (adv)*

r

racket *raqueta (nf)*
radio *radio (nm)*
railway *ferrocarril (adj)*
rain *llover (ue) (v)*
rain *lluvia (ue) (nf)*
rarely *raramente (adv)*
reach *alcanzar (v)*
read *leer (v)*
ready *listo (adj)*
really *realmente (adv); ¿verdad?*
reason *razón (nf)*
receive *recibir (v)*
recent *reciente (adj)*
recently *recientemente (adv)*
record *grabar (v)*
recording *grabación (nf)*
recover *recuperar (v)*
red *rojo (adj); tinto (adj) (wine)*
refrigerator *nevera (nf)*
refuse *rechazar (v)*
region *región (nf)*
regularly *regularmente (adv)*
relax *relajar (v)*
remember *acordarse (ue) (v)*
rest *descansar (v), relajarse (v)*
rest *descanso (nm)*
restaurant *restaurante (nm)*
result *resultado (nm)*
return *volver (ue) (v), regresar (v)*
return trip *vuelta (nf)*
return (ticket) *ida y vuelta*
revolting *asqueroso (adj)*
rhythm *ritmo (nm)*
rich *rico (adj)*
ridiculous *ridículo (adj)*
right *derecho (adj) (direction, side); correcto (adj) (correct)*

river *río (nm)*
road *carretera (nf)*
room *cuarto (nm)*
rota *turno (nm)*
round *redondo (adj)*
route *ruta (nf)*
rubbish *basura (nf)*
rucksack *mochila (nf)*
ruler *regla (nf)*
run *correr (v)*
run away *fugarse (v)*
run over *atropellar (v)*

s

sad *triste (adj)*
sadly *tristemente (adv)*
salad *ensalada (nf)*
salary *salario (nm)*
salt *sal (nm)*
same *mismo (adj)*
sandwich *bocadillo (nm)*
Saturday *sábado (nm)*
sauce *salsa (nf)*
save *salvar (v) (rescue), ahorrar (v) (money)*
say *decir (i) (v)*
scarf *bufanda (nf)*
school *colegio (nm), cole*
school *escolar (adj)*
science fiction *ciencia-ficción (nf)*
Scotland *Escocia (nf)*
Scottish *escocés (nm, adj)*
sea *mar (nm)*
season *estación (nf)*
secondary school *instituto (nm), insti*
secretary *secretaria (nf)*
see *ver (v)*
seem *aparecer (v), parecer (v)*
selfish *egocéntrico (adj)*
selfishly *egoístamente (adv)*
sell *vender (v)*
send *enviar (v), mandar (v)*
sense *sentido (nm)*
sentence *frase (nf)*
September *septiembre (nm)*
series *serie (nf)*
serious *serio (adj)*
set off *partir (v)*
several *varios (nmpl)*
share *compartir (v)*
she *ella (see Grammar index)*
sheet (of paper) *hoja (nf)*
shellfish *marisco (nm)*
shine *brillar (v)*
shirt *camisa (nf)*
shoe *zapato (nm)*
shoe shop *zapatería (nf)*
shop *tienda (nf)*
shop assistant *dependiente (nm/nf)*
shopping *compras (nfpl)*
shopping, to do the *hacer (v) las compras*
short *corto (adj)*
show *mostrar (ue) (v)*

208 *doscientos ocho*

VOCABULARIO

shower *ducha (nf)*
shy *tímido (adj)*
side *lado (nm)*
signature *firma (nf)*
simply *simplemente (adv)*
since *desde (prep)*
sing *cantar (v)*
singer *cantante (nm/nf)*
sister *hermana (nf)*
situation *situación (nf)*
skate *patinar (v)*
skateboard *monopatín (nm)*
skating *patinaje (nm)*
ski *esquiar (v)*
skiing *esquí (nm)*
sky *cielo (nm)*
sleep *dormir (ue) (v)*
slowly *lentamente (adv)*
small *pequeño (adj)*
smile *sonrisa (nf)*
smoke *fumar (v)*
smoking (area, seat) *fumador (adj)*
snacks *tapas (nfpl)*
so *tan (adv)*
so much *tanto (adv)*
so-so *regular (adj)*
sock *calcetín (nm)*
some *algún (adj)*
something *algo*
sometimes *a veces*
son *hijo (nm)*
song *canción (nf)*
soon *pronto (adv)*
I'm sorry *lo siento*
soup *sopa (nf)*
south *sur (nm)*
souvenir *recuerdo (nm)*
spaghetti *espaguetis (nmpl)*
Spain *España (nf)*
Spanish *español (nm, adj)*
speak *hablar (v)*
special *especial (adj)*
speed *prisa (nf), velocidad (nf)*
spend (money) *gastar (v)*
spend (time) *pasar (v)*
spoon *cuchara (nf)*
spoonful *cucharada (nf)*
sport *deporte (nm)*
sports centre *polideportivo (nm)*
sportsman/woman *deportista (nm/nf)*
sporty *deportivo (adj)*
spring (season) *primavera (nf)*
square (place) *plaza (nf)*
stadium *estadio (nm)*
staircase *escalera (nf)*
stamp (postage) *sello (nm)*
start *comenzar (ie) (v), empezar (ie) (v)*
station *estación (nf)*
stay *quedarse (v)*
steak *filete (nm)*
stick *pegar (v)*
sticking plaster *tirita (nf)*
still *todavía (adv)*
sting *picadura (nf)*

stop (doing something) *cesar de (v)*
stop *parar (v)*
stop (come to a stop) *pararse (v)*
storm *tormenta (nf)*
story *historia (nf)*
strange *raro (adj)*
street *calle (nf)*
strict *estricto (adj), severo (adj)*
stroll *pasear (v), dar (v) un paseo*
stroll *paseo (nm)*
strong *fuerte (adj)*
student *estudiante (nm/nf)*
study *estudiar (v)*
stupid *estúpido (adj)*
stupid behaviour *tonterías (nfpl)*
subject (of study) *asignatura (nf)*
success *éxito (nm)*
such *tal*
suddenly *de repente (adv)*
sufficient *suficiente (adj)*
suit (of clothes) *traje (nm)*
suitcase *maleta (nf)*
be suited to *convenir (ie) (v)*
summer *verano (nm)*
sun *sol (nm)*
Sunday *domingo (nm)*
sunny, to be *hacer (v) sol*
superb *estupendo (adj)*
supermarket *supermercado (nm)*
sure *seguro (adj)*
surname *apellido (nm)*
surprise *sorpresa (nf)*
survey *encuesta (nf)*
sweep *barrer (v)*
sweet (confectionery) *caramelo (nm)*
sweet (pudding) *dulce (nm)*
sweet shop *confitería (nf)*
swim *nadar (v)*
swimmer *nadador (nm)*
swimming *natación (nf)*
swimming pool *piscina (nf)*
switch on *encender (ie) (v)*

T

T-shirt *camiseta (nf)*
table *mesa (nf) (furniture), tabla (nf) (grid)*
tablet *pastilla (nf)*
take *tomar (v)*
take drugs *drogarse (v)*
take out *sacar (v)*
take turns! *¡túrnate!*
tall *alto (adj)*
tape *cinta (nf)*
tape recorder *magnetófono (nm)*
task *tarea (nf)*
tea *té (nm)*
teach *enseñar (v)*
teacher *profe (= profesor(a)) (nm/nf)*

team *equipo (nm)*
technology *tecnología (nf)*
telephone *telefonear (v)*
telephone *teléfono (nm)*
television *televisión (nf)*
temperature (fever) *fiebre (nf)*
tennis *tenis (nm)*
terrace *terraza (nf)*
terrific *fenomenal (adj)*
text *texto (nm)*
thank you *gracias*
that *eso, que (see Grammar index)*
that's enough! *¡basta! (v)*
the *el, la (see Grammar index)*
theatre *teatro (nm)*
then *entonces*
there *allí (adv)*
there is, there are *hay*
thermometer *termómetro (nm)*
thief *ladrón (nm)*
thin *delgado (adj)*
thing *cosa (nf)*
think *opinar (v), pensar (ie) (v)*
this *esta, este, esto (see Grammar index)*
thousand *mil*
throat *garganta (nf)*
Thursday *jueves (nm)*
ticket *billete (nm)*
tidy *arreglar (v)*
tie (necktie) *corbata (nf)*
time (occasion) *vez (nf) (veces)*
time *tiempo (nm)*
timetable *horario (nm)*
tin *lata (nf)*
tip (in restaurant) *propina (nf)*
tired *cansado (adj)*
to *a*
to the *al (= a + el)*
toast *tostada (nf)*
together *junto (adv)*
tomato *tomate (nm)*
tomorrow *mañana*
too *demasiado (adv)*
on top of *encima de (prep)*
total *total (nm, adj)*
touch *tocar (v)*
tourist *turista (nm/nf); turístico (adj)*
towel *toalla (nf)*
town *pueblo (nm)*
town hall *ayuntamiento (nm)*
toy *juguete (nm)*
track *pista (nf)*
tracksuit *chándal (nm)*
tradition *tradición (nf)*
traditional *tradicional (adj)*
traffic *tráfico (nm)*
train *entrenarse (v)*
train *tren (nm)*
trainer (shoe) *zapatilla (nf)*
training *entrenamiento (nm)*
transport *transporte (nm)*
travel *viajar (v)*

traveller *viajero (nm)*
tree *árbol (nm)*
tremble *temblar (v)*
tremendous *tremendo (adj)*
trip *excursión (nf)*
trousers *pantalón (nm)*
true *verdadero (adj)*
truly *verdaderamente (adv)*
try *tratar (v)*
Tuesday *martes (nm)*
TV *tele (= televisión)*
twin *gemelo (nm)*
type (sort) *tipo (nm)*

U

ugly *feo (adj)*
umbrella *paraguas (nm)*
uncle *tío (nm)*
underground *metro (nm)*
understand *entender (ie) (v)*
unemployed *parado (adj)*
unemployment *paro (nm)*
unexpected *inesperado (adj)*
unforgettable *inolvidable (adj)*
unhappy *infeliz (adj)*
uniform *uniforme (nm)*
United States *Estados Unidos (nmpl)*
university *universidad (nf)*
unload *descargar (v)*
until *hasta (prep)*
urgently *urgentemente (adv)*
use *utilizar (v)*
used *usado (adj)*
useful *útil (adj)*
useless *inútil (adj)*

V

vacuum cleaner *aspiradora (nf)*
valley *valle (nm)*
various *variado (adj)*
vegetable *legumbre (nf), verdura (nf)*
vegetarian *vegetariano (nm, adj)*
verse *verso (nm)*
version *versión (nf)*
very *muy (adv)*
vet *veterinario (nm)*
victim *víctima (nf)*
video *vídeo (nm)*
videogame *videojuego (nm)*
violence *violencia (nf)*
violin *violín (nm)*
visit *visita (nf)*
visit *visitar (v)*
vowel *vocal (nf)*

W

wage *sueldo (nm)*
wait for *esperar (v)*
waiter *camarero (nm)*
wake up *despertarse (ie) (v)*
Wales *País de Gales (nm)*
walk *ir (v) a pie*
wall *pared (nf)*
wallet *cartera (nf)*

doscientos nueve 209

VOCABULARIO

wallet file carpeta (nf)
want desear (v), querer (ie) (v)
war guerra (nf)
wardrobe armario (nm)
wash lavar (v)
wash yourself lavarse (v)
wash up lavar (v) los platos
watch reloj (nm)
watch ver (v) (TV); vigilar (v)
watch out! ¡cuidado!
water agua (nf)
waterfall cascada (nf)
way manera (nf)
we nosotros (see Grammar index)
wear llevar (v)
weather tiempo (nm)
wedding boda (nf)
Wednesday miércoles (nm)
week semana (nf)
weekend fin de semana (nm)

well bien (adv)
well ... pues ...
Welsh galés (nm, adj)
west oeste (nm)
what que (see Grammar index)
what? ¿qué? (adv) (see Grammar index)
what a ...! ¡qué ...! (see Grammar index)
wheel rueda (nf)
when cuando (¿cuándo? in questions)
where donde (¿dónde? in questions)
where to? ¿adónde?
which cual (adj) (¿cuál? in questions)
while mientras
white blanco (adj)
who quien (¿quién? in questions)

why? ¿por qué?
wife esposa (nf)
wind viento (nm)
window ventana (nf)
windsurfing windsurf (nm)
windy, to be hacer (v) viento
wine vino (nm)
winter invierno (nm)
wish desear (v), querer (ie) (v)
with con
with me conmigo
with you contigo
without sin
woman mujer (nf)
wonderfully excelentemente (adv)
wood (substance) madera (nf)
word palabra (nf)
work trabajar (v)
world mundo (nm)
worried preocupado (adj)

worry preocuparse (v)
worse peor (adj)
write escribir (v)

y

year año (nm)
yellow amarillo (adj)
yes sí
yesterday ayer
yet todavía (adj)
yoghurt yogur (nm)
you tú, vosotros (see Grammar index)
young jóven (adj)
younger menor (adj)
your tu, su, vuestro (see Grammar index)

z

zero cero